韓立儀,布德 編

U0058852

惡習勒戒所

拖拖拉拉、喜歡抱怨、好高騖遠……
這些壞習慣不會致命,不改掉卻是成功大忌!

目錄

目錄

第六章　工作習慣─精誠合作，實現雙贏

第七章　說話習慣─遠離是非的困擾

目錄

第八章　性格習慣—不可忽視的性格因素

第九章　思維習慣—良好的思維助你事半功倍

第十章　學習習慣—知識改變命運

目錄 ─────────────────────────────

前言

習慣無時不在，無處不在。美國心理學家威廉‧詹姆士（William James）說：「播下一個行動，收獲一種習慣；播下一種習慣，收獲一種性格；播下一種性格，收獲一種命運。」很多人之所以終生碌碌無為，與成功無緣，是因為他們有很多習慣上的弱點，這些習慣上的弱點就像一堵無形的牆，將他們與成功分隔開來。

可以毫不誇張地說，習慣是所有成功者的奴僕，也是所有失敗者的幫兇。成功者之所以能夠成功，得益於習慣上的優點的鼎力相助；失敗者之所以會失敗，源自於習慣上的弱點的助紂為虐。

當被問及「你怎麼變得比上帝還富有？」時，巴菲特說：「這個問題非常簡單，原因不在智商。為什麼聰明人會做阻礙自己發揮的事情呢？原因在於習慣。」成敗的分寸之間，習慣決定一切。一位心理學博士說：「一個人習慣於懶惰，他就會無所事事地到處閒逛；一個人習慣於勤奮，他就會孜孜不倦，克服一切困難，做好每一件事情。」

其實，成功人士不見得比其他人更聰明，而是習慣上的優點使他們變得更有教養、更有知識、更有能力；成功人士不一定比普通人更有天賦，但是，習慣上的優點能讓他們訓練有素、技巧純熟、準備充分；成功人士也不一定比不成功者更有決心或更加努力，但是，習慣上的優點能放大他們的決心和努力，並讓他們更有效率、更具條理。

習慣能成就未來，也能摧毀未來。每個人都有習慣上的優點和缺點。在這些習慣上的優點和缺點當中，能夠成就一生的便是那些習慣上的優點。因此，能夠有效改變我們生活方式的便是去最大限度地改變我們習慣上的弱點。

前言

　　當然，改變習慣上的弱點，並不是一蹴可幾的事情，它需要我們用毅力、恆心和不斷的自我提醒才能做到。

　　希望透過閱讀本書，能夠幫助你改變自己習慣上的弱點，做更好的自己！

編者

第一章
習慣決定人生的成敗

　　不良的習慣會導致我們受到他人輕視和怠慢，會導致我們做起事來處處碰壁，從而致使我們無法達到自己期望的目的；良好的習慣能夠使我們受到他人的尊重和敬佩，能夠使我們做起事來事半功倍，從而使我們更加容易地實現自己的人生目標。

播種好習慣，收獲大成就

在一次諾貝爾獎獲得者的聚會上，一位記者向他們提出了這樣的一個問題：「您認為您是在哪所大學或者哪個實驗室學到了最重要的東西？」

對於這個問題，一位滿頭白髮的老學者不假思索地回答：「我認為我不是在大學或者實驗室學到了最重要的東西，而是在幼兒園學到了最重要的東西。」

老學者的回答令記者頗感意外。記者又緊追不放地問：「那麼，您在幼兒園學到的最重要的東西是什麼呢？」

老學者不無自豪地回答：「把自己的東西分給同學；不是自己的東西不亂拿；東西要擺放整齊；飯前便後要洗手；午飯後要休息片刻；做了錯事要勇於承認；多思考，勤觀察。從根本上說，我在幼兒園學到的就是這些。也就是說，我養成了良好的習慣。」

對於老學者的回答，其他與會人員也都深表贊同。

可見，良好的習慣既是獲得成功的基石，也是收獲成功的階梯。我們要想得到成功，就必須養成良好的習慣。

偉大的發明家愛迪生，一生共創造了 1,093 項發明，堪稱「前無古人，後無來者」。人們對愛迪生敬仰有加，而他本人卻把這些歸於自己勤於思考的習慣。

愛迪生曾說：「正如肌肉可以透過鍛鍊變結實一樣，我們同樣可以鍛鍊和開發我們的大腦，恰當地鍛鍊和開發大腦，將使我們的思維能力得以加強和提升。思維能力加強提升後，又將進一步拓展大腦的容量，並使我們獲得新的能力。」

愛迪生還說：「缺乏思考習慣的人，其實錯過了生活中最大的快樂。不僅如此，他也會因此無法充分發揮和展現自己的才能。」

　　愛迪生的成功得益於養成了勤於思考的良好習慣。考察每個傑出人士的輝煌人生，你不難發現他們莫不具有良好的習慣。其實，我們可以說，一個人擁有的良好習慣越多，取得成功的可能性就越大。

　　英國唯物主義哲學家、現代實驗科學的始祖、科學歸納法的奠基人培根（Francis Bacon），一生成就斐然。在談到習慣時，培根用他那充滿哲理意味的話語說：「習慣真是頑強而巨大的力量。它可以主宰人的一生。因此，我們應該透過教育培養良好的習慣。」

　　在巴菲特和比爾蓋茲聚首華盛頓大學演講時，同學們提出了一個十分有趣的問題：「你們怎麼會變得比上帝還要富有？」

　　巴菲特直言不諱地說：「這個問題非常簡單。原因不在於智商，而在於習慣。」

　　比爾蓋茲非常贊同巴菲特的觀點：「我認為你關於習慣的話完全正確。」

　　這兩位在不同領域達到財富頂峰的富豪道出了自己成功的訣竅：良好的習慣是收獲成功的階梯。

　　俄國著名教育家烏申斯基（Konstantin Ushinsky）說：「良好的習慣乃是人在神經系統中存放的道德資本。這個資本不斷地增值，而人在其整個一生中就享受著它的利息。」的確，習慣是一個人獨立於社會的基礎，又在很大程度上決定他的工作效率和生活品質，並進而影響他一生的成功和幸福。因此，注重養成好的習慣，是人生邁向成功的第一步。

　　如果將成功比喻果實，那麼習慣自然就是種子。早在西元前 350 年，古希臘哲學家亞里斯多德就說出了這樣的話：「正是長期的好習慣加上臨時的行動才構成了成功。」

　　很多傑出人物之所以敢揚言，即使現在一敗塗地，也能很快東山再

第一章　習慣決定人生的成敗

起，就是因為他們養成的某種習慣鍛造了他們的性格，而性格鑄就了他們的成功。

石油大王洛克斐勒（John Davison Rockefeller）就曾經說：「即使你們把我身上的衣服剝得精光，一件也不剩，然後把我扔在撒哈拉沙漠的中心地帶，但只要有兩個條件 —— 給我一點時間，並且讓一支商隊從我身邊經過，那麼不用多久，我就會成為一個新的億萬富翁。」

好習慣是成功的起點，只要這種信念存在，即便是身處荒漠中也能結出成功之果。

> **【習慣處方】**
> 如果你對自己與成功無緣而感到苦惱，那麼從現在開始，播種自己的良好習慣，並且始終堅持下去，你終將收獲屬於自己的成功的果實。

堅守信念，終有所成

有一個小提琴手，在很小的時候就患上了癲癇症。為了控制病情，她一直服用抗癲癇藥物。然而長時間服用之後，這種藥物對於控制她的病情卻漸漸失去了功效，她的病情開始一天天加重。為了使她減輕痛苦，醫生建議她做切除前顳葉的手術。

這種手術對於這位愛琴如命的小提琴手來說，無疑是殘忍的，因為這就意味著她從此再也不能碰心愛的小提琴了。

然而，奇蹟發生了，前顳葉的切除並沒有對她的演奏能力產生絲毫的影響。這引起了醫生的注意。經過研究發現，在很小的時候，她的大腦就已遭到破壞，有關前顳葉的演奏能力神奇地被其他前顳葉取代。

大腦遭到破壞的人竟有如此非凡的成就簡直就是奇蹟，而這個奇蹟的

創造不得不說來自她那堅強的信念。

　　信念的力量是巨大的。它可以讓人在艱難困苦中勇往直前，可以讓人在失意沮喪時振奮精神，從頭再來。一個具有堅定信念的人，永遠不會被困難擊倒。

　　英國女作家 J·K·羅琳是風靡全球的小說《哈利波特》的作者。她的名字也因為這部書而家喻戶曉，但是很多人卻對她成名前的經歷一無所知。

　　羅琳曾有一段令自己不堪回首的過去。這段經歷使得她嘗盡了生活的艱辛，而她之所以能夠在這樣艱難的環境中獲得成功，是因為一直以來對於自己信念的堅持。

　　羅琳在很小的時候就對文學產生了濃厚的興趣，所以她從小就開始學習寫作和講故事。大學畢業後，她帶著對未來美好的憧憬，來到葡萄牙，想在這裡開始新的生活。隨後，她獲得了自己的愛情，並且很快就結婚了。

　　羅琳就像是一個抱著水晶球的小女孩，相信這個水晶球會帶給她無限的幸福和甜蜜。無奈的是，就在她還沉浸在幸福中時，這個帶給她無限幻想的水晶球卻正在慢慢破裂。

　　她漸漸發現，那個以前對她百般呵護的丈夫竟然對她拳腳相加。羅琳的夢就這樣被打碎了。沒過多久，她就在絕望中，結束了這段讓她受到巨大傷害的婚姻。然後，她便帶著剛剛出生的女兒回到了英國，住進了一家狹小而又潮溼的公寓。

　　婚姻的失敗使她一度陷入了窮困潦倒的境地，以至於不得不靠政府發放的救濟金生活。雖然身陷困境，但羅琳卻沒有因此而變得頹廢。在她的內心深處，寫作的衝動從來沒有停止過。

第一章　習慣決定人生的成敗

　　就像她成名之後所說的：「或許是為了完成多年的夢想，或許是為了排遣心中的不快，也或許是為了每晚能把自己編的故事講給女兒聽。」她成天不停地寫呀寫。有時為了省錢省電，她甚至在咖啡館裡寫上一天。

　　皇天不負有心人，她的第一本《哈利波特》終於誕生了。此書一經出版，就在出版界掀起了軒然大波，被翻譯成 35 種語言在 115 個國家和地區發行。

　　羅琳從來沒有遠離過自己的信念，並用她的智慧與執著贏回了龐大的財富。即使生活艱難，她也堅信她將來必定會達到事業的頂峰。

　　信念支持著人們生活，催促著人們奮鬥，推動著人們進步。正是它，創造了世界上一個又一個的奇蹟。在生命最脆弱的危急時刻，信念能讓你爆發出超乎自己想像的力量。

　　一個人沒有了信念，就沒有了鬥志。信念就像是一座燈塔，可以在你失落、迷茫時為你指引航向。在這個世界上，所有獲得了成功的人大都具有鋼鐵般的意志和堅如磐石的信念。

　　小的時候，麥斯・波古斯（Muggsy Bogues）幾乎天天都和同伴在籃球場上玩。當時，他就夢想有一天可以去 NBA，因為 NBA 的球員不只待遇高，也享有令人羨慕的社會地位，是所有愛打籃球的美國少年最嚮往的地方。

　　每次波古斯說「我長大後要去 NBA」時，所有聽到的人都忍不住哈哈大笑，甚至有人笑倒在地上，因為他們認定這個矮子是根本沒有可能進入 NBA 的。

　　周圍人的嘲笑並沒有影響波古斯打籃球的自信。他充分利用自己矮小的「優勢」：行動靈活迅速；運球的重心最低，不會失誤；個子小不引人注意，投球常常得手。他花了比一般人多幾倍的時間練球，終於成為全能

的籃球運動員，也成為最佳的控球後衛。

現在，波古斯不僅是 NBA 裡最矮的球員，也是 NBA 有史以來創紀錄的矮個子，但他也曾是 NBA 表現最傑出、失誤最少的後衛之一，不僅控球一流、遠投精準，甚至在高個子堆裡帶球上籃也毫無畏懼。

在比賽場上，波古斯像一隻小黃蜂一樣，滿場飛奔。這不只安慰了那些身材矮小的籃球愛好者的心靈，也鼓舞了所有看到他打球的觀眾的鬥志。

影響我們人生命運的絕不是環境，而是我們持有什麼樣的信念。當信念開始在心中矗立起來時，我們離成功的目標就越來越近了。

信念是創造成功和產生奇蹟的泉源。如果我們在做任何事情之前沒能樹立起堅定的信念，只是一味地採取消極的態度，告訴自己這也無法實現那也不可能做到，那麼等待我們的就只有失敗。只有堅定自己的信念，才能向著成功的方向邁進。

無論你現在正遭遇多大的挫折、承受多大的不幸，請相信在人生的路上沒有過不去的坎。明天的太陽，照樣會溫暖我們困苦的日子，照亮我們孤獨的心靈，給我們最殷實的希望。只要堅定自己的信念，一切都有可能改變。

【習慣處方】

堅守信念，我們才能夠在面對困難時勇往直前，在失意落魄時振作起來。一個堅守信念的人，永遠不會被困難嚇倒，也永遠不會被挫折擊垮。

第一章　習慣決定人生的成敗

成也習慣，敗也習慣

有一天，小孫子從幼兒園放學回家，大聲叫著說：「爺爺，蘋果裡面有一顆星星。」

爺爺說：「這有什麼稀奇的？你每次吃蘋果最後剩下來的核，就是蘋果的心啊！」

「爺爺，我是說蘋果裡面有一顆小星星！」小孫子急著澄清此星非彼心。

爺爺正色地說：「不要胡說！蘋果裡怎麼會有星星呢？」

「爺爺，是真的！蘋果裡真的有一顆星星！」

拗不過小孫子的撒嬌，爺爺終於和顏悅色地問小孫子：「那你可不可以把蘋果裡的星星找出來給爺爺看呢？」

「好啊！」小孫子一邊回答，一邊把蘋果橫放在桌面上，拿起刀就要攔腰切下去。

爺爺看了，連忙大叫：「不能這樣切！」然後把蘋果搶過來，重新直立在桌上，教導小孫子說：「切蘋果要從上往下切才對！」

從上往下切是習慣的切法，這樣顯然不會切出星星來。現在，不妨換個思考一下，怎樣才能切出蘋果中的星星來？

其實很簡單，只要把蘋果橫放，然後順著中央切下去，蘋果在被分成了頭尾兩半的同時，就會出現一個奇觀：蘋果中的五粒種子整齊地在這兩半的中央構成了一顆星星。

正如故事中的爺爺一樣，大多數人都會按照固有的習慣去生活，很少有人主動跳出慣性思維的窠臼。一個人的成就原本應該是由他的智慧和努力決定的，可是在很多時候，我們卻不得不承認，人生之路常常是受習慣所左右和控制的。

據說亞歷山大城的圖書館被燒時，只有一本看起來普普通通的書倖免

於難。一個窮人一時好奇，就花了幾個銅板將這本書買了下來。這本書不怎麼精緻，然而這個窮人卻從書中發現了一個令人振奮的消息，那就是關於「點金石」的祕密。

書中記載：在黑海岸邊，有一塊神奇的石頭。它和其他成千上萬塊一模一樣的石頭混在一起，看似普通，卻有神奇的力量，能把普通的金屬變成黃金。它和其他石頭的唯一區別就在於：唯獨這塊石頭是溫暖的，其他普通的石頭都是冷涼的。

於是，這個窮人賣掉了僅有的幾件東西，準備了簡單的行裝，來到黑海岸邊尋找這塊神奇的石頭。

到了之後，窮人就將他的「尋石計畫」付諸行動。餓了，窮人就到附近的地方討點東西吃；睏了，窮人就睡在海岸上，醒來就一塊又一塊的石頭逐一尋找。他撿一塊石頭，感覺一下，如果不熱，就扔到了海裡。他日復一日地重複這個動作，轉眼間五年過去了，但他還是沒有找到「點金石」。

可是，他非常確信總有一天自己會找到那塊神石的。於是，他還是按部就班地繼續著自己的工作，撿一塊石頭就扔到海裡，接著再撿……

終於有一天早上，他撿起的一塊石頭是「熱的」，可是他連想都沒想就馬上把石頭扔進了海裡！

接下來的日子，這個可憐的窮人繼續日復一日地尋找自己心目中那塊神石，而且由於已經形成了把石頭扔進海裡的「習慣」，他甚至已經忘記自己扔石頭是為了什麼。

人生的道路上，習慣往往成為束縛我們的力量。很多時候，我們習慣於按照常規思維模式去思考問題的答案，習慣於用固有的思維模式去生活和工作。其實，思考和實踐才是我們發現答案的唯一方法。只有勇於創新，不斷探索，才能夠創造工作的機會和人生樂趣。

第一章　習慣決定人生的成敗

打破常規，跳出了慣性思維的框框，能夠做到這一點就是睿智。很多時候，我們往往容易把自己局限在一個小圈子裡。倘若能夠換一個角度去看問題，突破固有的慣性思維，那麼，離成功可能就更近了一步。

成功學大師拿破崙‧希爾（Napoleon Hill）說：「不管我們是誰，我們從事何種職業，我們都是自身習慣的受益者或受害者。」下面的故事可以為拿破崙‧希爾的話做出注解。

喬治是一名出入境檢查員。他的職責是在邊境檢查站檢查那些入境車輛是否挾帶走私物品。

除週末外，每天傍晚時分，喬治都會看見一個工人模樣的壯漢，從山坡下面用腳踏車推著一大捆稻草向入境檢查站走來。每當這時，喬治總要叫住那壯漢，要他將草捆解開接受詳細的檢查，接著翻遍他的每個口袋，看看能否搜出點金銀珠寶之類或別的什麼值錢的東西。儘管喬治搜查得一絲不苟，但遺憾的是每次都未能如願以償。憑直覺，喬治料定此人定是有參與走私，然而卻苦於查不出任何走私物品。

在退休的前一天，喬治對那壯漢說：「今天是我最後一班崗了。我知道你一直在攜帶走私物品入境，可是一直苦於沒有證據。你能否告訴我你屢屢得手，究竟販運的是什麼物品？要是你告訴我，我絕對為你保住祕密，絕不食言！」

那壯漢沉吟了片刻，最後拍了拍腳踏車。喬治至此才恍然醒悟。

美國著名教育家曼恩（Mann, Horace）說：「習慣就像一根纜繩。如果我們每天為它纏上一根新索，過不了多久，它就會變得牢不可破。」喬治固守傳統思維，也就永遠猜不出那壯漢居然在他的眼皮底下走私腳踏車。人生的道理也是如此，因循守舊，永遠也看不到成功的希望。只有打破僵化的慣性思維，大膽創新，才能夠跳出習慣性思維的窠臼，迎來光芒萬丈的陽光。

【習慣處方】

成功是習慣，失敗也是習慣。為何會成功，因為堅持不懈；為何會失敗，因為輕言放棄。堅持和放棄都是習慣。良好的習慣也就是我們走向成功的巨大力量。無怪乎有人說，成功與失敗的最大區別來自於不同的習慣。

好習慣是成功的翅膀

一位著名的大學教授多才多藝。退休後，他想把自己的小提琴演奏奉獻給社會。

當有人問他為什麼能把曲子拉得如此優美時，他說：「我是這樣練習的。在練習曲目前，我必定先了解曲目是由幾小節構成的。比如：準備練習 30 小節，一天練習 1 小節，一個月即可練習完畢，不過，我並非從頭到尾依次練習，而是從最簡單的 1 小節開始。第二天，再從所剩的 29 小節中挑選最簡單的練習。用這種方法練完整首，不但輕鬆自如，而且還在練完之後找到了各個小節之間的關係，從整體上理解曲目。」

從心理學的角度來看，他的練習法是相當合理的，因為人有惰性，往往會找藉口逃避工作，加上碰上困難的工作，更不敢面對現實，而這位教授的方法正可滿足自己的成就感，克服了惰性為自己增添了信心，每完成 1 小節，就增一份信心，這可以說是巧妙的解決辦法。

「天下難事，必作於易，天下大事，必作於細。」從最簡單的做起給了你成就感和自信心，同時也會使你工作和學習的熱情逐漸高漲，注意力更加集中，能夠取得好的成績。不管是在工作中，還是在學習中，最重要的是一定要有熱情，而且要能專心致志。

這個世界上留存下來的輝煌業績和傑出成就，無一例外得益於勤奮的

第一章　習慣決定人生的成敗

工作，不管是文學作品還是藝術作品，不管是詩人還是藝術家。

在 70 歲生日那天，丹尼爾・韋伯斯特（Daniel Webster）談起他成功的祕密時說：「努力工作使我取得了現在的成就。在我的一生中，還從來沒有哪一天不辛勤工作。」

格萊斯頓（William Ewart Gladstone）在 90 歲高齡時說：「我很早就養成了勤奮工作的習慣。這種習慣本身就會給你很多回報。年輕人總覺得休息就是終止所有努力，但我發現，最好的休息是改變工作方式。如果長時間看書、思考，弄得腦子昏沉沉的，那就到陽光燦爛的室外呼吸新鮮空氣、鍛鍊身體，讓思緒恢復。要知道，自然的努力是無止境的。我們睡覺的時候，心臟也不會停止跳動。一旦大自然偉大的活動有一刻停止，人就會死去。我盡量順應自然規律生活，在工作的時候也模仿大自然的方式。我所獲得的回報就是良好的睡眠、健康的消化功能、身體的各個器官保持在最好狀態。相信我的話吧，這就是勤奮工作所帶來的最重要的回報。」

彼得大帝作為俄國王位的繼承者，也是透過難以想像的艱苦努力才得到王位的。當他看到西歐文明的成果在俄國幾乎不為人知時，感到痛心疾首，下定決心進行自我教育，在此基礎上提高國民教育程度。26 歲，對其他的王子們來說，正是耽於享樂的年齡，他卻開始周遊列國。他的目的並不是遊山玩水，而是向這些國家的優秀人才學習。在荷蘭，他自願當造船師的學徒；在英國，他在造紙廠、磨坊、製錶廠和其他工廠工作。他不僅細心地揣摩學習，而且像普通工人一樣工作、領薪水。

彼得大帝親手鑄造的鐵棒，有一根保存在匹茲堡的國家珍奇博物館，作為對親自參加工作的這位偉大國王的紀念。每個俄國人都懂得了這樣的道理：國家要永久地繁榮，無論是誰，都要像彼得大帝那樣辛勤工作。

只有兢兢業業地工作，才會擁有輝煌而充實的幸福生活。淺嘗輒止、安於現狀、不思進取的人，是不會做出什麼成績的。有崇高目標、期望成

就大業的人，總是不停地超越自我，拓寬思路，擴充知識，敞開生活之門，希望比周圍的人走得更遠。他有足夠堅強的意志，激勵自己做出更大的努力，爭取最好的結果。

身為職員，你如果想迅速升遷，就要努力工作，超越那些資歷比你久的職員。如果你做起事來總是精益求精，總是讓別人驚喜，上司自然會注意到你，就會把你提拔到重要的位置上來。沒有一個老闆不喜歡有上進心的下屬。他們也在隨時觀察著你的工作表現。

千萬不可養成不監督不逼迫就不能好好工作的惡習。無論上司在與不在，都要忠於職守、全力以赴。要記住，辛勤的工作是在為自己的發展鋪路。你必須把經驗、學識、智慧和創造力，在工作中發揮得淋漓盡致，爭取達到驚人的效果。過於計較自己的付出是否超過了報酬，這樣的人永遠不會有升遷的機會，哪怕他才華洋溢。

有許多人太過計較，太多抱怨。他們抱怨公司老闆嚴厲，抱怨工作時間過長，抱怨管理制度過嚴。有時候，這些抱怨的確能夠贏得一些善良人的寬慰之詞，使自己的內心壓力暫時得到一定程度上的緩解。雖然口頭的抱怨就其本身而言，不會直接為公司和個人帶來直接的經濟損失，但是，持續的抱怨會使人的意志搖擺不定，進而在工作上敷衍了事。抱怨使人膚淺，心胸狹窄。一個將自己頭腦裝滿了抱怨的人，是無法容納未來的，只會使他們與公司的理念格格不入，更使自己的發展道路越走越窄。

即使在平凡的職業中、極其低微的位置上，也往往藏著發展的機會。只要把自己的工作，做得比別人更專注、更迅速、更正確、更完美；只要調動自己全部的智力，從舊事中找出新方法來，便能引起別人的注意，從而使自己有發揮本領的機會。無論做什麼工作，只要靜下心來，腳踏實地地去做，都能得到收穫。

第一章　習慣決定人生的成敗

【習慣處方】

人生是一次充滿了歡樂和艱辛的旅程。在這短暫而又漫長的旅途中，每個人的目標都會不同，可是每個人都想得到幸福、嚮往成功，想在自己走出的路上留下值得紀念的東西。正是這種深藏於心底的渴求形成了不竭的動力泉源，鼓舞著芸芸眾生挑戰未來。

壞習慣是成功的絆腳石

在現實生活中，壞習慣很多。這些壞習慣是害群之馬，是成功的絆腳石。我們常常會看到這樣的人，他們總是對自己所處的環境不滿意，由此而產生了一系列苦惱。

有的人對自己目前的工作不滿意，認為職位低、薪資少，比不上別人。心裡又是自卑，又是消沉，天天懶洋洋的，做什麼也打不起精神來。於是工作常常出錯，上司也不喜歡他，同事也覺得他沒出息。就這樣，他越來越孤獨，越來越常被排擠，離快樂和成功越來越遠。

其實，一個人對自己目前的環境不滿意，唯一的辦法就是讓自己戰勝這個環境。就走路來說，當你不得不走過一段險阻狹窄的路段時，唯一的辦法就是打起精神、克服苦難、戰勝險阻，把這段路走過去，而不是停在途中抱怨，或索性坐在那裡打盹，聽天由命。

置身不如意環境的人們，不但不應消沉停頓，反而要拿出積極樂觀的精神來面對目前的環境，使時光不至白白浪費。

那些對眼前工作不滿意的人，要明白每位領導者或主管都喜歡提拔總是埋頭努力、認真工作的人。假如你工作認真，升遷的機會就可能會輪到你，除非沒有機會。假使你自以為大材小用，一肚子委屈牢騷，成天懶懶散散，對工作敷衍了事，那麼即使有了機會，也不會輪到你頭上。

奉勸置身不如意環境中的朋友，停止抱怨，面對現實，把握機會充實自己。一個肯努力上進的人，在任何環境裡都不用自卑。換句話說，一個不肯積極進取、浪費光陰的人，本身就有壞習慣，別人不會因為你環境不順而原諒你的。

不要對自己目前的東西抱怨或不滿。它們可能是貧乏的、不好的，但既然沒有辦法可以弄到更好的，你就只好遷就你既有的一切，從中去發現出路和希望。不重視現在，就不會有可以期待的未來。

一位哲人在行將就木時，曾語重心長地告誡周圍的人：「壞習慣是人生的墳墓。」這話絕不是危言聳聽。事實上，相對於那些良好的習慣來說，一些看似微不足道的壞習慣掩藏著可怕的危機。

實際上，壞習慣也能殺人！那些看似微不足道的惡習，足以抹殺一個人的生命。如果你不相信，我們不妨看看下面的事例。

一條寬闊的馬路，車來車往，川流不息。馬路中間的欄杆被人扒開了一個缺口，儘管往兩側走200公尺各有一座過街天橋，但許多人還是偷懶，從缺口穿越馬路。

久而久之，大家都習慣了，甚至白髮蒼蒼的老太太拉著小孩的手，也堂而皇之地走過去。

終於有一天，隨著一聲刺耳的煞車聲，一對挽著手的情侶倒在血泊中……

一個小小的壞習慣裡，往往潛藏著巨大的危險。或許開始人們還有一點警覺，但隨著重複次數的增多，也就習以為常了，反而認為危險是安全的。然而，在這些壞習慣形成的過程中，危險正一步一步地逼近。

司機小李開車技術不錯，已有多年駕駛資歷，但他開車時總是小動作不斷，點根菸啦、換首歌啦、看看路邊的漂亮女孩啦等等。有人勸他，他

第一章　習慣決定人生的成敗

不僅不聽，反而說：「藝高人膽大，No Problem ！」

　　後來，一次在公路上，他連人帶車翻進了山溝。原因再平常不過：在高速急轉彎的同時，他正低頭選要聽的歌。

　　不僅在日常生活中如此，我們在職場中，每個人都有或多或少的壞習慣。這些看似無足輕重的壞習慣，雖然不像酗酒和吸毒具有明顯的破壞性，但絕對會阻礙你取得事業的成功，甚至成為你人生道路上的絆腳石。

　　在一家設計公司，有位設計師總是很晚才上交自己的作品。儘管他的設計很出色，但他沒有意識到，準時與作品品質具有同等的重要性。不久，這位設計師因為做事拖沓被辭退了。

　　在現代企業，每個人的工作往往要等到前一個人完成其分工部分後才能開始，如果你在工作中總是拖拖拉拉，你的老闆和上司就不再依賴你，甚至開始怨恨你、拋棄你。

　　拖延和不能守時，都將成為你工作和事業上的絆腳石，任何時候都一樣。不僅要學會準時，更要學會提前。就如你搭車去某地，沿途的風景很美，你忍不住下車看一看，後來雖然你還是趕到了某地，卻不是準時到達。「鬧鐘」只是簡單的象徵和提示，真正靈活、實用的時間，掌握在每個人的心中。

　　實際上，壞習慣正是人生的墳墓。那些看似微不足道的惡習，足以讓你與成功失之交臂。人生一世，應盡量多養成一些好習慣，杜絕一切惡劣的習慣。

【習慣處方】

壞習慣不分大小，都會成為你成功路上的絆腳石。尤其那些我們平時看起來不起眼的壞習慣，往往由於積習已久而對我們產生毀滅性的打擊。

擺脫習慣的影響

德國動物學家海因洛特（Oskar Heinroth）曾在實驗過程中發現一個十分有趣的現象。

剛剛破殼而出的小鵝，會本能地跟在牠第一眼看到的自己的母親後面。但是，如果第一眼看到的不是自己的母親，而是其他活體，牠也會自動地跟隨其後。尤為重要的是，一旦這小鵝形成對某個物體的追隨反應，牠就不可能再對其他物體形成追隨反應。用專業術語來說，這種追隨反應的形成是不可逆的，而用通俗的語言來說，牠只承認第一，無視第二。

這種現象被稱為「印刻效應」。牠不僅存在於低等動物中，而且同樣存在於人類之中。大多數的心理學家和社會學家都承認，人類對最初接受的資訊和最初接觸的人都留有深刻的印象。他們用「初始效應」（primacy effect）等概念來表示人類在接收資訊時的這種特徵。

一代魔術大師胡迪尼（Harry Houdini）有一手絕活。他能在極短的時間內打開無論多麼複雜的鎖，從未失過手。他曾為自己定下一個富有挑戰性的目標：要在 60 分鐘之內，從任何鎖中掙脫出來，條件是讓他穿著特製的衣服進去，並且不能有人在旁邊觀看。

有一個小鎮的居民，決定向胡迪尼挑戰，有意給他難堪。他們特別打製了一個堅固的鐵牢，配上把看上去非常複雜的鎖，請胡迪尼來看看能否從這裡出去。

胡迪尼接受了這個挑戰。他穿上特製的衣服，走進鐵牢中，牢門哐啷一聲關了起來。大家遵守規則轉過身去不看他工作。胡迪尼從衣服中取出自己特製的工具，開始工作。

30 分鐘過去了，胡迪尼用耳朵緊貼著鎖，專注地工作著；45 分鐘、一個小時過去了，胡迪尼頭上開始冒汗。最後，4 個小時過去了，胡迪尼

27

第一章　習慣決定人生的成敗

始終聽不到期待中的鎖簧彈開的聲音。他筋疲力盡地將身體靠在門上坐下來，結果牢門卻順勢而開。原來，牢門根本沒有上鎖，那把看似很厲害的鎖只是裝飾。

小鎮居民成功地捉弄了這位逃生專家。門沒有上鎖，自然也就無法開鎖，但胡迪尼心中的「門」卻上了鎖。

小鎮的居民故弄玄虛，捉弄了這位大師。大師的失敗在於先入為主的習慣告訴他：只要是鎖，就一定是鎖上的。因此，在實際生活中，我們一定要拋棄成見，不要讓第一個想法占據你的腦子。要知道：錯覺首先來到，真相就難容身。

有很多人都習慣性地一次就把對一個人的評價想好，很長時間都無法改變。還有的時候，我們評價一個人，僅僅憑藉的是其是否對應自己的口味，因對方的脾氣性格、生活習慣、言談舉止等不符合自己的標準，就對其做出否定的評價，或因某些習慣與自己合拍就全面肯定他。

你不妨時常想一下，過去的習慣是否就在你的眼前欺騙或者傷害了你呢？我們所要做的就是摒棄以往那些不好的習慣，這說起來好像很輕鬆，而付諸實踐卻是很難的。

消費者對商品有不同的審美習慣。符合他們習慣的便會產生購買欲，反之，則再美也棄之不用。歐美國家視黃色為太陽與光明，巴勒斯坦則對黃色表示厭煩；希臘、羅馬認為黃色象徵吉祥，敘利亞則以黃色象徵死亡。

世界就是這樣，不同的國家、不同的地區就有不同的文化、觀念和心理。當習慣不再習慣時，我們就應及時地改變。

和壞習慣說再見

每個人的某些惡習和不良習慣並非與生俱來的，而是後來慢慢養成的。有些壞習慣可能對我們的工作和生活並無大礙，但有些壞習慣足以讓我們的工作和事業前途命運多舛。

習慣往往是一個人內在主動和外界刺激經過長期累積而成的。先是有意識地成為自己行為的一部分，形成習慣後，便變成了不自覺的行為模式，進而忘了它的存在。而這正是「習慣」的力量所在。更為關鍵的是，習慣通常是由小事和細節累積而成的。如果是好習慣，就應該保持，但若身上有了壞習慣，就應該盡量想辦法去戒除。

我們的表現、感覺和反應有 95% 是習慣性的。鋼琴家不用「決定」去彈哪個琴鍵；舞蹈家不用「決定」腳往什麼地方移。他們的反應是自動、假思索的。同樣，我們的態度、情感和信念也容易變成習慣的。

我們只要花心思做決定，再練習或「形成」新的反應或行為，習慣就能修正、改變，甚至完全扭轉。鋼琴家要加以選擇的話，可以有意識地決定按另一個琴鍵；舞蹈家可以有意識地「決定」學會一個新的舞步，而且沒有什麼苦惱。

所羅門國王（Solomon）曾說：「萬事皆因小事而起。你輕視它。它一定會讓你吃大虧的。」

第一章　習慣決定人生的成敗

如果因為平時的馬虎輕率而鑄成大錯，讓公司巨大的損失，那麼你以前所有的辛勞也會付之東流。所以我們應該從平時的小事開始注意，防患於未然。

老孫喜歡賴床，每天早上總是起不來，上班也常常遲到。後來，他意識到這實在不是個好習慣，所以下定決心改掉它。

為了改掉惡習，他想到一個辦法：每天早起半個小時出去跑步，務必持續一個月。這樣，既可以改掉睡懶覺的習慣，又鍛鍊了身體。

想必大家都有這樣的體會，尤其是在寒冷的冬天，溫暖的被窩確實很吸引人。對很多人來說，早上起床前的每一分鐘都是那麼珍貴。

第一天，老孫在床上掙扎了半天，想到自己的決心，終於按時起來了。冒著寒風出門跑步也的確不怎麼令人開心，但老孫還是完成目標。

第二天，情況好了一些，起床已經沒那麼「痛苦」了，出去跑步也不再感覺那麼累。

就這樣，老孫不斷鞭策自己，終於持續了一個月。

後來，提前半個小時起床，對於他已經不是任務，而成了習慣。如果時間到了沒起來，他反而感覺不舒服。

改變壞習慣是艱難的。當我們被要求除去那些我們所熟悉的思維和感情時，我們都會本能地加以抗拒，儘管我們也承認那些習慣是有害的。

改變不可能很快實現，而是漸進的過程。如果我們試圖在一夜之間變得成功，我們將只會再一次面臨失敗。一次改掉多個習慣的企圖，也勢必會分散我們的精力，並徹底毀掉我們改掉壞習慣的能力。

在開始試著改變習慣的時候，我們往往會覺得極其困難。我們發現，就像運動中的火車那樣，我們很難開始改變習慣的步驟。可是一旦我們成功的改掉第一個習慣，改掉壞習慣就將變得越來越容易。事實上，隨著一

個個壞習慣被好習慣逐一取代，我們將變得越來越善於改變自己的習慣。也就是說，我們已經在開始養成「改掉壞習慣」的習慣。一旦這樣的習慣養成，我們便會像一列運行著無法停止腳步的火車那樣，推動我們實現自己的理想。

如果有壞習慣，不論多少，你都要想辦法改正。然而，冰凍三尺，非一日之寒。要改掉已經根深蒂固的壞習慣，當然很不容易。

對待壞習慣，唯一的辦法就是養成好的習慣來代替它。只要你有信心、有毅力，經過一段時間的努力，還是可以辦到的。

反觀那些意志薄弱、缺乏自信的人，甘願做習慣的奴隸，從未想過透過自己的努力改變這種被動的狀態。其實，人最大的敵人是自己，改掉壞習慣也是戰勝自我、征服自我的過程。這是一場力量的較量，誰是最後的贏家取決於你自己。

每個人身上都有壞習慣，只不過大小不一，危害程度也不同。但很多人並沒有意識到，這些壞習慣在時刻阻礙著自己走向成功。人們對自己犯下的錯誤茫然不知，原因就在於他們的這種壞習慣已經根深蒂固，並且自身從未發覺到它的惡劣性。

壞習慣是藏不住的缺點，這種透過潛意識表現出來的行為，自己看不見，而別人卻能看得見，即使這種行為並不一定是自己希望的行為，但是一旦成了習慣，便身不由己，經常在不經意間鑄成惡果。

【習慣處方】

每個人的習慣都是由日常工作和生活中的小事和細節組成的。做好了這些細節小事，才有可能成功。偉大來自於細節的累積。好的習慣即使再小，養成了也有助於成事；壞的習慣哪怕再小，不「掃掉」也會成為了一事無成的禍端。

第一章　習慣決定人生的成敗

培養自己的好習慣

在一家企業裡，由於管理者的疏忽，員工們養成了某種「惰性」。具體表現為：紀律渙散、做事馬虎。老闆很快就發現了問題，並嘗試改變這種狀況。他是一位了解人性和懂得管理規律的管理者。他沒有期望用制度讓員工改變，也沒有對違規的員工進行處罰，而是採用了一個更加人性和更需要耐心的「好辦法」。

他召集各部門負責人和保全隊長開會。在會議上，他提出要大家一起用足夠長的時間，養成整齊穿著制服的好習慣。他這樣做的理由是，只要確保每一位員工每天能夠做到制服乾淨、穿著整齊，並且讓人帶領，員工紀律渙散和做事馬虎的態度將得到徹底糾正。

提出這一方案之後，他先讓各部門經理對所有下屬包括保全進行說明和教育；然後，安排人力資源部找員工當模特拍一張標準著裝照片，具體標示著裝要領，並做成「著裝標準」海報張貼在工作區入口處；最後，安排保全部門按公司要求對每一位員工的著裝進行檢查。發現與標準不符的情況，確認員工所屬部門，並立即聯絡其部門負責人直接到門口領人，不得有誤。

就這樣，如此循環往復地持續了半年多時間，員工們終於養成了良好的習慣。

培養好習慣有點像練武。在武俠小說裡，大凡練武之人都講究內外兼修，所謂外練筋骨皮，內練一口氣，對於培養良好習慣也是一樣，只有由內而外訓練才能有效果。否則，如果打從內心牴觸這些行為，就算勉強堅持做了，也只是徒具形式、成為空殼而已，很難真正養成習慣。

古時有位皇帝，為了表現節儉，就在嶄新的龍袍上縫了一塊補丁。官員們看到後紛紛效仿，一時間「補丁服」成了時尚的衣裝。而私下無論皇

帝還是官員們，照樣生活糜爛、揮霍無度。這樣的「好習慣」，不要也罷。

人貴在自覺，好習慣的養成也是如此。只有內在修養達到一定的境界，精神上積極向上，落實在具體行動中，才能夠持久。

有些好習慣，比如每天早起、持續鍛鍊、果斷做事不拖延，一開始是自發性的行為，重複的次數多了，自發就變成了自然，進而才成為習慣。

換句話說，習慣是透過對行為的不斷強化而形成的。習慣養成大致有兩種途徑：一種是依靠外部力量的正向誘導或督促而形成習慣；一種是基於主觀意志努力而養成習慣。

習慣的養成，就是由內而外的過程。在內，就是要不斷地學習和吸收，要有自我分辨能力。什麼樣的習慣是好習慣，什麼樣的習慣是壞習慣。對於壞習慣要避免，對好習慣要主動去培養，有意識地去做。但是，光注意內在的修養還不夠，還要注意外在的鍛鍊。好的行為只有每天重複去做，才能真正成為習慣。一句話，就是重複，再重複。這是自我修練，也是自我教育。

從外在的形式看，好習慣的培養帶有一定的強迫性。比如每天晚上刷牙、洗澡，這都是很好的生活習慣，但有人就是懶得去做。這時候，就必須強迫自己去完成。或者靠自己的毅力，或者靠別人監督。這樣，經過多次重複，這種習慣自然就養成了。也許堅持一兩個月後，一到晚上，根本不用想，你就自動去刷牙、洗澡了，就跟條件反射似的。這種不用經過大腦的行為，就是習慣。就像人餓了要吃飯、睏了要睡覺一樣自然。

已經失敗的人和已經成功的人之間，一個很重要的不同之處，在於他們不同的習慣。良好的習慣，是一切成功的鑰匙；壞的習慣，是通向失敗的敞開的門。因此，要遵守的第一個法則就是：要養成良好的習慣，全心全力去實行。

第一章　習慣決定人生的成敗

戴爾‧卡內基（Dale Carnegie）認為，最好是大聲告訴自己，我要養成良好的習慣，全心全力去實行。

成功學家奧格‧曼狄諾（Augustine "Og" Mandino II）曾道出了一項培養好習慣的心理暗示，你要對你自己說：

「今天是我新生命的開始。我要脫去我的老皮，因為它早就受盡了失敗的創傷。」

「今天我又一次再生，葡萄樂園是我的出生地，這裡的水果大家都可以品嘗。」

「今天我要在這葡萄園裡，從那枝最高而結果最多的葡萄藤上摘下智慧的葡萄，因為這些葡萄是我這個職業裡賢德的人一代代種植下來的。」

「今天我要嘗一嘗這些葡萄的滋味，還要吞下每一粒成功的種子，使新生命在我心裡萌芽成長。」

「失敗不再是我努力的代價。失敗像痛苦一樣，不適合我的生活。過去我曾接受它，那是因為我需要痛苦；現在我拒絕它，這是因為我有了智慧和原則，指引我走出陰暗，進入富庶、幸福和遠超過我夢想的康莊大道。在那裡，金蘋果園裡的金蘋果也不過是給我的一點點報酬而已。」

這種習慣有什麼用呢？這裡面隱藏著人類本能的祕訣。在每天重複唸誦這些話的時候，它們很快就會成為精神的一部分。而最重要的是，它們會溜進心靈，變成奇妙的泉源，永不停止，創造幻境，並使你做出難以理解的事情。

當話語被奇妙的心靈完全吸收的時候，每天早晨，你便開始帶著以前從來沒有過的活力醒過來。你的元氣將會增加，你的熱忱將會升高，你迎接世界的欲望將會克服一切恐懼，你將會比你想像中的更快樂。

你一旦喜歡去做，就願意時常去做，這是人的天性。當你時常去做的時候，它就成了你的習慣，你也就成為它的奴僕。因為它是好習慣，也就是你的意願。

不斷運用這些心理暗示，就能培養良好的習慣，消除壞習慣。

【習慣處方】

好習慣的培養不應該是追求表面的華麗的過程，而應該是自內而外的過程。如此，你才可能培養出真正有益身心的好習慣和真正助你成功的好習慣。

第一章　習慣決定人生的成敗

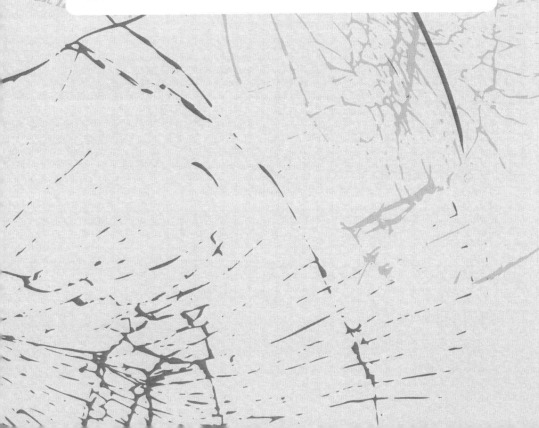

第二章
為人習慣 —— 遠離自我主義的泥淖

　　無論是做事情還是看問題，許多人都習慣於從自身出發，先要想到得到回報，很少考慮或者根本不考慮他人的需要。出現問題，埋怨他人這個不是那個不好，不從自身發現原因。這些不良習慣像一張羅網一樣，緊緊地將我們束縛住，使我們「呼吸」困難，寸步難行。我們若想在社會上立足，就要養成審視自我的習慣。

第二章　為人習慣—遠離自我主義的泥淖

向冷漠自私告別

有個人請求天使讓他去觀賞天堂和地獄,以便比較之後能聰明地選擇他的歸宿。

他先去看了魔鬼掌管的地獄。第一眼看去,他覺得十分吃驚,因為所有的人都坐在酒桌旁,桌上擺滿了各種佳餚,包括肉、水果、蔬菜等。

然而,當仔細看那些人時,他竟然發現沒有一張笑臉,也沒有伴隨盛宴的音樂或狂歡的跡象。坐在桌子旁邊的人看起來沉悶,無精打采,而且都瘦得皮包骨。這個人發現那些人每人的左臂上都捆著一把叉,右臂上都捆著一把刀,刀和叉的把手有四尺長,使它們無法將食物送到使用者口中。儘管每一樣食物都在他們手邊,結果他們還是吃不到,一直在挨餓。

然後,他又去了天堂。情況完全一樣:同樣的食物、刀、叉與那些四尺長的把手,然而,天堂裡的居民卻都在唱歌、歡笑。

這位參觀者困惑了。他不知道為什麼情況相同,結果卻如此不同。在地獄的人都挨餓而且可憐,可是在天堂的人吃得很好而且很快樂。最後,他終於找到了答案:地獄裡每一個人都在試圖餵自己,雖有一刀一叉,但四尺長的把手根本不可能使他們吃到東西;天堂上的每一個人都是餵對面的人,而且也被對面的人所餵,因為幫助了別人,結果也幫助了自己。

生活中,有人冷漠自私,在他們固有的思維模式中,認為要幫助別人自己就要有所犧牲,所以事不關己,高高掛起。其實,別人得到的並非是你自己失去的,幫助別人就是在幫助你自己。

要想成為交際廣泛的人,就要樂於幫助別人。人抬人,人幫人,做起事來才會順利,事業才會發達。聰明人看到需要幫助的人會本能地伸出援手。當他們自己遭遇困難時,也會有人奇蹟般地出現,予以「相同的報答」。

幫助了別人,同時也就是幫助了自己。

在一個漆黑的夜晚，一位遠行的苦行僧走到了一個荒僻的村落。在漆黑的街道上，他看見有一團暈黃的燈光從巷道的深處照射過來。

這時，身旁的一位村民說：「孫瞎子過來了。」

「瞎子？」苦行僧愣了。他問身旁的村民：「那挑著燈籠的真是一位盲人嗎？」

「他真的是一位盲人。」村民肯定地告訴苦行僧。

苦行僧百思不得其解：一個雙目失明的盲人，並沒有白天和黑夜的概念，挑著一盞燈籠走夜路豈不可笑嗎？

燈籠漸漸接近，苦行僧向挑燈人問：「敢問施主真的是一位盲者嗎？」

挑燈籠的盲人回答苦行僧說：「是的，從踏進這個世界，我就一直雙眼混沌。」

苦行僧問：「既然你什麼也看不見，那你為何挑著一盞燈籠呢？」

盲人說：「我聽說在黑夜裡若沒有燈光的映照，滿世界的人都將和我一樣是盲人，所以我就點燃了一盞燈籠。」

苦行僧若有所悟地說：「原來您是為別人照明。」

但那盲人卻說：「不，我是為自己！」

「為你自己？」苦行僧又愣了。

盲人緩緩地對苦行僧說：「你是否因為夜色漆黑而被其他行人碰撞過？」

苦行僧說：「是的，就在剛才，還被兩個人不留心碰撞過。」

盲人說：「我就沒有。雖說我是盲人，什麼也看不見，但我挑了這盞燈籠，既為別人照亮了路，也讓別人看到了我，這樣，他們就不會因為看不見而撞到我了。」

一盞明燈，照亮了別人，也幫助了自己，這就是聰明人樂於助人的心

第二章　為人習慣—遠離自我主義的泥淖

得。他們總是樂於為別人點亮生命的燈，所以，他們的人生道路上也能平安和燦爛。

美國南部有一個州，每年都要舉辦南瓜品種大賽。有一個農夫每年種的南瓜都非常好，經常獲得頭獎。每當他得獎之後，總是毫不吝惜地將參賽得獎的種子分給鄰居。

有一位鄰居很詫異地問：「你能獲獎實屬不易。我們都看見你投入了大量的時間和精力來進行品種改良。可是，你為什麼還這麼慷慨地將種子分送給大家呢？你不怕我們的南瓜品種超過你的嗎？」

這位農夫回答：「我將種子分送給大家，是幫助大家，但同時也是幫助我自己！」

原來這位農夫居住的地方，家家戶戶的田地都是毗鄰相連。這位農夫將得獎的種子分送給鄰居們，鄰居們就能改良自己的南瓜品種，同時可以避免蜜蜂在傳遞花粉的過程中，將鄰近較差品種的花粉傳給自己家的南瓜。

相反，如果這位農夫將得獎的種子自己獨享，而鄰居們的品種無法跟上，蜜蜂就會將那些品種較差的花粉傳給這位農夫的優良品種。這位農夫勢必因在防範方面大費周折而疲於奔命，很難迅速培育出更加優良的南瓜品種。

贈人玫瑰，手有餘香。分享和給予，常是收獲。

【習慣處方】

冷漠自私的習慣拉開了人與人之間的距離。過分在意自己的所有，無視他人困苦的人，終究會被社會拋棄。生活猶如山谷回聲一樣，你付出什麼，就得到什麼；你幫助的人越多，得到的就越多。因此，如果你有能力幫助別人的話，請不要選擇冷漠。

化攀比為欣賞

讓我們先來看一則寓言故事。

有一天，一個國王獨自到花園裡散步。使他萬分詫異的是，花園裡所有的花草樹木都枯萎了，園中一片荒涼。

後來，國王了解到，橡樹由於沒有松樹那麼高大挺拔，因此輕生厭世死了；松樹又因自己無法像葡萄那樣結許多果實，也死了；葡萄哀嘆自己終日匍匐在架上，無法直立，又無法像桃樹那樣開出美麗可愛的花朵，於是也死了；牽牛花也病倒了，因為它嘆息自己沒有紫丁香那樣的芬芳；其餘的植物也都垂頭喪氣，沒精打采；只有十分微小的心安草在茂盛地生長。

國王問道：「小小的心安草啊，別的植物全都枯萎了，為什麼你這麼勇敢樂觀，毫不沮喪呢？」

心安草答道：「國王啊，我一點也不灰心失望，因為我知道，如果國王您想要一棵橡樹，或者一棵松樹、一叢葡萄、一株桃樹、一株牽牛花、一棵紫丁香等等，您就會叫園丁把它們種上，而我知道您希望於我的就是要我安心做棵小小的心安草。」

這則寓言告訴我們，不要因為盲目地和人攀比，而忘了享受自己的生活。很多時候我們感到不滿足和失落，僅僅是因為覺得別人比我們幸運。如果我們不去和別人比較，那麼生活就會快樂得多。

很多人都有和人攀比的習慣，比能力、比地位、比才學，好像沒有比較，就不知道自己有多重；沒有比較，一切成功都是枉然一樣。

在小時候，我們就常被告知，雪花是獨一無二的，沒有任何兩朵雪花是同樣的。我們的指紋、聲音和 DNA 也是如此。因此，可以肯定，我們每一個人都是獨一無二的個體。

第二章　為人習慣—遠離自我主義的泥淖

　　然而，儘管我們知道歷史上從來沒有完全像自己一樣的人存在過，但我們還是習慣將自己與別人相比。我們把他們作為標準來衡量我們成功與否。我們常常在報紙上讀到某人取得了偉大的成就，然後很快就發現他們的年齡超過了我們，因此，我們從中得到了一點暫時的安慰：我們也還是有可能取得同樣的成功的。

　　但是，把自己與別人相比是毫無意義的，因為你根本不知道別人生活的目標與動力以及別人獨一無二的能力。別人有別人的才能，你有你的才能。盲目的比較，或者會使你妄自尊大，或者會讓你變得自卑自怨。可以這樣說，盲目攀比的習慣帶來的壞處是多過好處的。

　　每個人都有各自的特點，各自的長處和短處。不斷地拿自己與別人相比，這是糟糕的習慣，它將會對你的自我形象、自信以及你取得成功的能力產生負面影響。

　　現實生活中充滿了競爭，每個人都有對手。這些對手可能是你的同事、你的朋友、你的敵人。採用什麼樣的態度去對待你的競爭對手，看起來好像是一件小事，但卻決定了一個人的成敗。

　　很多人在與對手競爭時，都陷入把對手視為敵人的迷思，不擇手段地打擊對手，以達到取勝的目的。

　　劉明和李海是一對十分要好的朋友，在一家公司的同一部門工作。因為部門主管升遷，公司準備在部門裡選拔一個新的主管。消息傳開後，大家都聞風而動，希望自己入選。後來傳來內部消息，老闆主要在考察劉明和李海，他倆的能力都很出眾，尤其是劉明，辦事能力強，為人也不錯。

　　李海得知劉明就是自己的競爭對手後，下定決心想著一定要把劉明擠掉。但李海也明白，如果堂堂正正地競爭，自己不是劉明的對手。於是，李海開始動作，在上司面前極盡獻媚之能事，除誇大自己的能力外，還處

處暗示老闆——劉明有許多缺點，不適合這份工作。在李海的陰謀下，劉明被擠出這次競爭。

但是，當坐到那個夢寐以求的位置上時，李海才發現自己根本就不是勝利者。很多人對李海嗤之以鼻，李海的工作無法順利開展，而且李海每次面對劉明時都心懷愧疚。僅僅過了半年，由於工作沒有成效，李海就被免職了。

在新時代的職場上，不可避免地存在競爭。適當的競爭能夠促進一個人快速成長，也能促進一個人各方面不斷成熟起來。這一切的關鍵是你對競爭對手持什麼樣的態度。

一個沒有對手的動物，一定是死氣沉沉的動物。人也一樣，一個沒有對手的人必定會成為一個不思進取的人。生活中，出現競爭對手不是一件壞事，因為競爭對手會讓你充滿活力。

有了競爭對手，不要整天盤算著如何打擊對方，而應從欣賞的角度，處處學習對手，並以對手的標準來要求自己。因為，欣賞對方比打擊對方更有效。

面臨時下日趨激烈的競爭，與對手競爭相處時，要抱著欣賞對手，向對手學習的心態，以對手的長處來彌補自己的短處，這樣就可以提高自己，並最後戰勝你的競爭對手，從而走上成功之路。

【習慣處方】

和人攀比也是毫無意義的，因為總有人比你更好或更壞。每個人都有自身的價值，每個人都有自身的用處。養成了處處和人攀比的習慣，你也就失去了生活的樂趣。

第二章　為人習慣─遠離自我主義的泥淖

盡職盡責但不要貪功

懷特多年辛苦努力地工作，終於晉升為公司的副董事長。如果一切順利的話，他一定會成為董事長。他自己也深信董事長退位之後，他一定能升上去。他的能力、交際手腕及商場經驗都沒有絲毫問題，沒有任何理由可以阻礙他的希望實現。

可是到了前任董事長退位時，懷特卻被忽略，外來的人成了新董事長。

懷特的太太艾麗斯非常執拗而且念念不忘此事。艾麗斯因失望和屈辱而備感沮喪，便把丈夫當作出氣筒。

與艾麗斯完全相反，懷特卻非常冷靜。雖然能明顯看出懷特也傷心、失望和困惑，但他仍能沉下心來應對此事。懷特原本是個性格敦厚的人，所以沒有生氣與激動的表現並不令人驚訝，但艾麗斯一直責備他說：「你想說些什麼就全部告訴那些傢伙，然後辭職吧！」

懷特卻無意要那麼做，反而表示想要與新董事長一起工作，盡己所能地去幫助他。

實際上，要抱這種態度並不容易，但是懷特想到這樣大的年紀還要轉到別的公司服務，也必須多考慮，而且如果自己留在副董事長的位置上，今後也會得到公司的重用。

憤憤不平是人企圖用所謂不公正、不公平的現象來為自己的失敗辯護，使自己心理得到安慰。可實際上，作為對失敗者的安慰，怨恨是非常不可取的辦法。怨恨是精神的烈性毒藥，能毒殺人的快樂，並且能使成功的力量逐漸消耗殆盡，最後形成惡性循環。

自己並沒有多大本領而又非常怨恨別人的人，幾乎不可能與上司、同事相處好。由此而來的同事對他的不夠尊重，或者上司對他工作不當的指責，都會使他加倍地感到憤憤不平。

　　怨恨的結果常常使人更加鬱悶、煩惱。就算怨恨的原因是真正的不公正與錯誤，怨恨也不是解決問題的好方法，因為它很快就會轉變成習慣情緒。一個人如果習慣認為自己是不公平的受害者，就會定位於受害者的角色上，並可能隨時尋找外在的藉口。即使對最無心的話在最不確定的情況中，他也能很輕易地看到不公平的證據。

　　一般情況下，習慣性的怨恨一定會帶來自憐，而自憐又是最壞的情緒習慣。這個習慣一旦根深蒂固，如果離開了它，就會覺得不對勁、不自然，而必須開始去尋找新的不公正的證據。心理學家認為，這類人只有在苦惱中才會感到適應，這種怨恨和自憐的情緒習慣，會把自己一直想像成一個不快樂的可憐蟲或者犧牲者。

　　產生怨恨的真正原因是自己的情緒反應。因此，只有自己才有力量克服它，如果你能理解並且深信：怨天尤人不是使人成功與幸福的方法，你便可以控制住這種習慣。

　　一個人若有怨恨之心，就不可能把自己想像成自立、自強的人。喜歡怨恨的人常把自己的命運交給別人，把自己的感受和行動讓別人支配，像乞丐一樣依賴別人。如果有人帶給他快樂，他也會覺得怨恨，因為對方不是照他希望的方式給予；如果有人永遠感激他，而且這種感激是出於欣賞他或承認他的價值，他還會覺得怨恨，因為別人欠他的這些感激的債並沒有完全償還；如果生活不如意，他更會覺得怨恨，因為他覺得生活欠他的太多。

　　在大多數情況下，怨恨是我們自己招來的。所以，我們還應該自己想辦法，消除這種抱怨，把自己從抱怨中拯救出來。

　　任華和張敏兩個人在一家公司工作，平時關係相處得很不錯。

　　年終，公司推廣策劃評比。每個人都可以拿方案，優勝者有獎。任華覺得這是一個好機會。經過半個月的深入調研，加上平時對市場工作的觀

第二章 為人習慣—遠離自我主義的泥淖

察思考，任華很快做出了一個非常出色的策劃方案。

方案徵集截止日的最後一天，張敏突然嘆了一口氣說：「哎，任華，我還真有點緊張，心裡沒底啊！你幫我看一下我的有沒需要修改的地方。」任華連想都沒想就答應了。張敏的策劃很普通，沒有什麼創意，任華看完後不好意思說什麼。

張敏用探究的目光盯著任華，說：「讓我也看看妳的方案吧。」任華心裡一陣懊悔，可自己剛才看了人家的，現在沒有理由不讓別人看自己的。好在明天就要開大會了，她想改也來不及了。

第二天開會，張敏因為資歷深，排在任華前面發言。張敏講述的方案跟任華的方案簡直一模一樣。在講解時，張敏對老闆說：「很遺憾，我現在只能講述自己的口頭方案。電腦中毒，文件被毀了，我會盡快整理出書面材料。」

任華目瞪口呆，沒想到張敏會搶自己的功勞。任華不敢把自己的方案交上去，也不敢申訴，因為她資歷淺，怕老闆不相信自己。

張敏的方案獲得了老闆的認可，但因為方案不是她自己策劃的，有些細節不清楚，在執行方案時出了漏洞，又無法及時修正，未能成功。後來，老闆得知她是偷竊別人的方案後，就毫不猶豫地炒了她魷魚。

不是你的功勞，就不要去搶，不管別人是否知道，搶別人的功勞終非成功的捷徑。若是搶別人的功勞，等到真相大白時，你將無臉見人，不僅被搶者會成為你的敵人，而且還會失去他人對你的尊重。

> **【習慣處方】**
>
> 在競爭激烈的工作環境中，有些人喜歡把別人的功勞據為己有。這樣的人，不會創造業績，卻偷偷地去佔有別人的功勞，結果只會是自食其果。

退一步海闊天空

在火車上，一個紅頭髮的年輕人往地上吐了一口痰，被清潔人員看到了。清潔人員就對他說：「為了維持車內的環境整潔，請不要隨地吐痰。」那位年輕人聽後不僅沒有道歉，反而破口大罵，說出一些不堪入耳的髒話，然後又狠狠地向地上連吐三口痰。

那位清潔人員是個年輕的女孩，此時氣得面色漲紅，眼淚在眼圈裡直打轉。車上的乘客議論紛紛，有為清潔人員抱不平的，有幫著那個年輕人起鬨的，也有擠過來看熱鬧的。大家都關心事態如何發展。有人悄悄說：「快告訴打電話通知乘務員去，免得等等在車上打起來。」

沒想到，那位清潔人員定了定神，平靜地看了看那位年輕人，對大家說：「沒什麼事，請大家回座位坐好，以免摔倒。」清潔人員一邊說，一邊從口袋裡拿出衛生紙，彎腰將地上的痰跡擦掉，扔到了垃圾桶裡，然後若無其事地繼續工作。看到清潔人員的這個舉動，大家全都愣住了。

車上鴉雀無聲，那個年輕人的舌頭突然短了半截，臉上也不自然起來。到站時車門一開，他就急忙跳下車。剛走了兩步，他又跑了回來，對清潔人員喊了一聲：「大姐！我服你了。」車上的人都笑了，七嘴八舌地誇獎這位清潔人員不簡單，真能忍，不聲不響就把渾小子治服了。

這位清潔人員面對辱罵，既沒有爭辯，也沒有與之對罵，而是忍下了一時之氣，主動退讓一步。這種退讓使她取得了道德上、人格上的勝利，同時為那個年輕人上了一課。生活中，我們要注意培養這種忍讓寬容的習慣，就像人們常說的那樣：忍字頭上一把刀，遇事不忍把禍招，若能忍住心頭急，事後方知忍字高。

韓秀英在家排行老大。幼時家境艱難，父母忙於上班養家，照顧兩個弟弟、洗衣做飯等家事早早就落在她的頭上。弟弟怕她，父母疼她。在這

第二章　為人習慣─遠離自我主義的泥淖

樣的家庭環境下，她養成了能吃苦受累卻無法忍氣受氣的個性。後來，她參了軍。部隊的一些要求，她雖然行動上執行了，可心中卻不服氣，常常牢騷滿腹。

她的真正成熟、進步是從學習忍耐開始的。她當的是通訊兵，負責戰術區域通訊裝備操作。剛上機時，負責培訓的是一位連裡比較厲害的老兵。

有一次，用戶要下面部隊的一個分站。她拿著塞線不知往哪條線路上插，正猶豫著，那位老兵一把將她的手打下，說：「妳別拿著我的塞頭巡邏了。」從小到大，她哪裡受過這個氣，當時就腦袋轟的一熱，淚水在眼框打轉，真想摘下話筒跑掉，或者和老兵大吵一架。

可是一剎那間，她忍住了，想起平時上級常說三尺機臺就是戰場，要是跑掉不就等於在戰場上開小差了嗎？所以她一邊忍著氣抹著淚，一邊認真看老兵操作。下班後，她又幫著老兵整理話單，打掃機房。這時，她的心情已經好多了；而老兵也覺得有些過火，主動過來手把手地教她。兩人後來成了無話不談的好朋友。

忍讓是理智的抉擇，是成熟的表現。一個人如果能養成寬容忍讓的習慣，那麼他就會獲得別人的尊敬。

有的時候，與我們敵對的人會故意發起挑釁。如果不冷靜地忍讓的話，我們就會陷入窘境。

現實生活中，讓人生氣、令人發怒的事是隨時可能發生的，但是作為一個有頭腦的冷靜之人，為了更好地、安寧地生活和工作，理智地處理各種不愉快，就需要培養自己忍讓的習慣。如果不忍，任意地放縱自己的感情，首先傷害的就是自己。如對方是你的對手、仇人，有意氣你、激你，你不忍氣制怒保持頭腦清醒，就容易被人牽著鼻子走，中了人家的計。

生活中難免會有爭吵、生氣發牢騷。如果在一些非原則的問題上你也追求勝利，那麼你就永遠也不可能有好心情。

一般來說，發脾氣是由對客觀事物不滿而產生的情緒反應，是由外在的各種刺激所引起的。發脾氣並不都屬於不良情緒，有耍耍小性子的，也有無理取鬧、亂發脾氣的。但發脾氣既傷害自己又傷害別人，常常發無名之火是缺乏修養、氣量狹小或情緒不健康的表現，應當努力克服和避免。

世界上從不發脾氣的人恐怕是沒有的，但不為瑣事常發脾氣是完全能做到的。生活中，有修養的人，也常常是寬宏大度，風趣幽默的人。他們很少在小事上大動肝火。因此，要做到不為小事而發脾氣，最根本的一點就是要加強知識的涵養，拓寬自己的心理容量。不要為區區小事而計較個人得失，要學會理解，學會諒解，學會容忍，學會控制，多檢討自己，少怪罪別人。

【習慣處方】

忍就是在壓抑人性本身的快樂，所以要養成忍讓寬容的習慣可能是很困難的，但是，如果我們做到了，就會收獲很多。成功往往就是在寬容忍讓之後，才會在某個方面有所突破，從而實現我們最初的夢想。

養成誠實守信的習慣

謊言就像氣球一樣，是極其脆弱的，很容易被刺破。欺騙別人是很危險的行為，會導致你的信用破產，會讓別人不信任你。最後，你就會像喊「狼來了！」的那個孩子一樣，被人們所拋棄。

從前，有一位賢明而受人愛戴的國王，他將國家治理得井井有條，人民安民樂業。國王的年紀逐漸大了，但膝下並無子女，這件事讓國王很傷

第二章　為人習慣—遠離自我主義的泥淖

心。國王最終決定，在國家挑選一個孩子收為義子，將他培養成接班人。

國王選接班人的標準很獨特。他發給每位孩子花的種子，宣布誰如果能用這些種子培育出最美麗的花朵，那麼誰就能成為他的義子。

孩子們領回種子後，開始了精心的培育。從早到晚，澆水、施肥、鬆土，誰都希望自己能夠成為幸運者。有個叫阿牛的男孩，也整天精心地培育種子。但是，10天過去了，沒有發芽。半個月過去了，還是沒有發芽。一個月過去了，花盆裡依然只有一片黑土，更別說開花了。

苦惱的阿牛去請教母親，母親建議他把土換一換，但依然無效，母子倆束手無策。

國王決定的觀花日期到了。無數穿著漂亮衣裳的孩子湧上街頭。他們各自捧著盛開著鮮花的花盆，用期盼的目光看著緩緩巡視的國王。國王環視著爭奇鬥豔的花朵與漂亮的孩子們，並沒有像大家想像中的那樣高興。

忽然，國王看見了端著空花盆的阿牛。阿牛無精打采地站在那裡，眼角還有淚花，國王把他叫到跟前，問他：「你為什麼端著空花盆呢？」

阿牛抽噎著把自己如何精心伺弄，但種子怎麼也不發芽的經過說了一遍。最後，阿牛還說：「這可能是報應，因為我曾在別人的花園中偷過一個蘋果吃。」沒想到，國王的臉上卻露出了最開心的笑容。他把阿牛抱了起來，高聲說：「孩子，我找的就是你！」

「為什麼是這樣？」大家不解地問國王。

國王說：「我發下的種子全部是煮過的，根本就不可能發芽開花。」

聽完國王的話，捧著鮮花的孩子們都低下了頭。

現代社會裡，為了利益，越來越多的人習慣於弄虛作假，然而這個習慣只會毀了他們，對他們不會有任何助益。最終，他們也只會像那些捧著鮮花的孩子們，由於弄虛作假而受到嘲弄。

正直誠實的習慣，是寶貴的財富。誠實正直的人一定會贏得別人的認同。

生活中，誠實有時被看成是呆板木訥的代名詞，然而不可否認的是，大多數時候，我們還是喜歡同誠實的人打交道、做朋友。所以，需要別人誠實地對待自己，自己先要以誠實對待別人。

一位華人留學生從德國某著名大學畢業後，雄心勃勃地在德國找起了工作。他本來自信十足，認為憑自己的實力，一定可以找到一份不錯的工作，然而卻接二連三地碰壁，每次都是把簡歷遞上去就沒了回音。

一次，他參加某大公司的面試，連和老總面談的機會都沒有，就被踢出局。他生氣地大喊：「你們這是種族歧視！」見狀，面試的組織者連忙把他帶到一個小房間，客氣地說：「先生，請您不要激動！您先看一下這個，就明白我們為什麼不安排你面試了！」說完，遞給留學生一份資料，原來是這名留學生在德國三次逃票被抓的記錄。

留學生不服氣地說：「難道就為了逃幾次票，你們就不願意用我？」負責人嚴肅地回答：「先生，德國的檢票抽查率是萬分之三，而您竟然三次被發現逃票。因此，我們無法相信你，你的信用已經破產了！」

不守信用的習慣，使這名留學生根本無法在德國立足，因為失去了信譽，他也失去了美好的前途。所以，無論在生活中還是在工作中，我們都要守信用。信用是我們成功的基石，是一筆巨大的財富。生活中，我們會發現那些受歡迎的人，常用各種不同的方式把他們的特點展現在人們面前，其中最顯著的特點便是任何時候都堅持守信、遵約的美德。

在現實生活中，講信用、守信義是立身之道，是高尚的情操。它既展現了對他人的尊敬，也表現了對自己的尊重。一個守信用的人，走到哪裡都會受人歡迎，不守信用的人只會處處受到人們的鄙棄。守信用的習慣，

第二章　為人習慣─遠離自我主義的泥淖

確實會影響一個人的人際關係。

是否守信用對事業成敗也有巨大影響，有多少人信任你，你就擁有多少次成功的機會。

初出道的摩根先生（JP Morgan Chase）成為了一家名叫「伊特納火災」的小保險公司的股東。因為這家公司不用馬上拿出現金，只需在股東名冊上簽上名字就可成為股東，這正符合當時摩根先生沒有現金卻希望獲得收益的情況。

當時，有一家在伊特納火災保險公司投保的客戶發生了火災。按照規定，如果完全付清賠償金，保險公司就會破產。股東們一個個驚惶失措，紛紛要求退股。

摩根先生卻認為信譽比金錢更重要。他四處籌款並賣掉自己的住房，低價收購所有要求退股的股份，然後將賠償金如數賠償給投保的客戶。

一時間，伊特納火災保險公司聲名鵲起，婦孺皆知。

雖然已經身無分文的摩根先生成為保險公司的所有者，但保險公司卻面臨破產。無奈之中他打出廣告，凡是再到伊特納火災保險公司的客戶，保險金一律加倍收取。

出乎意料的是，客戶很快蜂擁而至。原來，在很多人的心目中，伊特納火災保險公司是最講信譽的保險公司，這一點使它比許多有名的大保險公司更受歡迎。伊特納火災保險公司從此崛起。

許多年後，一位名叫摩根的人主宰了美國華爾街金融帝國。而當年的摩根先生，正是他的祖父，美國億萬富翁摩根家族的創始人。

信譽是人與人之間最為寶貴的東西，是用金錢無法衡量的。

以誠待人是成大事者的基本做人準則。年輕人做人做事也要講「誠信」兩字，養成誠實守信的習慣。在事業上用這種習慣來工作，就可在競爭中取得勝利。

【習慣處方】

一個誠實守信的人只要是勇往直前地走自己的路，成功就一定會到來，所有屬於他的最高的獎賞也遲早都會得到。總之，誠實守信是一筆無形的財富，擁有誠實守信的人就擁有光明的前途。

懶惰是一事無成的溫床

不要貪圖安逸，因為這只會讓你變得墮落，只會讓你退化。只有勤奮工作才是高尚的，它將帶給你人生真正的樂趣與幸福。當你明白這一點時，請立刻改掉你身上的所有惡習，努力去找一份適合你的工作，你的境況將因此而改變。

懶惰、好逸惡勞乃是萬惡之源。就像灰塵會使鐵生鏽一樣，懶惰會吞噬一個人的心靈，可以輕而易舉地毀掉一個人。

有一個人死後，在去閻羅殿的路上，遇見一座金碧輝煌的宮殿。宮殿的主人請求他留下來居住。

這個人說：「我在人世間辛辛苦苦地忙碌了一輩子。我現在只想吃，只想睡。我討厭工作。」

宮殿的主人很高興地說：「若是這樣，那麼世界上再也沒有比我這裡更適合你居住的了。我這裡有山珍海味，你想吃什麼就吃什麼，不會有人來阻止你；我這裡有舒服的床鋪，你想睡多久就睡多久，不會有人來打擾你；而且，我保證沒有任何事情需要你做。」

於是，這個人就住了下來。

開始一段日子，這個人吃了睡，睡了吃，感到非常快樂。漸漸的，他覺得有點寂寞和空虛，於是他就先見宮殿主人，抱怨道：「這種每天吃吃睡睡的日子過久了也沒有意思。我現在是腦滿腸肥了，對這種生活已經提

第二章　為人習慣—遠離自我主義的泥淖

不起一點興趣了。你能否為我找一份工作？」

宮殿的主人毫不猶豫地答道：「對不起，我們這裡從來就不曾有過工作。」

又過了幾個月，這個人實在忍不住，又去見宮殿的主人：「這種日子我實在受不了了。如果你不讓我工作，我寧願下地獄，也不要再住在這裡。」

宮殿的主人輕蔑地笑：「你以為這裡是天堂嗎？這裡本來就是地獄啊！」

工作久了，忙碌久了，總想休息。閒久了，安逸久了，就想工作。太安逸的生活就如同地獄，讓你懶於思考、懶於努力，和養豬場裡的豬沒有什麼區別。

那些終日遊手好閒、無所事事、無論做什麼都捨不得花力氣的人是可憐的，因為他們本來也可以成為一個非凡的成功者，也可以抵達輝煌的頂峰。只是由於懶惰的習慣，他們失去了這一切榮耀，只會庸庸碌碌地過一生。所以，你一定要努力克服懶惰的習慣，勤奮工作。勤奮是一種值得任何人尊敬的美德。無論走到哪裡，它都會為你增光添彩。

貪圖安逸使人墮落。懶惰的人，到頭來只會一無所獲。懶惰的習慣是萬惡之源、是成功的天敵。如果一個人養成了懶惰的習慣，那麼他就是踏上了一條與幸福相背離的道路。

羅馬人有兩條偉大的箴言，那就是「勤奮」與「功績」，這也是羅馬人征服世界的祕訣。那時，任何一個從戰場上勝利歸來的將軍都要走向田間。在羅馬，最受人尊敬的工作就是農業生產。正是全體羅馬人的勤奮，使這個國家逐漸變得富強。

但是，當財富和奴隸慢慢增多時，羅馬人開始覺得勞動不再重要了。於是，懶散導致罪犯增多、腐敗滋生，這時國家開始走向衰敗，一個偉大的帝國就這樣消失了。

一個人工作時所養成的習慣，不但會影響工作效率和品質，而且對其品格的形成也大有影響。有一句話這樣說：「檢驗人品的標準，那就是工作時是否能全神貫注，進入忘我的工作狀態。」

無論你的工作地位如何平凡，如果你能像那些偉大的藝術家投入其作品一樣投入你的工作，所有的疲勞和懈怠都會消失殆盡。飽滿的熱情可以為最普通的工作賦予偉大的意義。如果你能以高昂的熱忱去做最平凡的工作，就能成為最靈巧的工人；如果以冷淡的態度去做最高尚的工作，也不過是一個平庸的工匠。

查理大學畢業後進入一家印刷公司從事銷售工作，這與他最初的理想相距甚遠。但他知道自己所追求的目標，同時也了解自己的現實處境，於是，他熱情高漲，全心全意投入到新的工作中去。他將年輕人特有的熱情和活力帶到了公司，傳遞給客戶。每一個和他接觸的人都能感受到他的魅力。

儘管查理工作才一年時間，但是他的主動和熱情已經成為公司不可或缺的組成部分。他被破格提升為銷售部的領導，取得了人生階段性的成功。

與查理同樣年輕的傑斯，也在很短時間內被提拔到公司的管理層。有人問到傑斯成功的祕訣時，他說：

「我在試用期間就注意到，每天下班後其他人都回家了，而老闆卻常常留在辦公室時工作到很晚。我希望自己能有更多時間學習其他東西，於是下班後也留在辦公室裡，處理業務方面的工作，同時提供老闆幫助。沒有人要求我留下來，而且我的行為還遭到同事的非議，但是我還是堅持這樣做了，因為我認為我是對的⋯⋯我和老闆配合得很默契，他也逐漸形成了跟我共事的習慣⋯⋯」

第二章 為人習慣—遠離自我主義的泥淖

儘管很長時間傑斯並沒有因自己的積極主動，而獲得任何報酬。但是，他學到了許多技能，並且最終贏得了老闆的信任，獲得了提升的機會。

但是，大多數人並不像查理和傑斯一樣，他們總是以消極和被動的心態和習慣來對待工作，上班時懶懶散散，下班回家也無所事事。他們不是沒有自己的追求，而是一遭遇困境就半途而廢，因為他們缺乏精神支柱。

如果一個人能對「工作能免除人生辛勞」有所領悟的話，那麼他也就掌握了達到成功的原理。倘若能處處以主動、熱情的態度從事本職工作，那麼即使是最平庸的職位，也能增加其榮譽和財富。

【習慣處方】

哪怕你再有才能，一旦養成了懶惰的習慣，也終將一事無成。只有勤奮者才能感受到豐收的喜悅。勤奮將指引你越過所有的艱難險阻，直至達到自己的目標。

坦然面對批評和指責

許多年前，一位年輕人在一家著名的五金公司做收銀員。雖然薪水微薄，但他仍然心滿意足地賣力工作，因為他希望能透過自己腳踏實地的工作，使自己步步高陞。他做起事來，永遠抱著學習的態度，處處小心留意，想把工作做得十分完美。他希望能夠以此獲得經理的賞識，提升他為推銷員。誰知經理對他的印象卻與自己的想像恰好相反。

有一天，他被喚進經理室，遭到了一頓訓斥。經理告訴他：「老實說，你這種人根本不配做生意。但你的臂力健碩無比，我勸你還是到鐵廠裡當一名工人去吧。我這裡不用你了。」

這一番訓斥侮辱，對於那位店員來說真如晴天霹靂。他想不到素來自以為做得不錯的成績，會得到這樣的結果。一個年輕氣盛的人，踏入社會不久，便遭受到這樣嚴重的打擊，換了誰也受不了。他們定會氣得暴跳如雷，從此做起任何事情來，都抱著消極的態度，不肯「勞而無功」了。但那位年輕人並沒有這樣做，他雖被辭退，但仍有他自己的理想。他立志要在被擊倒的地方重新爬起來，爭取更大的成績。

「是的，經理，」他說，「你當然有權將我辭退，但你無法消磨我的意志。你說我無用，當然，這也是你的自由，但這並不能減損我絲毫的能力。看著吧！遲早我要開一家公司，規模比你的大 10 倍。」

他並沒有吹牛，他說的句句是實話。從此，他藉著這次受辱的激勵努力上進，幾年後，果然有了驚人的成就。

假使沒有這次的刺激，當初的年輕人當然也會努力奉公，力求上進的，但即使他能如願以償，結局也不過是成為一名五金公司的推銷員而已。可是，他在經理的一頓訓斥後驚醒，立刻打消了他那「心滿意足」的心理，有了更大的目標，這才能從一個無名的小店員，一躍而成為世界有名的「大王」。從此事例中，我們可以看到有時受一次嚴重的打擊，往往能夠使我們獲得莫大的益處。

在做伐木工人時，羅斯福有一天在培德蘭與幾個人砍樹清理出一塊空地建造房子。到晚上工作完畢的時候，工頭問他們一日工作的成績如何。他聽見一個工人答道：「皮爾砍了 53 棵，我砍了 49 棵，羅斯福咬下了 17 棵。」羅斯福回想起他所砍的那些樹真好像海狸咬下來的一樣，便禁不住自笑起來。他老老實實地承認他砍的樹實在是比不上他的同伴們。

羅斯福明白從一個粗野而講老實話的人那裡，比從一個只知一味奉承的人那裡所學到的一定要多些；即使是別人的批評很魯莽，也還是可以用

第二章　為人習慣—遠離自我主義的泥淖

來改進自己。

當然，從另一方面我們還應注意到，批評我們的人無論其動機是怎樣的惡劣，我們都不應對人產生猜忌心理，以為人人都是自己的仇敵，這是相當危險的。無論如何，如果你的仇敵指出了一條路，打破了你的自負心，使你得到了改進和提升，那麼，他無疑對你有了很大的幫助。

美國汽車公司總裁伍德先生，出身國會議員。仗著從前在國會演說時，常常博得聽眾拍手喝彩，伍德便認為自己是一個能言善辯的演說高手，常以此自滿自足，洋洋得意，因此便鬧出了下面的一個笑話來。

有天晚上，伍德登臺演說，對象是一群目不識丁的煤礦工人，而且其中多半是來自外國，對於英語茫然不懂，但因仰慕他的大名，或者被迫前來受教，所以，那天演講臺前仍舊被人群擠得水洩不通。伍德看到這種空前盛況，以為自己的演說確有驚人的魔力。演講過程中，聽眾時時掌聲如雷，於是他愈加興奮，將音量放大，盡量發揮他的「天才」。

演說終了下臺後，伍德滿面春光，洋洋得意地對他身邊的一位新聞記者說：「我的演說還算不錯吧！他們似乎都聽得入迷了。」

新聞記者冷冷地答道：「可是你或許不知道，懂得英語的聽眾只有三五個吧。」

伍德大失所望，但仍半信半疑地說：「但是他們為什麼常常對我鼓掌喝彩呢！」

「你演說時沒有注意到嗎？」新聞記者說，「那些人的拍手喝彩，都是由一個懂得英語的工頭帶頭的。」

第二個人上臺演講時，伍德仔細觀察了臺下情形，果然跟那位新聞記者所說的一樣。而且那個指揮的人，顯然也不太高明，遇到不應拍手的時候，也帶領聽眾狂熱地拍起手來。

後來，伍德和人談起這事時，還說：「從受到那次打擊以後，我才開始對自滿已久的演說術，重新抱持懷疑的態度，不敢妄自誇大了，而且更加刻苦訓練演講，不斷提高演講功力。」

每個人都要以客觀的態度來衡量別人的批評，不要衡量其究竟傷害你到什麼程度，或是別人批評你的動機究竟如何。要利用別人的批評來看清自己的行動，看出究竟是對還是錯。如果是自己錯了，便要修正過來；如果本來是對的，也不必時刻把別人的批評放在心裡而感覺不安，真正做到「有則改之，無則加勉」。聽到別人批評的時候，不要養成感覺自己是受了羞辱的習慣。

每個人都難免有受到不公平批評的時候。其實，所受到的批評無論對錯，都可以借此更好地看清楚自己。對手的批評，多半是對的。可有些人卻無論自己對不對，總要設法來替自己辯護，於是漸漸養成總以為自己是對的觀念。硬頭皮的人總是那些思想簡單、智力有限的人。因此，我們一定要養成坦誠接受他人批評的習慣。

【習慣處方】
他人的批評，尤其對手的批評，是極為可貴的，往往是一個人前進的嚮導。我們要欣然接受他人的批評，尤其要勇於面對對手的指責。

做人不可太張狂

年輕的時候，富蘭克林是個才華洋溢的人，但同時也很驕傲輕狂。

有一天，富蘭克林去拜訪一位老前輩。當他昂首闊步走進門時，頭被門框狠狠地撞了一下，奇痛無比。出門迎接的前輩看著他這副樣子，笑笑說：「很痛吧！可是，這將是你今天來訪問我的最大收穫。一個人要想平安

第二章　為人習慣—遠離自我主義的泥淖

無事地活在世上，就必須時時刻刻記住低頭，這也是我要教你的事情。」

富蘭克林猛然醒悟，發覺自己許多社交失敗的真正原因。從此，時時刻刻不忘低頭成為富蘭克林的生活準則之一。他改掉了驕傲張揚的毛病，決心做一個低調的人。也就是因為具有了這一美德，他得到了人們的廣泛支持，在事業上取得了巨大成功，成為了美國的開國元勳之一。

人們常說，小聰明的人總是喜歡表露自己的聰明，而大聰明的人則是讓別人顯露他們的聰明。真正的聰明人總是精明內斂，因為他們信奉低姿態生活，高境界做人，這樣的人才具有真正的大智慧，也往往會取得人生的成功。

正如俗語所說：「做錐子，有時候要懂得把禿的一面朝人；當金子，則要懂得適時地收斂自己的光芒。」如若不然，則就有可能白白斷送自己的前途，甚至是生命。

三國時期，楊修在曹營內任主薄。他思維敏捷，甚有才名。由於人為恃才自負，屢犯曹操的忌諱。

曹操曾營建一所花園。竣工後，曹操前往觀看，不置褒貶，只是提筆在門上寫了一個「活」字。眾人都不解其意，楊修說：「『門』內添『活』字，乃『闊』字也。丞相嫌園門闊耳。於是再築圍牆，改造完畢後又請曹操前往觀看，曹操大喜，問是誰解此意，左右回答是楊修，曹操嘴上雖讚美幾句，心裡卻很不舒服。

又有一次，塞北送來了一盒酥，曹操在盒子上寫了「一盒酥」三字。正巧楊修進來，看了盒子上的字，竟不待曹操說話自取來湯匙與眾人分而食之。曹操問其何故，楊修說：「盒上明書一人一口酥，怎麼敢違丞相的命令呢？」曹操聽了，雖然面帶笑容，可心裡卻十分厭惡。

曹操性格多疑，深怕有人暗中謀害自己，常吩咐左右說：「我在夢中

好殺人，凡是我睡著的時候，你們切勿靠近。」有一天，曹操晝寢帳中，落被於地。一名侍者慌忙把被子撿起來幫曹操蓋上。這時，曹操猛然而起拔劍殺了侍者，又睡於床上。起床後，曹操故作吃驚地問：「是誰殺了我的侍者？」眾人如實相告，曹操痛哭，命厚葬之。在埋葬這個侍者時，楊修喟然嘆道：「丞相非在夢中，君乃在夢中耳！」曹操聽了之後，心裡愈加厭惡楊修，便想找機會除掉他。

曹操率大軍攻打漢中時，與劉備在漢水一帶對峙很久。由於長時間屯兵，曹操的處境進退兩難。此時，恰逢廚子端來一碗雞湯，曹操見碗中有根雞肋，感慨萬千。夏侯惇入帳內稟請夜間號令，曹操便隨口說道：「雞肋！雞肋！」於是，人們便把這句話當作號令傳了出去。行軍主薄楊修立即叫隨軍收拾行裝，準備歸程。夏侯惇見了驚恐萬分，把楊修叫到帳內詢問詳情。楊修解釋道：「雞肋雞肋，食之無味，棄之可惜。今進不能勝，唯恐人笑，在此何益？來日魏王必班師矣。」夏侯惇聽了非常佩服他說的話，營中各位將士便都打點起行裝。曹操聞知，以楊修造謠惑眾，擾亂軍心為由，把他殺了。

楊修聰明有才智，是一個不可多得的人才，而他的死，就植根於他的聰明才智 —— 平時恃才而傲、個性過於張揚、數次犯下曹操的大忌。楊修之死為我們在日常生活中為人處事留下了重要的啟示：

- ◆ **才不可露盡，尤其是在比自己權高位重的人面前**：楊修絕頂聰明，為人爽快，才華洋溢，本應該是一個人人追求的好人才，可結果卻落得個死於非命。他不該犯曹操大忌，在曹操面前賣弄聰明。自古以來，很多帝王將帥都不喜歡別人勝過自己。而楊修犯的正是這禁忌，在本應是曹操出風頭的地方處處出盡風頭，這讓曹操的聰明往哪顯？這是他必死的原因之一。

第二章　為人習慣—遠離自我主義的泥淖

◆ **不要輕易點破他人心事**：譬如雞肋，曹操正苦悶於此，不知如何解脫，捅穿這層薄紙，就等於羞辱了他。這是楊修死因之二。

我們在日常工作中，經常遇到這樣的問題：有一些事，人人已想到、意識到了，卻無一人當眾說出來。這些人並非傻子，而是都學精了。人所共欲而不言，言者就是大傻瓜。有一句老話：天妒聰明，其實人更是如此。所以，最好不要隨意耍聰明，否則你可能就是那只遭槍打的出頭鳥。

在我們的生活中，唯有謙虛、豁達而低調的做人方式才能使事情做起來更順利，因此，一定要避免那種妄自尊大、自以為是的做法及趾高氣揚、咄咄逼人的態度，它們只會引起他人反感的情緒，從而使自己陷入被動。

【習慣處方】
太張狂做人是不會受到人們的歡迎的。學會低調做人，保持低調，既是做人的習慣，也是做人的藝術。

第三章
處世習慣 —— 讓自己處處受歡迎

如果不懂如何處世，不要說成就什麼功業，就連在社會上立足也是很困難的。戴爾·卡內基說：「在影響一個人成功的諸多因素中，人際關係的重要性要遠遠超過他的專業知識。」的確，良好的人際關係是一個人獲得成功的必備條件。我們只有養成良好的處世習慣，才有可能成就自己的輝煌。

第三章　處世習慣—讓自己處處受歡迎

讚美拉近彼此關係

科學家研究發現，人們的行為受動機的支配，而動機又隨人們的心理需要而產生。人們的心理需要一旦得到滿足，便會成為積極向上的原動力。因此，在與他人相處時，可以滿足他人的這種渴望，多讚美別人。

如果說批評與鼓勵都是催人上進、激人發奮的方式的話，在許多情況下，適當的獎勵往往能收到更好的效果。讚美是對人們精神的激勵和心理的疏導，能為其展示光明的前途，調動其工作熱情和樹立信心。

在美國，年薪最早超過 100 萬美元的管理者名叫查爾斯·麥克爾·施瓦布（Charles Michael Schwab）。在被鋼鐵大王卡內基任命為新組建的美國鋼鐵公司的第一任總裁時，他只有 38 歲。那時美國政府還沒有徵收個人所得稅，人們平均收入普遍較低，因此這 100 萬美元的價值就不言而喻了。

為什麼施瓦布能夠獲得如此高的年薪呢？他是天才嗎？當然不是，施瓦布說過，對於鋼鐵是怎樣製造的，他手下的許多人比他懂得還要多。他之所以能夠拿到這麼多的年薪，是因為他有和不同性格的人相處的本領。他說那只是一句話，但這句話應該刻在全世界任何一個有人住的地方。每個人都要背下來，因為它會改變我們的生活。那句話是：「我認為，我那些能夠使員工鼓舞起來的能力，是我擁有的最大的資產。而能夠讓一個人發揮出最大能力的方法，就是鼓勵和讚美。」

人人都希望獲得別人的讚美，沒有人可以例外。

相信不少人都有這樣的體會：最讓你有好感的人或者你最好的朋友，通常都是那些平常讚美你的人。他們聚精會神，目不轉睛地盯著你，聆聽你講話，情緒隨你講話的內容忽喜忽憂，並會不時地讚美你的優點和成績，讓你發現自己的閃光點，讓你充滿自信；他們和你分享你的每一次成功抑或微不足道的進步，他們的讚美從此為你帶來無盡的信心和勇氣。其

中的原因很簡單，這些人讚美你，就是注意你，就是對你的尊重，就是對你的價值的欣賞與肯定。

由衷的讚美，是人生中最令對方溫暖卻最不令自己破費的禮物，它的價值是難以估計的。當你用心觀察到對方的優點，並且發自真心地表達讚美時，友善的關係便在一言一語中逐漸建立、累積起來了。

雖然人人都喜歡聽讚美的話，但並非任何讚美都能使對方高興。能引起對方好感的只有那些基於事實、發自內心的讚美。實事求是的讚美，就像一劑良藥，能夠癒合對方因為錯誤而引發的心靈創傷和悔恨，除去心頭的痼疾，矯正行為中的錯誤，增強其改過的信心。

讚美的效果在於見機行事、適可而止，真正做到「美酒飲到微醉後，好花看到半開時」。當別人計畫做一件有意義的事時，開頭的讚揚能激勵他下定決心做出成績，中間的讚揚有益於對方再接再厲，結尾的讚揚則可以肯定成果，指出進一步的努力方向，從而達到「讚揚一個，激勵一群」的效果。

日常生活中，人們有非常顯著成績的時候並不多見。因此，交談中應從具體的事件入手，善於發現別人最微小的長處，並不失時機地予以讚美。讚美用語愈詳實具體，說明你對對方愈了解、對他的長處愈看重。讓對方感到你的真摯、親切和可信，彼此之間的人際距離就會越來越近。如果你只是含糊其辭地讚美對方，說一些「你工作得非常出色」或者「你是一位卓越的領導／者」之類空泛膚淺的話語，不但會引起對方的猜疑，甚至產生不必要的誤解和信任危機。

所謂「患難見真情。」最需要讚美的不是那些早已功成名就的人，而是那些因被埋沒而產生自卑感或身處逆境的人。他們平時很難聽一聲讚美的話語，一旦被人當眾真誠地讚美，便有可能振作精神、大展宏圖。因

此，最有實效的讚美不是「錦上添花」，而是「雪中送炭」。

在同一家公司工作的小田和小沈素來不和。小田總是覺得小沈在故意刁難自己，見了自己不是冷冰冰的就是陰陽怪氣的。

有一天，小田忍無可忍地對另一個同事華華說：「妳去告訴小沈一聲，我真受不了她，請她改改她的壞脾氣，否則沒有人會願意理她的。」

從那以後，小沈遇到小田時，果然是既和氣又有禮，不但不再說冷冰冰的刻薄話，反而有時還稱讚小田。小田向華華表示謝意，並驚奇地追問她是怎麼說的。華華笑著跟小田說：「我對她說：『有那麼多人稱讚妳，尤其是小田，說妳又聰明、又大方、也溫柔善良。』僅此而已。」

一句簡單的讚美，就輕易地化解了兩個女孩之間的矛盾，由此可見，讚美的力量是非常強大的。如果我們能培養自己讚美別人的習慣，那我們在社交中一定會更受歡迎。

讚美就像澆在玫瑰上的水。讚美別人並不費力，只要幾秒鐘，便能滿足他人內心的強烈需求。注意觀察你身邊的每一個人，尋覓他們值得讚美的地方，然後誠懇地讚美，抱著「我要讓對方高興他曾與我認識」的態度來讚美對方，提出他感興趣的問題，對方便會高興曾與你交談，從心底把你當成自己的朋友。

讚美別人，欣賞別人，尊重別人和誠懇待人的人，會獲得人們美的評價。讚美別人的人，都擁有健康樂觀的心態，擁有一顆寬宏大量和充滿愛意的心。他們之所以能讚美別人，是因為他們真切體會到了上帝賦予人類美的真正含義。他們誠懇待人，善解人意。當別人陷入困境，心情沮喪，需要幫助時，他們便會伸出溫暖而真誠的友誼之手；當別人因一時閃失與疏忽做錯了事時，他們會設身處地地表示諒解，這樣的人，你一定會非常感激，甚至認為他們是最具有內涵和氣質美的感慨油然而生。

當然，強化不能濫用，讚美也需要藝術。要充分地看到他人的長處，因人、因時、因場合地適當地讚美，不管是直率、樸實，還是含蓄、委婉，都做到異曲同工之效。但那種模糊籠統甚至信口而來的讚美，往往適得其反。

從現在開始，學會讚美別人吧！把讚美當成習慣，不論對象是不是你認識的人，他們都值得我們給予由衷的讚美。不論對方表面上的反應是害羞、驚訝，還是感激，你的善意已經灌溉了他心中的花圃，將開出朵朵心花，美化你人生的視野。

【習慣處方】

喜歡得到他人的讚美，這是人性的一個特點。我們很多人都喜歡他人讚美自己，只是自己對此過於吝嗇，對其他人一直沒有這種習慣，沒有意識到「讚美」兩字的魅力 —— 這兩個字不但讓別人高興，也能夠讓自己輕鬆獲得他人的友誼和幫助。

尊重他人才好辦事

一次，卡內基到一個著名植物學家那裡做客。整個晚上，那個植物學家都津津有味地為卡內基講各種千奇百怪的植物。而卡內基呢？聽得也津津有味，目不轉睛，像個喜歡聽故事的孩子，偶爾忍不住還問一兩句。

沒想到，半夜離開時，植物學家緊握著卡內基的手，非常高興和滿意地對他說：「你是我遇到的最好的談話專家。」

善於傾聽，意味著要有足夠的關心去強迫自己對別人感興趣。如果你認為生活像劇院，自己就站在舞臺上，而別人只是觀眾，自己正在將表演的角色發揮得淋漓盡致，而別人也都注視著自己，那麼你會變得自高自大，以自我為中心，也永遠學不會聆聽，永遠無法了解別人。

第三章　處世習慣—讓自己處處受歡迎

　　從現在開始，對別人多聽多看，將他們當作世上獨一無二的人對待；要以服務為目的，不可以自我為中心。要對別人關切的事表示興趣，而不僅是關注自己。只要你真心關切別人的利益，別人會感覺出來，而與你接近。你將發現你比以往任何時候更善於與人溝通。

　　一天，有位年輕人來找蘇格拉底，說是要向他請教演講技巧。他為了表現自己，滔滔不絕地講了許多話。待他講完，蘇格拉底說：「可以考慮收你為學生，但你要繳納雙倍的學費。」

　　年輕人很驚訝，問蘇格拉底：「為什麼要加倍呢？」

　　蘇格拉底說：「我除了要教你怎樣演講外，還要再另外幫你上一門課，就是怎樣閉嘴。」

　　在生活中，許多人常易犯這樣的毛病，一旦打開話匣子，就難以止住。其實，這樣做得不償失，因為自己的話說多了，既費精力，又傳遞太多訊息給他人，也還有可能傷害他人；另外，自己無法從他人身上吸取更多的東西。尤其是推銷員常犯這種划不來的錯誤。為了使多數人同意他們的觀點，總是費盡口舌，但推銷的效果卻並不理想。

　　每個人都具有傾訴和表達的欲望。客戶如果對你的產品關注，會更想透過詢問了解不清楚的問題。因此，傾聽是了解客戶需求的第一步。傾聽客戶說出他的意願是決定採取何種推銷技巧的先決條件；而傾聽客戶的抱怨更是解決問題、重拾客戶對商品信心的關鍵，由此可知，有時在與客戶交談時，聽比說更重要。專心地、努力地、聚精會神地傾聽，會讓客戶有被尊重的感覺，從而使他對你更加信任也更加願意展開接下來的合作。

　　艾比年從事房地產推銷工作，後來創辦了自己的房地產經紀人公司。

　　1950 年代，艾比替霍‧安德遜推銷房子。霍‧安德遜是達拉斯的建築商，當時正在開發五月鮮花房地產工程。霍‧安德遜所做的是前人從未做

過的事，冒險投資建造一套價值 10 萬美元的房子，而關鍵的問題在於他還沒有確定的買家。這些豪華的房子相當於現在價值 70 到 80 萬美元的房子。在那時，沒有人敢這麼冒險來投資建造高級的房子，除非事先有人買。這項冒險如此奇特，以至於有雜誌專開一版來介紹這項房地產工程。

有一天，艾比正在等一位客戶，霍・安德遜停車同他打招呼。過了一會，一輛汽車開了進來，從車上下來一對年紀較大，有點不修邊幅的夫婦。他們徑直朝門口走來。當艾比與他們熱情地打招呼時，瞥見霍・安德遜正搖著頭對他做鬼臉，明顯是在說：「不要把時間浪費在他們身上。」

可艾比對任何一個客戶都很有禮貌，因而熱情地接待了這對夫婦，就像對待其他潛在買家一樣彬彬有禮。艾比之所以這樣做是因為他堅信，一名優秀的推銷員應該隨時隨地優化自身的形象，注意自己的言行舉止，牢記自己的工作職責。他認為，客戶無時不在，無時不有，千萬不能以貌取人。

霍・安德遜覺得艾比是在浪費時間，因此很生氣地離開了。既然房子空蕩蕩的，而且建築商又走了，艾比就領他們參觀了一下房子。

這對夫婦在看完第四個浴室後，丈夫對妻子感嘆道：「想一想，一幢房子有四個浴室！」然後轉身對艾比霍爾德說：「這麼多年來，我們一直夢想擁有一棟有一個以上浴室的房子。」

艾比霍爾德還注意到那位妻子眼含淚水看著丈夫，而且還溫柔地握著他的手。

之後，這對夫婦在參觀了房子的每一角落後，最後來到臥室。丈夫彬彬有禮地要求道：「讓我們私下聊幾分鐘好嗎？」

「當然可以，」艾比霍爾德答道，然後朝廚房走去，以便讓他們倆單獨待在臥室裡。

第三章　處世習慣—讓自己處處受歡迎

幾分鐘後，丈夫出來了，他問道：「艾比霍爾德先生，你說這房子售價是 10 萬美元？」

然後臉上露出一絲微笑，從上衣的口袋裡掏出一個舊的大信封，數了 10 萬美元現金出來，整整齊齊地堆成階梯。

原來，丈夫是達拉斯旅店裡的服務生領班之一，他們許多年來一直過著拮据的生活，就這樣把小費存起來，最終得償所願擁有了一棟帶一個浴室以上的自己的房子。

有很多人在社交中往往憑一己之見或對某些人第一印象不佳而輕視他們。這其實是建立融洽人際關係的大忌，對人際關係影響至深。

當你輕視別人的時候，你會在說話或者行動中表現出來，慢慢地別人同樣會輕視你。在被你輕視的人當中，極有可能出現日後決定你命運的關鍵性人物。所以，尊重和善待每個你所接觸到的人，就是尊重和善待我們的生命。

我們在與他人交往過程中，應該平等對待所有人，不因對方的名聲、職位、身分、地位而異。我們看重的不只是外在的東西，而是一個人的內涵，他的人品，他的內在潛能。一旦與這樣的人結緣，或者可以成為人生的導師，在徬徨迷路時得到指點；或者成為你的摯友，可以共享歡樂，分擔憂愁；或者在你最孤立無援時得到一臂之助。不要輕視任何人，每個人都有他的優點和特長，說不定你的弱項正是他們的強項，說不定關鍵時刻幫助你最多的是你平時看來最不起眼的朋友。

【習慣處方】
尊重他人，就是要把他人當作重要人物一樣去對待。這樣，你的人際關係一定會大大改善，而且會收到許多意想不到的效果。

凡事要留有餘地

晚清紅頂商人胡雪巖很清楚把事情做絕的害處。做事時,他總是習慣為他人留下餘地,還曾借此幫助過把兄弟王有齡一次。

王有齡官場得意,身兼湖州府知府、烏程縣知縣、海運局坐辦三職。王有齡在四月下旬接到任官派令,身邊左右人等無不勸他,速速趕在五月一日接任。之所以有這等建議,理由很簡單:儘早上任,儘早搜到端午節「節敬」。

清代吏制昏暗,紅包回扣、孝敬賄賂乃是公然為之,蔚為風氣。風氣所及,冬天有「炭敬」,夏天有「冰敬」,一年三節另外還有額外收入,稱為「節敬」。浙江省本來就是江南膏腴之地,而湖州府更是膏腴中的膏腴,各種孝敬自然不在少數。

王有齡就此詢問胡雪巖的意見,胡雪巖卻說:「銀錢有用完的一天,朋友交情卻是得罪了就沒有救了!」他勸王有齡等到端午節之後,再走馬上任。

胡雪巖之所以這樣建議是從多方面考慮的,王有齡不是湖州第一任知府,在他之前還有前任,別人在湖州府知府衙門混了那麼久,就指望著端午節敬。王有齡名正言順可以搶在節日前接事,搶前任的節敬。可是,這麼一來,無形中就和前任結下梁子,眼前當然沒事,但不知道什麼時候就會發作。要是將來在要命關鍵時刻發作,牆倒眾人推,落進猛石下,那可就划不來了。

胡雪巖深深明白,好處不能占絕,做事不能吃乾抹淨,一點後路都不留給別人。人總得替別人想想,自己沒損失什麼,卻頗能讓別人見情,何樂而不為呢!

一個人如果把事情做的太絕就等於是斷了自己的後路。人生禍福難

第三章　處世習慣─讓自己處處受歡迎

料，風水說不定什麼時候就會轉到對方那裡。為對手留條活路就是為自己留條後路，你又何樂而不為呢？

功與名是曾國藩畢生所執著追求的。他認為，古人稱立德、立功、立言為三不朽。為保持自己來之不易的功名富貴，他又事事謹慎，處處謙卑，堅持「花未全開月未滿圓」的觀點。因為月盈則虧，日中則昃，鮮花完全開放了，便是凋落的徵候。因此，他常對家人說，有福不可享盡，有勢不可使盡。

「花未全開月未滿圓」才是最好的時候。一個人如果想把自己的好運維持得長長久久，那就要時刻記著為他人留餘地，習慣於把事情做絕對的人，是無法取得真正的成功的。

張伯倫（Arthur Neville Chamberlain）在擔任英首相期間曾再三阻礙邱吉爾進入內閣。他們政見不和，尤其是在對外政策上存在很大的分歧。後來，張伯倫在對政府的信任投票中慘敗，民意贊成邱吉爾領導政府。出人意料的是，邱吉爾在組建政府過程中，堅持讓張伯倫擔任下院領袖兼樞密院院長。

邱吉爾意識到保守黨在下院占絕大多數席位，張伯倫是他們的領袖，在自己對他們進行了多年的批評和嚴厲的譴責之後，取張伯倫而代之，會令他們許多人感到不愉快。為了國家的最高利益，邱吉爾決定留用張伯倫，以贏得這些人的支持。

後來的事實證明，邱吉爾的決策非常英明。當張伯倫意識到自己的綏靖政策讓國家造成巨大災難時，他並沒有利用自己在保守黨的領袖地位刁難邱吉爾，而是以反法西斯的大局為重，竭盡全力做好自己分內之事，極力配合邱吉爾。

三十年河東，三十年河西。一個人不永遠得意，很多時候你不為別人

留後路，結果也斷送了自己的後路。所以，做事時還是多留點餘地，早晚你會從這個習慣中受益。

吉拉德是紐約泰勒木材公司的推銷員。一天早晨，辦公室的電話響了。一位焦躁憤怒的主顧，在電話那頭抱怨他們運去的一車木材，完全不符合他們要的規格。他已經下令車子停止卸貨，讓吉拉德立刻安排把木材搬回去。

吉拉德立刻動身，匆匆趕到主顧那裡後，才知道對方的檢驗員很了解硬木的知識，但檢驗白松木卻不夠格，經驗也不多。於是，吉拉德以非常友好而合作的語氣請教他，雙方之間劍拔弩張的情緒開始鬆弛消散了。後來，檢驗員坦白承認自己對白松木的經驗不多，並不時的請教吉拉德。最後的結果是，所有卸下的木料又檢驗一遍後全部接受，而吉拉德也收到了一張全額支票。

吉拉德最後總結說，從這件事可以看出，運用小技巧，以及盡量遏止自己點出別人的錯誤，就可以使公司減少實質的現金損失，而我們所獲得的良好關係，則非金錢所能衡量。

做人要心靜氣和，做事要多為別人著想，切忌傷害到別人的自尊。當遇到棘手的問題時，即使從原則上說你是對的，你也應該尊重別人的意見，不要和他們無謂爭辯，更不要去刺激他們。如果事實是你錯了，則應迅速而真誠地承認。有些時候，看似複雜的問題，應該像吉拉德一樣，換一種思路，也許就會很圓滿的解決了。

如果在事實上你是沒有錯的，承認自己有錯也許讓你有些難過，但事情往往會成功，以此來沖淡你對認了錯的沮喪是值得的，況且在絕大多數時候，你最終還是要把對方的錯誤糾正過來，只是不是在發生糾紛的一開始，而是要在氣氛緩和下來時，你的方式不是那麼強硬而是委婉地說出來。

第三章　處世習慣—讓自己處處受歡迎

讓人一分又何妨

春秋時期，鄭莊公準備伐許。戰前，他先在國都舉行比賽，挑選先行
官。眾將一聽露臉立功的機會來了，都躍躍欲試，準備一顯身手。

第一個項目是比劍格鬥。眾將都使出渾身解數，只見短劍飛舞，盾牌
晃動，爭鬥不休。經過輪番比試，選出了 6 個人，參加下一輪比賽。

第二個項目是比箭，取勝的 6 名將領各射 3 箭，以射中靶心者為勝。
前 4 位，有的射中靶邊，有的射中靶心。第 5 位上來射箭的是公孫子都。
他武藝高強，年輕氣盛，向來不把別人放在眼裡。只見他搭弓上箭，3 箭
連中靶心。他昂著頭，瞟了最後的那位射手一眼，退下去了。

最後那位射手是個老人，鬍子有點花白。他叫穎考叔，曾勸鄭莊公與
母親和解，很受鄭莊公的看重。穎考叔上前，不慌不忙，「嗖嗖嗖」三箭
射出，也連中靶心，與公孫子平手。

只剩下兩個人了，鄭莊公派人拉出一輛戰車來，說：「你們兩人站在
百步開外，同時來搶這部戰車。誰搶到手，誰就是先行官。」公孫子都輕
蔑地看了一眼對手。哪知跑了一半時，公孫子都腳下一滑，跌了個跟頭。
等爬起來時，穎考叔已搶車在手。公孫子都哪裡肯服氣，拔腿就來奪車。
穎考叔一看，拉起來飛步跑去。鄭莊公忙派人阻止，宣布穎考叔為先行
官。公孫子都自此對穎考叔懷恨在心。

穎考叔不負鄭莊公之望，在進攻許國都城時，手舉大旗率先從雲梯衝
上許都城頭。眼見穎考叔大功告成，公孫子都嫉妒得心裡發疼，竟抽出箭

來，搭弓瞄準城頭上的穎考叔射去，一下子把穎考叔射了個「透心涼」，從城頭栽了下來。

在這個故事中，悲劇的發生也許應歸罪於公孫子都嫉妒之心太強。但穎考叔的鋒芒太盛、傲氣爭功也是問題之一。身為一個已有功在身的老臣，他其實沒有必要再去和年輕的將領爭功了，但他總想立功求賞，結果被一記暗箭傷了性命，可悲可嘆。

一個自認為有才華的人，要做到心高氣傲，這樣既能有效地保護自己，又能充分發揮自己的才華。要戰勝盲目自大、盛氣凌人的習慣，凡事不應太張狂或太咄咄逼人，並且還應當養成謙虛讓人的美德。這不僅是有修養的表現，也是生存發展的策略。

18 世紀，美國阿肯色州的一家銀行，因為服務等各方面都做得比較好，吸引了一大批儲戶，投資報酬率達到了 37%。這個董事長就以此自傲，揚言三年內要把儲戶再翻一番，並嘲笑其他銀行沒有競爭力，早晚要破產。

他的不可一世惹來了很多同行的憤怒，其中有幾家就聯合起來，決心將該銀行搞垮。他們籌集了上百萬美金資金，讓人到該銀行開活期存款，大約開了 3,000 多個戶頭。不到一個星期，這些儲戶同一時間集體去提款，在該銀行大廳排起長龍大陣，同時在外面又大放謠言，說該銀行資金發生問題。

因此，別的儲戶也恐慌起來，紛紛向該銀行提款，結果該銀行因無法兌現只好宣告破產。

我們提倡處世要隱忍，不要一下子展現出你所有的本事，更不要因為有本事而處處表現賣弄。目空一切，不可一世，只會讓人家拿你當靶子打。如果那個銀行董事長不是表現得太過盛氣凌人，又何至於落個破產的

第三章　處世習慣—讓自己處處受歡迎

下場。所以，我們千萬不要因自己的優勢或長處而自覺高人一籌或因此而看不起對手。

處世是一門複雜的學問，你要常常考慮一下別人的感受。不要總把你的傲然之氣表現出來。盛氣凌人的習慣對你的人生、你的事業顯然毫無益處。

社會是由各式各樣的人組成的，有講道理的，也有不講道理的；有懂事多的，也有懂事少的；有修養深的，也有修養淺的。「人無完人」，每一個人都或多或少有一些缺點。我們總不能要求別人講話辦事都符合自己的標準和要求。

在面對他人的缺點時，寬容與理解是必不可少的。如果你總是對別人的缺點苛刻，會引起別人的反感，甚至「以惡對仇，以厭為敵」。一個能夠容忍別人缺點的人，必定是胸懷寬廣，受人尊敬，而且也是擁有輝煌人生與成就的人。

一位非常出色的外交家感慨地說：「以前，社交圈比較狹窄，只知道別人有很多缺點。現在，隨著社交圈的擴大，接觸了形形色色的人後，才有知心朋友告訴我，其實我自己也有類似的缺點。我希望別人能夠容忍我的缺點，所以我也常常容忍別人的缺點。」

每個人都有缺點，可以推心置腹地想一想，假如自己的缺點無法被別人容忍會有什麼樣的結果，對自己的影響有多大。這樣，我們就能找到容忍別人的缺點的理由。

寬容是交友之道，你將因此贏得別人的尊重與友誼。反之，只會招致別人的厭惡。一個無法容忍別人缺點的人，不可能擁有真正的朋友，而他的人生也難以成功。要改變人生，就要贏得朋友的支持。所以，在面對別人的缺點時，要盡量多一份容忍與理解。

【習慣處方】
一個人自恃才能過人，總是表現得咄咄逼人的話，就會帶給對手壓力和不快。對手就會把你視為眼中釘、肉中刺，不擇手段地對你施以明槍暗箭。所以，如果想成大事，你就必須甩掉盛氣凌人的習慣。

懂得變通才能適應環境

在某城鎮的一條街上，住著兩戶人家。一家是富裕的商人，一家是鞣皮匠。

富人家的屋子非常氣派，高高的屋簷，雕花的門窗，寬寬的走廊用圓圓的柱子支撐著，夏天坐在走廊上，吹著微風，特別清爽。

鞣皮匠家的房子相比之下遜色很多，低低矮矮的不說，窗子小得只能進一隻貓，門框低得人要低著頭、彎著腰才能進去。

富人有那樣的好房子，但他不敢在走廊上久坐，因為他實在無法忍受鞣皮匠家裡飄過來的那股難聞的氣味。

鞣皮匠整天都要工作，於是，一張又一張的驢皮、馬皮、牛皮……都運到他家。他操起刀，一張一張地刮，然後用配好的料一張一張地鞣。

髒水像小河一樣從鞣皮匠家的屋子裡流出。無論誰走過那裡都要緊緊地捂住鼻子，如果捂得不嚴，就會被熏得嘔吐。

富人在這種臭氣中過日子，真是難受死了。於是他多次來到鞣皮匠的家裡，對他說：「喂！你無論如何也不能再這樣做下去。如果你不盡快搬家，我總有一天要死在這裡。我這裡有一個金幣，你拿上它快點搬家吧！」

鞣皮匠知道，無論到哪裡人們都不會歡迎他的。於是，他對富人說：「老爺，我不要你的金幣，不過請你放心，我已經找好了房子，過不了幾天我就會搬走，請你放心好了。」

第三章　處世習慣—讓自己處處受歡迎

一天過去了，兩天過去了。每當富人來催，鞣皮匠都是這幾句話。

隨著時光的流逝，鞣皮匠家的這股臭味彷彿變了，因為富人來催他搬家的次數越來越少了。

後來，鞣皮匠竟發現，富人每天坐在走廊上，又是喝酒，又是吃肉，再也不讓鞣皮匠為難了。

富人的變化使鞣皮匠十分納悶。有一天，鞣皮匠見到了富人，便問他道：「老爺，現在我們這條街有什麼變化嗎？」

富人說：「沒有啊，但我覺得在這裡住十分舒服。」

原來富人已經適應這種味道了。入芝蘭之室，久而不聞其香；入鮑魚之肆，久而不聞其臭。一個不知變通、沒有適應能力的人是很難在社會上立足的。如果遇到令自己不滿意的情況，那就要努力去改變，但如果實在改變不了的話，那就只能像這個富人一樣去適應了。

在美國有一所非常著名的高等學府，它的名字幾乎為全世界的知識分子所知曉，它的入學考試需要考生達到平均 90 分以上的成績，它一堂課的學費，可以相當普通家庭整月的開銷，學生們常穿著印有校名的 T 恤在街上招搖……

但是，這個學校有著嚴重的困擾，因為學校緊鄰治安極壞的貧民區，學校的玻璃經常被頑童打破，學生的車子總是失竊，學生在晚上被搶劫已經不是新聞了，甚至有女學生遭到被強暴的消息。

「這些人太可惡了！不配與我們這麼偉大的學校為鄰！」董事會議憤怒地一致通過，「把那些不上路的鄰居趕走！」方法很簡單 —— 以學校雄厚的財力把貧民區的土地和房屋全部買下來，改為校園。

於是，校園變大了。但是問題不但沒有解決，反而變得更嚴重，因為那些貧民雖然搬走，卻只是向外移，隔著青青的草地，學校又與新貧民區

相接。加上擴大的校園又難於管理，治安更糟了。

董事會這下可真不知怎麼辦了，請來當地的警官共謀對策。

「當我們與鄰居無法好好相處時，最好的方法不是把鄰人趕走，更不是將自己封閉，反而應該試著去了解、溝通，進而影響、教育他們，」警官說。

校董們相顧無言，啞然失笑。他們發現身為世界最著名學府的董事，竟然忘記了教育的功能。

他們設立了平民補習班，送研究生去貧民區調查探訪，捐贈教材給鄰近的中小學，並輔導就業，更開闢部分校園為運動場，供青少年們使用。

沒有幾年，這所學校的治安環境已經大大地改善，而那鄰近的貧民區，也一步步地步入了小康。

置身於一個不好的環境，光是靠抱怨是改變不了的。你不是去改變它，就是要適應它，除此之外，別無選擇。處世不能鑽牛角尖，不知變通的習慣會為你的生活、工作帶來極其不利的影響。怨天尤人是沒有用的，對無力去改變的事，我們只能努力去適應。

處世是一門靈活機變的學問，不知變通的習慣只會限制處世的靈活性。所以，我們一定要克服這個壞習慣，改變你所能改變的，適應你無法改變的。

當遇到難解的問題時，要學會變通，策略得當，就會收到良好的效果，如果策略欠妥，問題就難以解決。

我們知道，種子落在土里長成樹苗後，最好不要輕易移動，一動就很難成活。而人就不同了，人有腦子，遇到了問題可以靈活地處理，用這個方法不行就換一個方法，總有一個方法是對的。不要被經驗束縛了頭腦，要衝出慣性思維的樊籠。執著很重要，但盲目的執著是不可取的。

第三章　處世習慣─讓自己處處受歡迎

科學家曾經做過一個有趣的實驗：

把一些蜜蜂和蒼蠅同時放進一個平放的玻璃瓶裡，使瓶底對著光亮處，瓶口對著暗處。結果，那些蜜蜂拚命地朝著光亮處掙扎，最終氣力衰竭而死，而亂竄的蒼蠅竟都溜出細口瓶頸逃生。

只知道執著的蜜蜂走向了死亡，知道變通的蒼蠅卻生存了下來。執著和變通是兩種人生態度，不能單純地說哪個好哪個不好。單純的執著與單純的變通，兩者都是不完美的。只有兩者相輔相成才能取得最後的成功，我們要學會執著與變通兩者兼顧。

【習慣處方】

在充滿不確定性的環境中，有時我們需要的不是朝著既定方向的執著努力，而是在隨機應變中尋找求生的路；不是對規則的遵循，而是對規則的突破。我們不能否認執著對人生的推動作用，但也應看到，在一個經常變化的世界裡，靈活機動的行動比有序的衰亡好得多。

學會低頭是處世智慧

小郭畢業後分配到偏鄉工作，嫌機關太冷清，主動要求到基層工作，以便實現他的抱負 ── 開發山裡的礦產資源，造福家鄉。

在建造家鄉選礦廠時，小郭發現，用來建廠的一些鋼材被上司拿去送人了。他氣憤地去找上司質問：「你怎麼能拿公有的東西隨便送人呢？」上司拍了拍小郭的肩膀，開導說：「你呀，剛出校門，不懂得人情世故，設計不能只顧實際需求量，還必須把人為的損耗加進去，這是學校裡學不到的知識。」

小郭恍然大悟，不再堅持自己的意見。這樣，他安然度過了自己步入

社會的第一個險灘。在上司的眼裡，小郭會做事而又聽話。幾個月後，他被升遷了。

小郭為改變家鄉的面貌處心積慮，四處奔波。人們誇獎小郭腦袋靈活。的確，透過幾年的奔波建廠，小郭悟通了不少「人情世故」。大事不違，小事靈活處理。所以，很自然地，小郭面前的紅燈少，綠燈多。他帶領的企業產值和利潤年年翻倍，人均收入也大大提高，鄉親們對他更是讚不絕口。

小郭為了不碰壁，而逐漸養成了適時低頭的習慣。這樣，他一方面堅持著自己的原則和初衷，另一方面走了一條圓融的道路，既實現了自己的價值又為鄉親們辦了實事，這不是兩全其美的事嗎？

低頭肯定不會那麼舒服，但事到臨頭該低頭時能低頭也是處世的策略。

適時低頭是為了保存自己的力量；走更遠的路，是為了把不利的環境轉化為對你有利的力量。這是柔軟與權衡，更是高明的處世智慧。所以，我們要戰勝寧折不彎的處世習慣，在面對「屋簷」時，一定要主動地把頭低下來。

「人在屋簷下，不得不低頭」，遇到屋簷，我們就要主動地把頭低下來，這才是識時務的做法，否則就只會撞個頭破血流，對自己毫無益處。低下頭，起碼有這樣幾個好處：你很主動地低下了頭，不致成為明顯的目標；不會因為頭抬得太高而把矮簷撞壞。要知道，不管撞壞撞不壞，你總會受傷的，儘管你的頭是「鐵」的，但老祖宗早就有「傷敵一千，自損八百」的古訓。不能因為脖子太酸，忍受不了而離開能夠躲風避雨的「屋簷」。

離開不是不可以，但是必須考慮要去哪裡。要知道，一旦離開，再想回來就不那麼容易了。在「屋簷」下待久了，就有可能成為屋內的一員，

甚至還有可能把屋內人趕出來，自己當主人。

學會低頭，懂得低頭，也是一種智慧。它可以使你求同存異、應時順勢，謙恭溫良。

在處理人與人之間的矛盾時，懂得低頭、適時投降，也是君子懷仁的風度；也是創造和諧社會所必備的品格。

學會低頭、懂得低頭和勇於低頭是非常重要的。尤其是在社會競爭激烈的今天，生命的負載過重，人生的負載太沉，低一低頭，可以卸去多餘的沉重；面對自身的不足，低一低頭，就可以贏得別人的諒解和信任，省去不必要的糾紛。

然而，現實生活中總有那麼一些人不懂得低頭；缺乏低頭的勇氣；漠視低頭的行為。他們總是自命不凡，總把精明智慧放在臉上，以為別人不知道，結果不是碰壁，就是觸網，對其教訓頗深。

低頭並不是自卑，也不是怯弱，而是智慧的展現。當你明白了低頭的道理，當你從困惑中走出來時，你會發現，一次低頭其實就是一次難得的境界。

有人問蘇格拉底：「你是天下最有學問的人，那麼你說天與地之間的高度是多少？」

蘇格拉底毫不遲疑地說：「三尺！」

那人不以為然：「我們每個人都有五尺高，天與地之間只有三尺，那還不把天戳個窟窿？」

蘇格拉底笑著說：「所以，凡是高度超過三尺的人，要長立於天地之間，就要懂得低頭啊！」

哲學大師蘇格拉底說的「懂得低頭」寓意深遠、發人深省。其實質是告誡世人：「不論你的資歷多深、能力多好、名望多高，在浩瀚的社會海

洋中，你只是微不足道的一滴而已。」

有些畢業生擇業時想一步到位，可是在人才濟濟的今天，哪有這麼容易的事啊？相反，有些人就很現實。雖然本身各方面條件都不錯，但一開始卻把目標定得很低，工作能適合自己就做，薪水差不多就行。這就是「懂得低頭」、「記住低頭」的智者。

在人生的舞臺上，在生活中時刻保持低姿態，把自己看輕些，把別人看重些。「懂得低頭」、「記住低頭」，把低頭作為一生的準則，將來也必會大有作為的。

「是金子總會發光」，只要你有能力，即使你總是「低著頭」，你的上司、你的董事長也會遲早發現你、重用你。

【習慣處方】

生活中，有的人總是心高氣傲、目空一切，習慣於裝腔作勢、橫衝直撞，其結果，往往是到處碰壁、一事無成。而有的人就「懂得低頭」的道理，領悟「記住低頭」的真諦，他就能事業有成、一帆風順。

寧得罪君子，不得罪小人

老李是個不拘小節的人，心寬體胖，在公司裡人緣也還算不錯。由於他太具正義感，喜歡管閒事，又不留意自己的言行，因此得罪了一些小心眼的人。

在公司裡，韓某是個公認的小人，慣會拍馬屁、瞞上欺下、挑撥離間、亂傳閒話。儘管大家都對他有意見，但因為知道此人極有「能量」，報復心又強，所以表面上還是和他說說笑笑、維持普通關係。但老李卻不然，他可一點面子都不給韓某。

第三章 處世習慣—讓自己處處受歡迎

有一次，韓某過生日，大家都去捧場喝酒，老李也去了。酒喝得多了一點，老李就開始「損」起韓某來。「你今年也就40歲吧！不老不小的過什麼生日！缺錢用就說一聲，你小子怎麼總這樣耍心機呢！」

韓某頓時氣得臉色紫紅。大家圓場後，便把老李送回家去，但韓某從此就記恨老李。老李工作，韓某就搞鬼；上司有意提拔老李，結果韓某找上司「聊」了兩次，就沒有了後續；老李的侄女來玩被韓某撞見了，隔天老李有外遇的謠言就傳遍了全公司……老李被折磨得頭昏腦脹，逢人就說「犯小人哪！」

老李最大的錯誤就是不該輕易得罪小人，結果被小人整得灰頭土臉。可以說，好人是永遠鬥不過小人的，因為小人心狠手黑，不擇手段地算計別人。然而生活中，偏偏有人習慣於充當正義鬥士，輕視小人，得罪小人，這是很愚蠢的做法。從現實來看，這是沒事找事、惹火燒身。

其實，現實生活中也有不少人會犯類似的錯誤。他們沒有見識到得罪小人的危害，一副「身正不怕影子斜」的架勢，結果最後還是吃了小人的虧。要知道小人之所以被稱為小人，就是因為他們不走正路。你明明沒事做壞事，他捏造幾件不就好了，小人本事極強：造謠生事、暗中破壞、挑撥離間、落井下石……

總之，得罪了小人你就沒有好日子過了，隨時得提心吊膽。所以，你又何苦得罪小人呢？如果你有輕視小人的習慣，那就要馬上改正，否則說不定什麼時候你就會走霉運。

「寧得罪君子，別得罪小人」、「逢人只說三分話，不可全拋一片心」、「害人之心不可有，防人之心不可無」、「明槍易躲，暗箭難防」。這些都是父母和師長們常常告誡我們的話，教導我們要看清社會，遠離小人，保護自己。然而，可悲的是在生活中往往君子難求而小人卻常有。

我們知道古人對君子的要求是很高的，君子是儒家評價一個人道德的最高標準。究竟什麼樣的人才稱的上是君子呢？隨著時代的發展雖然我們對君子的理解會有著不同的含義，但不管時代怎樣變，至少我們知道「君子應該像天宇一樣運行不息，即使顛沛流離，也不屈不撓；如果你是君子，廣納度要像大地一樣，沒有任何東西無法承載。」

君子首先應該是一個負責任的人，無論面臨什麼樣的困難，都不忘自己肩負的責任，不逃避不推卸；君子一定不會做違背道德良知的事，所謂君子愛財，取之有道；君子還應該是一個有愛心的人，具有仁義之心；君子胸懷坦蕩，有所為有所不為，做了應當作的，就不必擔心結果，所以不憂；不做違背法律和道德的事情，不必擔心受到懲處，所以不懼。

而小人則是和君子相對而言的，那麼什麼是小人呢？他們的言行和種種表現是怎樣的呢？粗淺分析如下主要有以下特徵：

喜歡造謠生事：有很多小人口才好，人緣也不錯，長著著兩片薄嘴唇能說會道，在人群中很有欺騙性；有的人文章寫的也不錯，在生活中和網路界都有一個小圈子，他們喜歡歪曲事實，無中生有，往往惡人先告狀，唯恐天下不亂。

喜歡奉承、見風使舵：誰得勢就依附誰，誰失勢就捨棄誰，他們利用別人權勢來提升自己地位，他們善於交際喜歡搞小圈圈。沒有利用價值的人，冷落你也就是自然而然的事了，這種人需要你了，會滿臉堆笑，不用你了會翻臉不認人，比變色龍變的都要快。

喜歡隔岸觀火、落井下石：只要有人或跌倒或失敗，他們會追上來再補一腳；看你落井了，不是扔下一根繩子而是砸下一塊石頭，幸災樂禍。

心胸狹窄，言行不一：明明是自己心胸狹窄、言行有過錯，卻死不承認，昧著良心將自己裝扮成正義的化身，這類人口才犀利又有人緣，很能

誤導大家以訛傳訛，日久則眾口鑠金，積非成是，有時真相就此石沉大海，永遠被扭曲蒙蔽了。

　　人最可悲的事情就是錯把小人當知己。小人就是當你還把一個人視為無話不談的知己的時候，在你絲毫沒有防範和他稱兄道弟，對他極盡崇拜的時候，就向你的背後射來了致命的一箭、悄無聲息地在背後捅你一刀的人，這種人刻薄寡情，不遵循倫理道德，最大的本事就是在背後講你壞話、處處和你過不去，暗箭傷人；在現實中常用的招數就是不斷地沒完沒了地發布著他的攻擊言論，因為小人通常做不了什麼大事，有的是時間和精力，所以往往讓你防不勝防、難以招架。

　　我們應該怎麼樣對待小人呢？要遠小人而近君子；人在做天在看，小人一定會因其作為而受到懲罰，所謂善有善報，惡有惡報，不是不報，時候未到；不要去得罪小人，因為你根本就不是小人的對手。

【習慣處方】

清高是令人欽佩的品格，但如果你把它應用到處世上就不妙了，一旦養成輕視小人的習慣，輕則前途受阻，重則惹禍上身。因此，你一定要謹記這條處世原則：不要依附小人，更不要得罪小人。

輕信他人不可取

　　明朝人袁了凡，年幼時喪父。母親叫他放棄讀書求取功名而改習醫術，這樣可以濟世救人。袁了凡聽從了母親的話。

　　有一天，他在寺廟裡碰到一位仙風道骨的老人。老人慈祥地對他說：「你是做官的『命』，明年就可以科舉及第，為什麼不讀書了？」

　　袁了凡把母親叫他放棄功名，改習醫術的事告訴了這位老人。他同時

請教老人為什麼會這樣說。老人回答：「我姓孔，得到了邵先生所精通的皇極數真傳。我見你是有緣人，想把這皇極數傳授給你。」

於是，袁了凡把孔先生請到家中，請他為自己推算一下。

這位孔先生算了一些事情，結果都十分靈驗。因此，袁了凡便相信孔先生所說自己應該是有功名的，於是又去讀書。

後來，袁了凡又請孔先生替他推算具體的前程。老先生說：「你做童生的時候，縣考得第 14 名，府考得第 71 名，提學考應當得第 9 名。」

果然，一年之後，袁了凡三次考試中所得的名次跟孔先生所推算的一模一樣。

孔先生又替袁了凡推算終身的吉凶。「你應當作貢生，等到出了貢後，應被選為一知縣，上任 3 年半後便告退。你會活到 53 歲，可惜沒有子嗣。」

不久，袁了凡真如孔先生所說成了貢生，在南都講學一年。這時，他覺得一切已經在「命」裡注定，何必再努力，所以整天靜坐不動，不說話也不思考，凡是文字一律不看。

一年之後，他要到國子監去讀書，臨行前，先到棲霞山拜會雲谷禪師。

雲谷禪師問道：「我看你靜坐了三日，卻沒有起過一個雜亂念頭，這是什麼原因？」

袁了凡回答：「孔先生替我算過命了，我的命數已經定了，榮辱生命都有定數，無法改變，想也沒有用，自然沒有雜亂念頭。」

雲谷禪師笑道：「平常人無法沒有胡思亂想的心，因此被陰陽束縛住，也即是被所謂的命數束縛，相信命道。然而極善的人可以變苦成樂，貧賤短命變成富貴長壽。反過來，極惡的人可以變福成禍，富貴長壽變成貧賤

第三章　處世習慣—讓自己處處受歡迎

短命。你先前的 20 年都被孔先生算定，沒有把『數』轉動過分毫，所以你是凡夫。」

雲谷禪師再引經據典闡述他的觀點，使袁了凡心裡開始相信「命」是可以改變的。只要由內心做起，把自己不良的習慣改掉，增加福德，自然可以改「命」。

雲谷禪師便教他用功改過的方法。記下每一天的功與過，讓他知道每天的所作所為有什麼可以改進的。

一年之後禮部科考，孔先生算他考第三，結果他考了第一。這時，袁了凡更篤信雲谷禪師的話了，更加努力地改過和行善積德，努力地改正壞習慣。當袁了凡將自己的不良習慣逐漸改過後，他不僅在 53 歲時沒有死，孔先生雖算定他「命」中無子嗣，結果他卻有了一個兒子。

如果袁了凡一昧相信算命先生的話，那他53歲以後的事情就沒有了。所以，我們一定要改正輕信別人的習慣，如果你輕信別人的話，就會按照別人的話去做，而事實說不定恰好相反。

在處世中，即使是最簡單的事情也得深思熟慮，人性複雜，你若輕信別人，一下子把心掏出來，那麼就很可能會受傷。

鄭慧是一家美容院的助理。她正在跟著一個叫王雪的美容師學習。

有一天，王雪突然跟另一位美容師，也是她的好朋友吳琳吵了一架。下班後，鄭慧正在打掃環境，吳琳雙眼通紅地從洗手間裡走出來。吳琳看見鄭慧還在，竟然拉著她聊起天來，這使鄭慧有種受寵若驚的感覺。

吳琳說：「你在王雪手下工作得很辛苦吧！跟她認識這麼多年，我還不知道她？專會欺負助理！」鄭慧沒敢接話。

吳琳看到鄭慧拘謹的樣子，又說道：「妳不用害怕，這裡也沒外人，我們聊聊！要不妳乾脆跟我算了！她能把妳帶成什麼樣！我都恨死她了！」

　　鄭慧看著吳琳激動的樣子，終於放下心來，開始向吳琳傾訴自己的怨氣。可是沒過幾天，吳琳又與王雪和好如初，這讓鄭慧開始有點擔憂了。

　　果然，王雪對鄭慧的態度變得越來越差了！動不動就斥責她，擺臉色給她看。一天，鄭慧路過洗手間，正聽見王雪和別人譏諷她：「死丫頭！說我不好好教她，使喚她！我呸！看她那副樣子，也配當美容師！妳們等著瞧，一個月之內，我非把她趕走不可！」

　　鄭慧掩面哭著跑出去了。不用一個月，第二天鄭慧就辭職了。

　　鄭慧太過於相信別人，因而惹禍上身。她明知道吳琳與王雪是好朋友，而且自己對吳琳也並不了解，但卻還是輕信了吳琳，一下子把自己的心事全都說了出來，這實在是愚蠢的行為。

　　在處世中，要戒掉輕信別人的習慣，無論說話或行為，都要有所保留，不可一廂情願。聰明的人，只說三分話，輕易不交心，這樣做或許有點世故，但對於保護自我來說卻很有效。

　　逢人只說三分話，未可全交一片心。習慣於在待人處世方面輕信別人的人，很少有不吃虧上當的。所以在這一點上，我們有必要吸取教訓，改掉輕信別人的處世習慣。

【習慣處方】

知人知面不知心，輕信別人的人是非常脆弱的，他們是奸詐之徒眼中的肥羊，常常會受傷害、被暗算。所以說，輕信是一種淺薄的習慣，我們一定要改正它，這也是在對自己負責。

善於同有益的朋友交往

一個人的一生成功與否，與自己所交的朋友密切相關。有些人因朋友相助而獲得成功，也有人因受「朋友」之害而招致失敗，甚至傾家蕩產，妻離子散。

儘管交友不易，但我們每個人還是要面對這一問題。一個人若能交上一些好朋友，即使不一定能成就大業，但也不至於需要幫忙時無處可求。

社會上的人可謂形形色色。每個人都有自己的品性，對待朋友的態度和原則也各不相同，有的人每天在你耳邊盡吹好聽之言，有的人經常提醒你，或者提出指教，看到你不對就「修理」你；有的人熱情得如火如荼，也有的人冷漠如冰；有的人與你交友是因為你對他有利，有的人交友則完全是出於一片衷心……

交友的情形如此複雜，朋友好壞又很難分辨，有時當你發現自己交了一個壞朋友時，也許已經來不及了。因此，為了避免交友中出現不良因素，多多參考一些他人的交往經驗是很重要的。有一點也許對我們每個人都很有價值 —— 在交朋友時，那些經常批評你的人是值得來往的。

與那些只說好話的朋友相比，經常提出意見的朋友似乎有點令人討厭，因為他說的都不大中聽。你向他道出一些自認得意的事，他卻偏偏潑你一盆冷水；你熱情地向他描繪自己滿腹的理想計畫，他卻毫無不留情地指出其中的問題，有時甚至不分青紅皂白地把你做人做事的缺點數落一頓。反正，你能從他嘴裡經常聽到一些不大順耳之言，這種人還真有點讓人討厭。但如果你對現實社會冷靜思索一番就會發現，其實這種人大有可交的一面。如果你錯過了這樣的朋友，那將非常可惜。

按照現代人的處世原則，一般人都會盡量不去得罪他人，寧可說好聽的話讓人高興，也不說讓人討厭的真話。當然，那些好說好聽之言的人不

一定都是壞人，而且這也是交際的方式。但如果從交友的角度來看，只說好聽的話，就失去了做朋友的義務。明知你有缺點而不說，還偏偏說些動聽的話，這算什麼朋友？如果他還進而「讚揚」你的缺點，則更是別有居心了！這種朋友就算不害你，對你也沒有任何好處，你還何必浪費時間與之交往呢？

現實生活中之所以有很多人只說好話，也是因為有很多人喜歡聽好話。這些人碰到只說好話的人便樂得不得了，不知是非；如果他人之言稍有不順，就覺得別人不懷好意，心術不正，或者有意讓自己難堪。如果細加思索，你就不難明白，這兩種人孰好孰劣了。

因此，在這種情形之下，如果有人經常吹點「不順」之風，經常提出意見，你首先應該覺得這種人可貴，然後你再對其所言細加分析，如果他提的逆耳之言都是事實，對你有利，那就是「忠言」。對於這種人你就應該與之誠交、深交，因為他值得一交。

【習慣處方】

在對自己有益的朋友幫助下，你做起事來會輕鬆許多。因此，善於同有益的朋友交往是我們不可忽視的良好習慣。

第三章　處世習慣—讓自己處處受歡迎

第四章
心態習慣 —— 別讓心態毀了你

在人生的每個階段，人們會有不同的心態。心態決定做事的成果，因為擁有了良好的心態，在面對困境時，你才能勇敢跨越；在面對誘惑時，你才能視若無睹；在面對榮耀時，你才能心平氣和；在面對自己時，你才能認清自我，挖掘潛力，創造輝煌。

第四章　心態習慣—別讓心態毀了你

擺脫自卑的陰影

自卑的習慣是人生前進道路上的絆腳石，可以使一個人的積極性與能力大大降低。雖然偶爾短時間地進入自卑狀態是正常現象，但長期處於自卑之中就是一場災難了。自卑的根源是過分否定和低估自己，過分重視別人的意見，並將別人看得過於高大而把自己看得過於卑微。

如果說其他的消極情緒可以使一個人在前進的道路上暫時偏離目標或減緩成功速度，那麼一個長期處於自卑狀態的人，根本就不可能有成功的希望，甚至已有的成績也無法喚起他們的喜悅、興奮和信心，只是一味地沉浸地自己失敗的體驗裡無法自拔，對什麼也不感興趣，對什麼也沒有信心，自己不願走近人群，也拒絕別人接近，整個與豐富多彩的生活隔絕，與人群疏遠，自囚於孤獨的城堡。

有自卑習慣的人可能會很膽小。由於要避免可能使他感到難堪的一切，他就什麼也做不成；由於害怕別人認為自己無知，他就忍住不去徵求別人的意見和建議；由於擔心受到拒絕，他就不敢去找個好工作。由於這樣壓抑的結果，他在各方面都毫無進展，並且變得更加敏感。日益敏感，再加上日益怯懦，他的精神狀態就日益低落。有自卑情緒的人無法長時間把精力集中在任何事物上，只能集中在他本人身上，因而常常不能實現自己的願望。

自卑的習慣帶來的惡果還不僅如此，許多人還因此走上自毀之路。

某學院的一名男生在鐵軌的車輪下被軋得粉身碎骨。他來自邊遠山區的一個貧寒之家。父母含辛茹苦將他拉拔長大，他辜負了父母的期望。

後來，根據對其他同學的調查和他的日記發現，他的自殺只是源於自卑。因為他的身高不足 160 公分，雖然他身體健康，各種功能健全，但只是出於審美習慣的緣故，他覺得自己在別人的眼裡是個身障人士，是社會

的棄兒，活著已經沒有什麼意思了。

很明顯，這位男生心態偏差，失去了理智，讓自卑占了上風。

可見，自卑的確是人生的殺手，確實可以把人帶到生命的盡頭，在不該結束生命的時候，將生命輕輕地拋了出去。它可以扼殺成功，扼殺幸福，扼殺快樂。

自卑的習慣是人生潛在的殺手，不論屬於哪種表現形式，一旦發現自己錯了，都應當加以調節和根除。自信是克服自卑最有力的武器，你覺得自己是什麼樣的人，自己就會成為什麼樣的人。你自卑，那麼你將一事無成；你自信，那麼你就會在人生的道路上實現你的價值。

儘管蘇格蘭哲學家卡萊爾（Thomas Carlyle）曾說：「自卑和自我懷疑是人類最難征服的弱點。」但自卑的習慣並非不可消除，也並不可怕。具有良好心態的人對自卑具有極強的自控能力，他們的成功都是建立在自信基礎上的。成功者的成功之處正是在於能夠克服自卑的習慣，超越自卑。一個人只要相信自己可以，就一定可以，因為自信能使你充分發揮自己的潛能，想方設法達到自己的目的。

任何時候都要自信，即使自己在某些方面的確不如別人，但如果經過努力，很有可能會在另外一些方面勝過他人。面對自己的不足時，關鍵要能夠揚長避短。一個體能不太好的人就不要對自己在體育方面有過多的期望。適當地轉換一下我們的思維方式，很可能我們會在心智活動方面發現自己的特長。俗話說：「條條大道通羅馬」。走向成功的路有很多，不可能因為某一方面的失利而影響你一生的發展。

自信可以幫助我們衝破困難的阻撓，遠離失敗的痛苦。生活中，信心不足會使我們喪失許多本屬於自己的機會。信心不足，會使本來能做好的工作半途而廢。樹立信心，並不是讓人盲目樂觀，真正的自信是建立在對

第四章　心態習慣—別讓心態毀了你

自己各方面能力充分肯定的評價之上的。只有真正意識到了自身的某些優點，我們才能真正樹立自信心。

原為體育教師的馬教練，總結自己多年的工作經驗，摸索出了一條行之有效的訓練方法，在較短的時間內培養出了一批運動健將，讓世人為之震驚。而他自己在成績面前也表現得十分自信，但面對「馬家軍」由於諸多因素突然解散時，馬教練頂住了來自各方面的壓力，頑強克服了自身疾病的困擾，重新踏上征程，終於在大型賽事上再創輝煌，這不能不使人對他表示由衷的佩服。

馬教練的例子說明：自信一方面來自於自身的實力和清醒的自我認知，另一方面，自信又能增強自身的實力，不斷地提升自己。

自卑常常導致煩擾別人。別人可能會暫時同情我們一下，但遲早會覺得厭煩。親朋好友可能會一直隨侍在側，但我們很容易看出來，這都是出於義務。到後來，別人則可能開始逃避這些老是自嘆倒楣的人，因為和這種人講話實在太沉悶了，而且對對方也沒有什麼好處。

自卑等於把自己逼到一個死角。它只會讓我們呆呆地想：「我為什麼會這麼倒楣呢？」而不去找一條最好的生路。因為我們對一切事情都抱著消極的態度，所以自卑才得以繼續存在，並持續增強。總認為每件事都發生在自己身上，而自己一點也沒法幫助自己。

然而，這種想法對我們沒有任何好處，自己是可以幫助自己的，但首先一定要改變自卑的習慣。

每個人都要清楚自己存在的障礙。很可能我們已知道自己的障礙在哪裡，並常常談到它。但現在，你要停下來，不要再談自己的缺陷，不要再產生自卑的心理，形成自卑的習慣。

【習慣處方】

千萬不要自輕自賤，應該真正地認識自己而不是否定自己，承認自己的重要性。這有助於提升自信，可以使自己漸漸地擺脫自卑的習慣。

圖虛名，得實禍

　　法國文學家莫泊桑（Guy de Maupassant）著名的小說《項鍊》（*La Parure*）描寫了一個虛榮心十足的女人瑪蒂爾德。

　　為了在一次宴會上出風頭，瑪蒂爾德特地從好友那裡借來了一條鑽石項鍊。當她戴著項鍊在宴會上出現的時候，引起了全場人的讚嘆和奉承。她出足了風頭，虛榮心得到極大的滿足。

　　不幸的是，在回家的路上，這條鑽石項鍊卻丟失了。為了賠償這條價值 3 萬 6,000 法郎的項鍊，她負了重債。在債還清時，她才知道，原來那項鍊是假的，最多值 500 法郎，這就是虛榮心招致的惡果。

　　現實中，類似的例子還有很多，許多人因為虛榮吃虧上當，甚至有苦說不出，只能往肚子裡吞。有人為了虛榮不惜「打腫臉充胖子」，外面看上去很「光彩」，但吃苦受罪的還是自己，為了外表的「光彩」而遭受實在的痛苦。

　　有一個人在家裡很怕老婆。可是因為愛面子，在外人面前他從來都說自己是一家之主，老婆什麼事都依著他。

　　有一天，一個小販背了一卷地毯沿街叫賣。他和一群鄰居在樹下納涼，正津津有味地和鄰居說著老婆多麼怕他。

　　小販把一卷地毯放在他面前，聽完他的高談闊論之後，就開口和他談生意：「大哥，你買一塊地毯吧，回去鋪在地上又美觀又乾淨。」眾人讓這個小販打開地毯看一看，花色確實很漂亮，就勸他買下。他佯裝稱讚一

第四章　心態習慣—別讓心態毀了你

番，又說有點貴，不買。

小販降了降售價，他卻仍然說貴。小販口水都要說乾了，仍然無法動搖他的決心。這時，小販捲起了地毯，拍拍他的肩膀說：「大哥，是怕老婆吧！做不了老婆的主就明說嘛！我不會為難你的。」

他一下子從耳根紅到臉，眼睛瞪得又圓又大：「誰說的，我老婆在家得聽我的。我讓她往東，她不敢往西。我做不了她的主，反了她了。到底多少錢？我買了。」

小販一下子眉開眼笑：「大哥，看你這麼爽快，那就 1,500 元了，算你便宜一點，以後我們做個朋友。」就這樣，一筆交易完成了。

後來，聽說他買回去的那塊地毯品質差得要命，被老婆狠狠地罵了一頓，卻一聲都不敢回。

這就是虛榮的結果，為了撐起在別人眼裡的高大形象，只好自己吃虧受累。

人其實沒有必要活得那麼累，每個人都有自己的人生路，假如人人都讓這種虛榮心左右，那麼還有什麼個性可言，世界會少了多少色彩？如果為了滿足自己的虛榮心去出賣自己的靈魂，豈不悲慘？

你就是你，我就是我，這個世界比你強的人有很多，比你差的同樣也不少，用心活出一個個性的自我，就是你自身的價值所在。沒有必要去為虛榮賣命，因為它會引導你走入歧途，甚至毀了你。

從近處看，虛榮彷彿是聰明之舉；從長遠看，虛榮實際是愚蠢至極。虛榮的人不一定少機敏，卻一定缺遠見。

虛榮的女人是金錢的俘虜，虛榮的男人是權力的俘虜。太強的虛榮心，使男人變得虛偽，使女人變得墮落。虛榮者，容易輕浮；輕浮者，容易受騙；受騙者，容易受傷；受傷者，容易沉淪。許多沉淪，始於虛榮。

虛榮，像是綺麗的夢。當你在夢中的時候，彷彿擁有了許多，當夢醒來的時候，你會發現原來什麼也沒有。如此，與其去擁抱一個空空的夢，還不如去把握一點實在的東西。

一個人追求的目標越崇高，對低級庸俗的事物就越不會傾注心思。歷史上許多偉人往往不很看重榮譽本身。

瑪里·居禮一生都在躲著別人的讚美。

一天，她的好友到她家做客，看見她的女兒正在玩一枚英國皇家學會頒發給她的獎章，便驚奇地問她：「瑪里·居禮，現在能夠得到一枚英國皇家學會的獎章是極大的榮譽，妳怎麼讓孩子玩呢？」

瑪里·居禮笑了笑回答：「我想讓孩子從小就知道，榮譽像玩具一樣，只能玩玩而已，絕不能永遠守著它，否則將一事無成。」

瑪里·居禮發現鐳後，為了使之盡快服務於人民，不顧生活還很艱難，立即公開了提取鐳的方法，拒絕申請專利權。第一次世界大戰期間，她把 X 光器材裝在汽車上，奔走在戰場各處巡迴醫治，挽救了大批受傷士兵的生命。

她長期在條件很差的環境裡忘我工作，致使有害物質嚴重侵害了身體，得了惡性貧血症。即使在生命垂危時刻，她也沒有對一生的磨難與不幸有絲毫抱怨。愛因斯坦曾稱讚她說：「所有的著名人物中，瑪里·居禮是唯一不為榮譽所腐蝕的人。」

愛好虛榮的人在與周圍各式各樣的人接觸中，非常注重人們對自己的態度，喜歡想像他們對自己的評價，並以此作為客觀標準而內化到自己的心理結構中去，在這個基礎上形成自我形象，達到自我認知，也就是說，他們對自己形象的建立和了解，常常在與他人的接觸、想像他人對自己的判斷和評價中形成的。

第四章　心態習慣—別讓心態毀了你

這種自我了解的方式，在一定程度上有利於深入認識自己，然而由於缺乏主見和過於依附他人的觀點，因而有時容易無所適從，反而模糊自己對自己的準確認知，或自卑自貶或盲目樂觀。這樣極易產生虛榮心理。因此，要克服虛榮心，必須學會正確認識自我。

自我觀察法是認知自我、剖析自我的最好方法。透過自我體驗來了解自己的心理狀態，承認自己的能力，坦白自己有不足的方面，許多虛榮的做法就能避免。只有充分認知自我能力及自身狀況後，才能極大地發揮自己的能力優勢，使自己的行為更加合理、更加適應外界環境和社會要求。

【習慣處方】

一切虛假的榮耀因為違背了人類社會的基本準則，因而沒有生存基礎，不但最終會喪失，而且自己也要受到懲罰。「天上掉不下餡餅」，這個道理是很淺顯的。只有透過自己的付出創造為社會做出貢獻而得到的榮譽，才是真實可靠的。

嫉妒別人，害了自己

如同愛美之心人皆有之一樣，嫉妒之心人也皆有之。從進化心理學的角度講，嫉妒是與生俱來的天性，是利益自我保護的本能。若能嚴加控制，使其保持在淺微的狀態，可以調節為動力，尚能激發自己的潛能，提高自己超越別人的積極性。但稍有放縱，就會成為消極、黑暗的因素，甚至成為悲劇的根源，最終不僅無法保護自己的利益，而且害人害己。

現實生活中，嫉妒之人也無處不在，嫉妒之事也無處不有。最容易看到的就是眼紅、爭風吃醋、吃不到葡萄說葡萄酸等現象，不管是哪一種，都是傷人傷己的魔鬼。

某工廠的一位普通工人想出了一個好點子，使工廠利潤提高了一倍。為鼓勵大家多為工廠獻計獻策，工廠給了這位工人 10 萬元重賞。

這位工人所在的部門上司看了眼紅，便心生妒意，先是要求受獎工人分他獎金，沒撈到好處就設計陷害這位工人，製造了一起機器故障奪了該工人一個手指。事後，工廠把情況調查清楚了，開除了這位部門上司，並用法律手段迫其賠償了那位受傷工人的損失。

一件好事，就因嫉妒作怪變成了傷人害己的壞事，這不能不讓人感嘆。

嫉妒是一條毒蛇，它使平庸者變得瘋狂而殘忍，在漸次增漲的妒嫉中無情地傷害別人且成為一種可怕的慣性，並最終使嫉妒者走向一條狹窄的人生道路，也使受妒者受到極大傷害。

習慣嫉妒別人的人，時時刻刻繃緊心上的一根弦，時刻處於緊張、焦慮和煩惱之中。他們不能平靜地對待外部世界，也不能使自己理智地對待自己和他人。他們對比自己優秀的人總是懷著不滿和怨恨之情，對比自己差的人又總是懷著唯恐他們超過自己的恐懼之心。因此他們終日惶恐不安，心理壓力很大，活得很累很累。

人一旦養成了嫉妒的習慣，不僅害人，也會害己。這種人不僅心理發生變化，生理也發生變化，常見的是情緒變化異常，食慾不振，夜間失眠，內心痛苦不堪。正如巴爾扎克（Honoré de Balzac）所說：「嫉妒者的痛苦比任何人遭受的痛苦都大，他自己的不幸和別人的幸福都使他痛苦萬分。」

史特勞斯是奧地利的音樂家。後來，他的兒子約翰·史特勞斯（Johann Baptist Strauss）也成了音樂家，而且名氣超過了其父，這使做父親的十分嫉妒。

第四章　心態習慣—別讓心態毀了你

　　有一天，兒子公布消息說要舉行音樂會。父親聞訊立即宣布，在同一天的同一個時間也要舉辦音樂會。

　　可是，觀眾們都跑到了兒子那裡，這使老史特勞斯又愧又恨，一下子就病倒了，並說：「我但求速死。」

　　嫉妒的習慣會讓人一生碌碌無為。嫉妒的受害者首先是嫉妒者自己。莎士比亞說得很確切：「嫉妒是綠眼的妖魔，誰做了他的俘虜，誰就要受到愚弄。」嫉妒者經常處於憤怒妒恨的情緒中，勢必影響自己的學業、工作和生活。

　　生氣是用別人的缺點來懲罰自己，嫉妒卻是用別人的優點和成就折磨自己，因而它就更加殘酷地毀掉自己一生的前途和事業。自己不上進，恨別人的上進；自己無才能，恨別人有才能；自己無成就，恨別人獲得了成就。嫉妒者的光陰和生命就在對他人的怨恨中毫無價值地消磨掉，到頭來兩手空空，一事無成。

　　嫉妒之心不加控制，就會成為心中的惡魔，禍害社會。因而，我們必須時刻控制自己心中的妒意抬頭，要注意克服嫉妒之心，使自己不至成為妒性操縱下的害人者和被害者。克服嫉妒，應從以下幾方面著手：

◆ **認清嫉妒的危害**：要認清，嫉妒本身就是對自己的否定，對自己的威脅，它能傷害自己的自信，最終損害自己的利益。還要認清，嫉妒只是主觀臆想，它不僅無法幫助自己成功，反而會傷害親友、同事的感情，會使自己失去別人對你的信任，更會失去大家對你的支持和幫助，使自己的事業和生活陷於不利。更要認清，嫉妒會引起禍心，導致謀害他人、最終害己的惡果。

◆ **加強自身修養**：最根本的就是要不斷地開闊自己的視野，根除自己封閉、狹隘的意識，防止鼠目寸光。同時，要提高道德修養，確立與人

為善的品德。正確看待他人，也正確看待自己，在別人的成就面前化嫉妒為競爭，樹立自信，從而透過努力提高自己。

◆ **學會將心比心、換位思考**：當嫉妒心起的時候，要多想想嫉妒讓被嫉妒者帶來許多麻煩、苦惱和傷害，要想到自己如果成了被嫉妒者該有什麼感受，透過換位思考去收斂自己的嫉妒言行。

嫉妒並非天生的，而是在後天的環境教育條件下逐漸形成的。因此，需要透過自我控制、自我調節，增強自己的意志力，逐步克服它。更重要的是敞開自己的胸懷，容下別人。如果在團體中，有機會做領袖固然可以當仁不讓，沒機會去領導別人時，就退而甘願接受別人的領導。人的一生畢竟是短暫的，當嫉妒纏繞自己時，會感到人生之路越走越窄；當從嫉妒中走出時，頓時會有一種海闊天空的感覺。

> **【習慣處方】**
> 最先被嫉妒之火燒毀的，往往是自己寧靜的生活而不是別人的成功。所以，我們要努力戰勝它，讓自己的生活充滿歡樂，遠離悲傷。

換個角度會是另一番風景

任何事物本身都具有多樣性。你從不同的角度去看，就會得出不同的結論，這就是宋朝蘇軾說的「橫看成嶺側成峰，遠近高低各不同。」一個人由於知識水準、經歷多少以及所處地位的不同，看問題往往帶有局限性。尤其在遇到挫折，情緒低落時，往往只會從一個角度看問題，這就是人們平常說的「一根筋」或者叫做「鑽牛角尖」。這種態度極其不利於問題的解決。

生活中，從不同的角度去看待問題，往往會有令人意想不到的收穫。

第四章　心態習慣—別讓心態毀了你

兩個書生在進京趕考的前一晚做了同一個夢：同時夢見他們的父親死了，還沒等到料理完喪事，接著母親也死了，醒來後他們同時將這個奇怪的夢告訴了自己的妻子。

第一個人的妻子說：「這是好事，父母雙亡，這是棺上加棺（官上加官），今年趕考一定中狀元。」這個書生聽後覺得挺有道理，於是就信心百倍地走了。

另一個人的妻子聽了之後，大叫一聲，說：「這不是個好夢，父母雙亡，就是犯了重喪，今年準考不上。」這個人聽了後就半信半疑地走了。

到了京城之後，信心百倍的書生一考即中，得了狀元；另一個考生稀里糊塗地就參加了考試，結果什麼也沒考上。

由此可見，從不同角度出發看問題的重要性。要學會從不同角度看待問題，就是要求我們要有敏銳的洞察力和較強的思維能力，最重要的是不讓自己的想法過於程式化，生搬硬套是很難在原有基礎上有所突破創新的。

人的能力不是與生俱來的，是要靠日常生活、工作中一點一滴地累積，下意識去多想、多寫，凡事多問個為什麼。從不同層面看待問題的習慣一旦養成了，相信日後在處理各方面事務時也一定會更加得心應手的。

人生的道路上，難免會遇到阻礙，這時如果你只從一個角度看問題，就會出現「山窮水盡疑無路」的情況。可是，如果你換個角度看問題，也就出現了「柳暗花明又一村」。所以，在遇到困難或者挫折時，大家要換個角度看問題，要從多方面進行探討，這樣就會有多個選擇，就比較容易走出困境。

蘇格拉底是單身漢的時候，原本和幾個朋友一起住在一間只有七八坪的房間裡。他一天到晚總是無憂無慮的。

　　幾年後，蘇格拉底成了家，搬進了一棟大樓裡。這棟大樓有7樓，他的家在一樓。一樓在這棟建築裡是最差的，不安靜、不安全、也不衛生，上面常往下潑汙水，丟死老鼠、破鞋子等雜七雜八的髒東西。

　　有人見他還是一副喜氣洋洋的樣子，好奇地問：「你住這樣的房間，也感到高興嗎？」

　　「是呀！」蘇格拉底說，「你不知道住一樓有多少妙處啊！比如，進門就是家，不用爬很高的樓梯；可以在空地養一叢花，種一畦菜，這些樂趣呀，不可言傳！」

　　過了一年，蘇格拉底把一樓的房間讓給一位朋友，這位朋友家有一位行動不便的老人，上下樓很不方便。他搬到了樓房的最高層 —— 第7層。每天，他仍很快活。

　　那人挪揄地問：「先生，住7層樓有哪些好處？」

　　蘇格拉底說：「好處多的是！僅舉幾例吧：每天上下幾次，這是很好的鍛鍊機會；光線好，看書、寫文章不傷眼睛。」

　　原來，快樂的祕訣就是，多去發現生活中美好的一面。只要心態調整好了，心情自然也就跟著好起來。

　　一位盲人正要橫穿馬路。這時，從他旁邊走過來幾個小朋友。他們簇擁著盲人，走過了街道，並且目送他走了很遠的路。這時，盲人臉上洋溢著微笑，向他們揮手致謝。

　　這個時候，不管盲人還是小朋友，臉上更多地是會意的表情，而沒有對盲人命運的可憐。因為雙方都對生活充滿了熱愛，這種笑對人生的坦然從一顆心流向另一顆心，甚至比「陽光」都容易直射人的心靈，讓看到這個情景的路人都暖暖的，心中很是舒服愜意。

　　這時，你會發現：對人對事的樂觀心態有這麼強烈的感染力，它的折

第四章　心態習慣—別讓心態毀了你

射面竟有這麼廣。

上面生活中的情節，不難聯想到職場。如果員工與老闆也這樣笑著面對工作中的每一天，這種美好的情緒必將遍地生根、發芽、開花、結果。公司風氣蔚然成風後，一定會成為繁茂的綠蔭，讓在「火熱」職場中競爭奔忙的人，盡享公司創造的清爽怡人的環境。

掌控自己的情緒，讓一切變得積極起來。良好的精神狀態是你責任心和上進心的外在表現，這正是老闆期望看到的。所以，就算工作不盡如人意，也不要愁眉不展、無所事事，要學會掌控自己的情緒，讓一切變得積極起來。

李剛是一家精品公司的產品攝影師。他下定決心在產品攝影或創意領域內出人頭地。他堅信，如果公司老闆或者其他廣告公司的伯樂們能了解到他的天賦，或者為他提供工作機會，他就可以不再從事簡單、重複的產品拍攝工作。如果讓他自由發揮想像力，那他一定能獲得廣告創作上的成功，成為廣告公司的創意總監。

他一直快樂地工作，並且追求「快樂每一天」。每天工作一結束，他都會在記事本上寫道：「今天的工作很開心，又收獲了很多的東西，明天要繼續努力，還會有更大的收穫。」

兩年後，他果真被任命為創意總監。

在充滿競爭的職場裡，在以成敗論英雄的工作中，誰能自始至終陪伴你，鼓勵你，幫助你呢？不是老闆，不是同事，不是下屬，也不是朋友，他們都無法做到這一點，唯有你自己才能激勵自己更好地迎接每一次挑戰。

每天精神飽滿地去迎接工作的挑戰，以最佳的精神狀態去發揮自己的才能，就能充分發掘自己的潛能。你的內心同時也會變化，變得越有信

心，別人也會更了解你的價值。良好的精神狀態不是財富，但它會帶給你財富，也會讓你得到更多的成功機會。

【習慣處方】

心態對於一個人的自信來說是很重要的，一個人自信必須先從內心中有觀念，而且需要你毫不鬆懈地進行自我訓練。自信不只是一種精神面貌，更是整個人生觀與心理狀態的展現。

勇於挑戰面臨的困難

巴爾扎克有一句著名的話：「苦難對於強者來說是一塊墊腳石，對能幹的人是財富，對於弱者卻是一個萬丈深淵。」這句話充分說明了一個道理，也向我們展現了一個事實，那就是我們在苦難和困境中會取得什麼樣的結果，關鍵在於我們採取什麼樣的人生態度。從這一點上來說，心態顯得比現實更重要。

瓊斯在美國威斯康星州經營一個小農場時，身體健康，工作十分努力。但他好像不能使他的農場再擴大規模了。這樣的生活年復一年地過著，直到突然間發生了一件不幸的事。

瓊斯患了不治之症，臥床不起，彷彿是已到晚年，幾乎失去生活能力。他的親戚們都確信，他將永遠成為一個失去希望、失去幸福的病人，不可能再有什麼作為。然而，瓊斯卻有了作為，並且他的作為帶給他幸福。

瓊斯用什麼方法創造了這種奇蹟呢？他的身體是失能了，但是他能思考，他也確實在思考、在計劃。

有一天，他做出了自己的決定。他要把創造性的思考化為現實，要成為有用的人，供養他的家庭。他把他的計畫講給家人聽。

第四章　心態習慣—別讓心態毀了你

「我再也無法用我的手工作了，」他說，「所以我決定用我的心工作。如果你們願意的話，你們每個人都可以代替我的手、腳和身體。讓我們把農場每一畝可耕地都種上玉米，然後我們就養豬，用所收的玉米餵豬。當我們的豬還幼小肉嫩時，我們就把牠宰掉，做成香腸，然後把香腸包裝起來，用品牌名出售。我們可以在全國各地的零售店出售這種香腸，像出售糕點那樣。」

這種香腸確實像糕點一樣出售了！幾年後，這個品牌名為「瓊斯仔豬香腸」的發明竟成了眾多家庭的日常必備食物，成了最能引起人們食慾的食品。

誰都希望自己的命運有一個好的歸宿，展現在具體的事情上就是幸運、順利。但實際上，幸運不可能永遠降臨於一個人的頭上，反倒是各式各樣的困難時常陪伴人的左右。人只有以坦然的心態面對一切困難，才不會讓困難毀掉自己的意志，才有希望跳出困境的漩渦。

無疑地，我們遭遇的任何困境，無論多麼困難，甚至看來幾乎到達絕望的邊緣，實際上和我們所面對這種現實的心態比較，其嚴重性往往要輕微許多。

當人們面對事件時，大多數人往往在還未採取任何應對措施之前，便已在心態上決定了成敗結果。如果這個答案在心態上是負面的，那麼可以說是不戰而敗了。相反地，如果滿懷自信心與樂觀的態度面對問題，便極有可能克服困境，甚至反敗為勝。

布斯·塔金頓（Booth Tarkington）生前總是說：「人生加之於我的任何事情，我都能面對，除了一樣，就是瞎眼。那是我永遠也無法忍受的。」

但是這種不幸偏偏降臨了，在他 60 多歲的時候，他發現自己看東西時，色彩整個是模糊的。他去找了一個眼科專家，證實了那不幸的事實：

他的視力在減退，有一隻眼睛幾乎全瞎了，另一隻好不了多少。他最怕的事情，終於發生了。

塔金頓對這種「無法忍受」的災難有什麼反應呢？他是不是覺得「這下完了，我這一輩子到這裡就完了」呢？沒有，他自己也沒有想到他還能非常開心，甚至於還能運用他的幽默。以前，浮動的黑影令他很難過，它們時時在他眼前游過，遮擋他的視線。可是現在，當那些最大的黑影從他眼前晃過的時候，他卻會說：「嘿，黑影來了，不知道今天這麼好的天氣，它要到哪裡去。」

當塔金頓完全失明之後，他說：「我發現自己是個能承受視力減弱的人，就像一個人能承受別的事情一樣。要是我五種感官全喪失了，我知道我還能夠繼續生存在我的思想裡，因為我們只有在思想裡才能夠看，只有在思想裡才能夠生活，無論我們是否知道這一點。」

塔金頓為了恢復視力，在 1 年之內接受了 12 次手術，為他動手術的是當地的眼科醫生。他沒有害怕。他知道這都是必要的，自己沒有辦法逃避，所以唯一能減輕他痛苦的辦法，就是爽爽快快地去接受它。

他拒絕在醫院裡用私人病房，而住進普通病房裡，和其他的病人在一起，他試著去使大家開心，而在他必須接受好幾次手術時 —— 他很清楚地知道在他眼睛裡動了些什麼手術 —— 他總是盡力去想自己是多麼的幸運。「多麼好啊，」他說，「多麼妙啊，現在科學的發展已經到了這種地步，能夠為像人的眼睛這麼纖細的東西動手術了。」

一般人如果經歷 12 次以上的手術和不見天日的生活，恐怕都會發瘋發狂了。可是，塔金頓說：「我可不願意把這次經歷拿去換一些更開心的事情。」這件事教會他面對不如意的事，就像他所說的：「瞎眼並不令人難過，難過的是你不能面對這個事實。」

第四章　心態習慣—別讓心態毀了你

當你有了挫敗感，或垂頭喪氣、自信盡失時，不妨冷靜地坐下來，拿出紙張作個圖表。這個圖表並非要記載與自己敵對的事物，而是要記下贊同自己的事物，然後清楚地加以確認，並把心思意念集中在上面。如此一來，不論發生任何困難，你都能順利克服。此外，你內在的力量也會因此而恢復，為自己的心境和生活找到另一條途徑。

除了自己，沒有人能真正幫助自己，所以我們要樹立起正確的心態。信念的力量是無窮的，要有追求才會有永不停止的奮鬥。確立自己的人生目標並為此努力奮鬥下去，才能讓自己的人生擺脫困境的折磨。

【習慣處方】

逃避問題的習慣，常常會使人一蹶不振。上帝關上了一扇窗時，也一定會為你開啟了一道門。逃避不能解決問題，勇敢地去面對，絕處才有生機。習慣於逃避現實世界不快的人，永遠也無法獲得成功。

知足者常樂

一個年輕人不知道該送女朋友什麼生日禮物才好，就去問祖母：「如果明天是妳 18 歲的生日，會想要什麼禮物呢？」

祖母說：「如果明天是我 18 歲生日，那我什麼都不要了。」

青春和生命是大自然給予我們的最富有愛心的禮物。看看以前的照片，也許你並不像自己以為的那樣胖得不可救藥或者醜得一塌糊塗。為什麼我們總是看不到自己已經擁有的，而偏要去抱怨自己沒有的呢？

一個小女孩坐在公園的長椅上憂鬱。她被一場車禍奪去了一條腿。她一定不知道，在她旁邊的草叢裡，一隻小老鼠正悄悄地看著她。牠已經好幾天沒吃東西了，此刻正羨慕地看著小女孩陷入遐想：「如果我是一個小

女孩該多好 —— 哪怕是個只有一條腿的小女孩呢。」

人類最大的悲傷在於，我們永遠在羨慕別人，看著別人，對自己已擁有的東西很難去想它。父母總是抱怨著孩子們不夠聽話，孩子們抱怨父母不理解他們；男朋友抱怨女朋友不夠溫柔，女朋友抱怨男朋友不夠體貼。他們從未想過，擁有健全的父母、健康的小孩和親密的另一半是一件多麼不易的事情。

許多人也許認為，擁有大量的財富和無限的權力才會幸福，為此他們拚命奮鬥，永無止境，他們來不及享受所擁有的一切，他們也看不見已經擁有的一切。然而，事實是，我們能夠珍惜所擁有的才是最大的幸福。

有頭驢子，總是嫌主人給的食物太少，卻讓牠做過多的工作，實在不公平。於是，牠向上帝祈求改變現狀，另外換一個主人。上帝勸誡牠，這個決定以後會後悔，但還是為牠換了新主人 —— 一個燒瓦匠。

在磚瓦場的勞動更加辛苦，驢子感到換主人後牠的負擔更重了，實在太累，於是又請上帝為牠換主人。上帝答應了，但告訴牠這是最後一次，於是把驢子送到皮革匠那裡。

驢子覺得牠的工作更加繁重了，懊悔地感嘆：「我寧可在第一個主人那裡餓死，在第二個主人那裡累死，也比現在好得多。要知道，我現在的主人，我活著時要為他賣命，死了他還要剝我的皮，太悲慘了。」

由於不知足，這頭驢子一步步滑入痛苦的深淵。在牠不滿第三個主人時，很可能會落入第四種痛苦，只會在不知足的習慣驅使下過著痛苦的一生。

所以，我們要養成知足常樂的習慣，好好珍惜自己所擁有的東西，人生最大的痛苦不是「得不到」和「已失去」，而是無法體會自己身邊的幸福，眼睛總是盯著別處。

第四章　心態習慣─別讓心態毀了你

小魯常說自己大材小用了。他在公部門工作，工作雖然穩定，但薪水卻沒有在公司上班的多。更重要的，在部門裡，他只是個小職員，不知道自己哪年才能升遷。

最後，他選擇跳槽。他的朋友都勸他說：「別想不開了，我們都羨慕你呢！工作穩定，吃喝不愁，哪像外面這麼風雨飄搖！你呀，就知足吧！」

但是，小魯卻聽不進朋友的勸告，辭職去了一家廣告公司工作。這下他才發現，在一般公司上班確實不易。每天早出晚歸，沒有自己的時間，自己的性格又實在不太適合從事這行。他開始強烈地懷念起在公部門的工作來，可惜已經回不去了。

小魯就是因為太不珍惜自己所擁有的東西了，才會落得後悔痛苦的下場。生活中，很多人總是這山望著那山高，彷彿別人的都比自己的好，他們不滿足自己所擁有的東西，結果把自己推入了痛苦的深淵。我們應該逐步培養自己知足感恩的習慣，這樣我們才能生活得更快樂。

在偏遠地區有一位農民，常年住的是黑乎乎的窯洞，每頓吃的都是玉米、馬鈴薯，家裡最值錢的東西就是一個櫃子。可是，他整天無憂無慮，早上唱著歌去工作，晚上又唱著歌回家。別人真不明白他整天為什麼會那麼快樂。他說：「我渴了有水喝，餓了有飯吃，夏天住在窯洞裡不用電扇，冬天熱乎乎的炕頭勝過暖氣，日子過得好極了。」

這位農民能珍惜他所擁有的一切，從不為自己欠缺的東西而苦惱，這就是他能感受到幸福的真正原因。

其實，我們絕大多數人所擁有的，遠遠地超過了這位農民，可惜卻常常被我們所忽略。我們總是抱怨自己收入太低，卻忽略了我們擁有一個和睦的家庭，家中人人健康，無病無災；我們總是抱怨自己的伴侶有諸多缺點，卻忽略了他們是能與我們相親相愛，真情到老的人；我們總是抱怨孩

子沒有出息，都沒有看到他們懂得敬愛父母，總是在自我奮鬥。

畢卡索說：「人生應有兩個目標：第一是得到所想要的東西，盡力去爭取；第二是享受它，享受擁有它的每一分鐘。而常人總是朝著第一個目標邁進，卻從來不去爭取第二個目標，因為他們根本不懂得享受。」

能夠享受人生的人，不在於擁有財富的多少和地位的高低，也不在於成功或失敗，而在於會算數。「不要計算已經失去的東西，多數數現在還剩下的東西。」這個十分簡單的數學，就是享受人生的智慧。

【習慣處方】

知足的習慣並不是固步自封，而是從容。我們應該明白自己所處的現實，培養知足感恩的習慣，牢牢地把握住自己所擁有的幸福。

心靜自然涼

美國拳王喬·路易（Joe Louis）在拳壇所向披靡，在生活中也能很好控制自己的情緒。

有一次，他與朋友開車一起出遊。正在行駛時，前方道路突然出現情況，於是便來了個緊急煞車，而他後面的那輛車因為煞不住車而差點相撞。那個司機氣沖沖地從車上跳下來，走到他面前，大罵他駕駛技術有問題，並不時在他面前揮舞著雙拳。

喬·路易始終沉默不語，直到那司機罵完，揚長而去。他的朋友實在忍不住了，便對他說：「那位司機那麼無理取鬧，又在你面前揮動著拳頭，你為什麼不狠狠地揍他一頓呢？」喬·路易笑著說：「如果有人侮辱歌王帕華洛帝（Luciano Pavarotti），帕華洛帝應否為對方高歌一曲呢？」

喬·路易正是因為情緒穩定，才沒有隨便發揮他的優勢，痛打那人。

第四章　心態習慣—別讓心態毀了你

擁有如此的胸襟，難怪他會成為拳王。內心的平靜是智慧的珍寶，是長久努力自律的成果，它呈現出豐富的經驗與不凡的真知灼見。一個人愈是冷靜，他的成就、影響力就愈大，力量也愈持久。

在這個節奏日益加快，壓力日益加重的社會中，我們的神經總是繃得緊緊的，得不到充分的放鬆機會。我們總是被各種人際關係、各種瑣事包圍著，耳邊充斥著各種噪音和喧譁。

這種時候，你如果已經感到筋疲力盡，就不妨考慮獨處一段時間，讓自己充分擁有和支配那段時間，使自己的身心得以完全靜下來，靜靜地思考，好好傾聽一下自己內心的聲音。

1783 年 9 月 3 日，英國正式承認美國獨立。開國元勳華盛頓卻辭去一切公職，正式解甲歸田。然後，回到了他日夜思念的故鄉弗農山莊。

1784 年的冬天異常寒冷，弗農山莊始終被厚厚的冰雪覆蓋著。回到家裡的華盛頓因天氣不便，社交活動驟然減少。於是，他便享受起多年難得的清靜來。他深有感觸地寫道：「我體會到了一個肩挑重擔而精疲力竭的人，在經過千里迢迢、步履艱難的旅行後，終於到達終點時的輕鬆之感。」

他寫給朋友拉法耶特（Marquis de Lafayette）的信說：「親愛的侯爵，我終於成了波托馬克河畔一個普通的百姓，在自己的葡萄架和無花果樹下休閒納涼，看不到軍營的喧鬧和公務的繁忙。我此時所享受的這種寧靜幸福是那些貪婪地追逐功名的軍人們，那些日夜圖謀策劃、不惜滅亡他國以謀私利的政客們，那些時時察言觀色以博君王一笑的弄臣們所無法理解的。我不僅僅辭去了所有的公務，而且內心也得到了徹底的解脫。我企盼能獨自漫步，心滿意足地走完我的人生旅途，我將知足常樂。」

他不願炫耀自己的開國功勳，以免背上沽名釣譽的惡名。他甚至謝絕

了為他立傳的請求。他一直認為讚美他個人而不寫整個獨立戰爭將使他陷入尷尬和不快。他追求另一種境界，他更喜歡精神上的淡泊。正是這樣的境界使他果斷拒絕了「黃袍加身」的巨大誘惑，成為人類歷史上第一個打贏了戰爭就回家的統帥。而他也贏得了美國乃至世界人民的愛戴和欽佩。

當我們工作了一段時間後，當感到精疲力竭、壓力重重時，我們不要忘記為自己的心靈騰出一片寧靜的空間來，讓自己的心靈好好歇一歇。可以觀察一下自己喜愛的植物或動物，站在窗前眺望遠處的風景，或者什麼都不想，就那麼靜靜地待著。

只有讓思維從紛亂中跳出來，轉入完全寧靜的自我空間，我們才能從混亂不堪的感覺中脫離出來，讓頭腦得到放鬆，讓心靈得到淨化，讓精力和能量得到恢復，從而以更加飽滿的熱情迎接未來。

每天，當我們打開電視和報紙，都會看到許多令人不安的新聞。股市又下跌了，你開始擔心自己買的股票……美國發生了校園槍擊事件，你在震驚之餘，又為你在美國留學的孩子揪起了心……

人們面對著外界的這些混亂干擾，心情怎麼能夠承受得了？那麼，該怎麼辦呢？保持心情的寧靜。只要稍微寧靜下來，你眼前的一切就會是完全不同的情形。

讓我們試著用平和寧靜的心情來看待那些曾讓我們心煩意亂的外界干擾。

世界就是這樣，每天都會有很多壞消息、壞事被報導出來了，說明人們已經有了警覺。如果自己無力改變，相信會有人去改變，自己以後多加注意就好了。孩子讓你操心，但最終要靠他自己努力，你盡到責任就可以了，不必為此而操心。上司可能是有煩心事，不過是拿你當出氣筒，不要太在意，受點委屈，也就過去了。路上遇到的那個人是很無禮，但你現在

第四章　心態習慣—別讓心態毀了你

早已遠離了那人，忘了那人吧，那人早已走了，你還在為他而生氣，不是繼續替那人折磨自己嗎……

作為生命的個體，我們是被淹沒在萬象的生命之中的。但正是作為個體，我們才時常能真切感受到生命的世界所具有的偉大和恢宏。

只要你覺得自己是一個值得一活的人，人生的危機就不會妨礙你去過充實的生活。如此，就能有安全感取代焦慮不安，而你也就可以快快樂樂地活下去，把不安之感降到最低限度。有了這種「安全感」，也就自然會有心靈的平和寧靜。

要保持寧靜的心態，可以在遇到煩惱的事時有意識地改變一下想法。比如，在乘公車時碰到交通堵塞，一般人會焦躁不安，但你可以想：「這正好使自己有機會看看街道，換換心情。」如果朋友失約沒來找你玩，你也不必生悶氣，你可以想：「不來也沒關係，正好自己看看書。」

這樣轉換想法，就可以使煩躁的心境變得平和起來。自我調整就是要保持心態平衡，平淡地對待名利和得失。只有心態平衡了，身心才會處於愉悅、健康的心態，才會感受到生命的美好，生活的幸福。

【習慣處方】

如果一直背負著個人的恩怨、坎坷的經歷、煩心和遺憾的事，那麼你很快就會不堪重負。忘記對你來說是放棄羈絆的人和事，這樣心中便會無牽無掛，無礙無慮，才能生活得悠然自得。

第五章
行動習慣 ── 行動起來才能有收穫

空有夢想，不去行動，也就永遠不會實現。生活不會因為你想做什麼而支付你報酬，而是因為你做了些什麼而支付你報酬。那些優柔寡斷、遲疑不決的人，注定與成功失之交臂。成功不會自動降臨，除非你行動起來。

第五章　行動習慣—行動起來才能有收穫

想到更要做到

比爾蓋茲中學畢業的時候，父母親對他說：「哈佛大學是美國高等學府中歷史最悠久的大學之一，是一個充滿魅力的地方，是成功、權力、影響、偉大等等的象徵和集中展現。你必須讀一所大學，而哈佛是最好的，它對你的一生都會有好處。」

蓋茲聽從了父母親的勸告，進了美國最著名的哈佛大學。當時他考上的科系是法律系但他其實並不想繼承父業去當一名律師。

蓋茲在哈佛既讀學士又讀研究生課程，但他真正的興趣依然在電腦上。這時，他在心裡萌生了一個念頭 —— 退學。他曾與朋友分析當今的形勢時說：「電腦很快就會像電視機一樣進入千家萬戶，而這些不計其數的電腦都會需要軟體，如果我現在開始做，無疑會成為領先的起跑者，最後的勝利肯定是屬於我的，我一定要創辦自己的軟體公司。」

這時候的蓋茲已經有了自己的想法，並有明確的計畫和打算。終於，他在大學二年級的時候，向父母親說了他一直想說的話：「我要退學！」

他的父母親聽了非常吃驚，但他們無法說服蓋茲改變主意。於是，他們請了一位受人尊敬的商業界領袖去說服蓋茲。

蓋茲在同這位商業巨頭會面的過程中，滔滔不絕地向他講述自己的夢想、希望和正在著手做的一切。他審時度勢的分析，讓這位商業巨頭不知不覺地被感染了，彷彿又回到了自己當年白手起家的創業時代。他忘記了自己的使命，反而鼓勵蓋茲：「你已經看到了一個新紀元的開始，而且正在開創一個偉大的時刻。好好做吧，年輕人。」

父母親無奈，只得同意了蓋茲的要求。從此，蓋茲一心一意地投身於自己的電腦軟體領域中，他真的在夢想成真的成功之路上，開創了世界矚目的業績。

實現夢想的關鍵是能否果斷地採取行動，行動才是最強大的力量。夢想是不能等待的，尤其無法以實現另外一個條件為前提。很多人正是因為陷入了要做這個就必須先做那個的固化思維，最後一輩子在原地轉圈，生活再也沒有走出過精彩來。

我們在做某一件事情時，往往會遭到很多人的反對，甚至有人在後面潑冷水、說風涼話，這時候，很多人就會因此放慢了自己前進的腳步，進而懷疑自己行動的價值，最後是什麼也做不成。而有的人不在乎他人的想法，只憑藉自己充分的自信和不服輸的意志，取得了成功。

澳大利亞有一位年輕人，世代以養羊為生。到了他這代，經過努力，羊群數量逐年遞增，已經發展到 10 萬隻的規模。為此，年輕人感到十分自豪，但又有些困惑，儘管他一再努力，羊群的數量卻只維持在 10 萬隻上下，不再增加。

有一天，他的爺爺來到他放牧的農場。見爺爺來了，年輕人便用手指著漫山遍野的羊群，很有成就地告訴爺爺自己的功勞。

哪知爺爺一臉不屑地說：「我也一樣。」

年輕人大為不解，正要細問緣故，爺爺卻一聲不響地走了。年輕人不明白爺爺所說的那句話到底是什麼意思。

夜色降臨，四散的羊群逐漸安靜下來。淡淡的月光下，他望著一望無際的羊群若有所思。因為最近一段時間，每當夜幕降臨時，年輕人總能聽見羊群發出的哀號。第二天，至少有 50 隻羊被咬死、肚子被剖開，死於非命，被咬死的羔羊數量更是無以計數。他想這一定是狼做的壞事，但狼的胃口似乎沒這麼好。

有一天，一位動物學家經過牧場，年輕人求教於這位專家，才知道事情真相。原來，在澳大利亞境內有一種野狗，是澳洲的頭號食肉獸，估計

第五章　行動習慣—行動起來才能有收穫

整個澳洲約有 100 萬隻，正是這種動物的存在，才使他的羊群數量不再遞增。年輕人忽然想起爺爺說過的「我也一樣」的話，原來，早在爺爺放牧的時候，就存在這種情況，只不過，誰也沒有辦法解決而已。

既然問題已經找到，能不能徹底解決呢？善於思考的年輕人決心在全澳大利亞建一道防護牆。但年輕人的想法遭到了家人的極力反對，幾千公里的圍牆，不但耗資極高，而且極難維護。但他還是決定把自己的想法付諸行動。

剛開始，年輕人一個人在自家的牧場周圍用鐵絲網築起了一道防護牆，後來，他就沿著自家牧場往四周擴展，防護牆一點點延伸著。他的這種做法感染了周圍的其他人，於是，越來越多的人加入了築牆的行列，讓政府也開始關心和資助由他發起的這項築牆運動。

一年以後，一道從南澳洲大海灣向東延伸，經新南威爾斯州，穿過昆士蘭東部，抵達太平洋沿岸的高 1.8 公尺、下半部由小眼鐵絲網、上半部由菱形鐵絲網、頂部由帶刺鐵絲構成的世界上最長的防護牆建成了。由於它的建成，澳大利亞的羊群數量猛增，它像一條河在澳洲大陸上蜿蜒，穿過沙丘、石頭山、茂密的灌木叢和荒蕪的平原，保護著越來越多的羊群。

許多年過後，這道防護牆已經成為澳洲人之為自豪的一處旅遊景點，前來旅遊的人們善意地稱它為愛心圍牆。

好的想法是成功的一半。一樣的環境，一樣的問題，就因為年輕人想法與祖輩不一樣，並且付諸了切實的行動，因此問題才得以解決。

在生活和工作中，只要有了正確的想法，就要以堅定的信念付諸切實的行動，這樣才能取得最後的成功。

【習慣處方】

很多人雖然滿懷雄心壯志，卻總是因為受到各方面的阻力，最後不得不放棄；而有的人卻能堅持不懈地尋找正確的途徑，從而達到自己最終的目標。

實作遠勝過吹牛

吹牛的人照理說也有些目標，只是這些目標不是空中樓閣就是高不可攀。這倒並不意味著目標無法實現，只是什麼都不做，無法獲得實質性的進展，因而鑄成了很多遺憾。

曾有一個點子大王，牛皮吹得很大，今天經營一家私營企業，明天創造億元利潤，或在大學當客座教授，主講可操作的經濟理論。

據說到很多大學演講的時候，場面都是相當火爆的。學生們早早就趕到教室佔位子，講座一開始，就明顯有吹牛的氛圍在渲染。可是，學生們都用力鼓掌，那個羨慕就不用提了。

過了不到一個月，就聽到點子大王「現形」的消息。媒體還有準確的數據和細節來展示他曾經的「輝煌」。儘管他百般狡辯，可是，人們已經看破了牛皮，誰聽他的？

一個人只有腳踏實地地實作，才能成就一番大事業。靠吹牛得到的榮譽，實在令人不敢恭維。

吹牛的人很令人鄙視，因為他們都是井底之蛙，看似高不可及的目光實際上很短淺。他們在誇誇其談的時候，原本應該張揚的心靈被封閉在井底、荒野、沙漠，於是無休止地駐足不前。因此，聰明的人向來不吹牛，他們都知道實作的意義。他們默默無聞地達到了吹牛者豔羨的境地。

王小二和李小三是從小一起長大的。李小三成了市長，王小二也很激

第五章　行動習慣—行動起來才能有收穫

動。他對著別人說，市長小時候跟我一起玩泥巴的。儘管他沒說錯什麼，但是，如果把他們放在一起比較，他似乎更應該考慮自己為什麼沒有人家強。

實作出菁英。李小三在埋頭苦幹的時候，王小二正在旁邊誇誇其談；李小三在拚命苦讀的時候，王小二還在誇誇其談；李小三成為了市長，王小二就開始感慨。在市長面前，王小二絲毫也不臉紅，並尋找下一輪的聽眾，享受讓更多的井底之蛙仰視的滋味，儘管根本不具備資本。

鼠目寸光的人把具有遠大理想的人看成是瘋子。可是，「瘋子」們不在乎，他們拒絕惡意的中傷，而繼續走好自己的路。因為有了實作的精神，勝利至少可能提前十年來臨。其實，每個人手中都拿著望遠鏡，只是當你站在地平線上，人家已經登上了最適宜眺望遠方的山頂。

對於一個公司或者企業來說，勤勤懇懇，全神貫注，充滿熱情的員工總能得到老闆的青睞，因為他們知道，這樣的下屬在盡力幫助自己，每一個老闆自然而然地也會認為這樣的員工更有價值。非但如此，這些員工的積極心態還常常能帶動同事，感染上司。當然，他們也能得到不斷的提升，每一次提升對他們都是莫大的鼓勵，給予他們更大的動力去完成自己的工作。

相反，領導者對那些態度冷漠、做事情粗心大意、動作遲緩的員工會有本能的排斥心理。在他們的影響下，同事以及上司都會覺得壓抑、對工作失去信心，很容易墮入隨遇而安的心態。因此，他會自覺地與有良好心態的員工在一起，關心他們的生活，對那些不專心工作，逃避責任，不注意績效的員工，不是降職扣薪，就是乾脆開除。

其實，對工作的態度不外乎兩種：不是一心一意，就是三心二意，前者對工作充滿熱情，後者則抱持不冷不熱的態度。

很多人認為人都是在命運之神的掌握之中，所以只要等待，不是好運降臨，就是一生倒楣。這是一個可怕的念頭，這不僅會消磨人的意志，而且是對人的天賦、智慧、品格的最大損害。

看看你身邊那些取得優異成就的人，他們哪個不是鼓起勇氣、拿出力量、積極採取行動完成自己的工作。

正如某成功者所說：「不管你喜不喜歡，你都得有事做。強迫自己做並盡最大努力做好，可以培養自控能力、勤奮、意志力等各種美德。在懶惰的人那裡，是沒有這些優點可言的。」

要提升自己的人格、發展自己的個性，最重要的是立即採取行動，做個實作家，踏踏實實去完成你要完成的事情。

【習慣處方】

實作能讓一個人全身心地投入到自己的工作中去，即便是能力一般的人，也能取得很好的成績，即使那些令人厭煩的人，也會令人改變對他的看法。不僅如此，它能夠讓一個年輕人從芸芸眾生中脫穎而出，盡快實現自己的願望。

時機稍縱即逝

蘇珊‧海華（Susan Hayward）長得漂亮、苗條、性感。她的青年時代，正是好萊塢的主要製片公司發展的全盛時期。她像其他亮麗的童星一樣，懷著成為好萊塢電影明星的夢想，當上了簽約演員。她進入好萊塢的最初幾個月中，面對的不是攝影機而是照相機。她穿著泳裝，日復一日地擺弄出千姿百態，當廣告模特。她那充滿魅力的微笑，隨著報紙雜誌的廣告傳遍五湖四海。粉絲們，也是電影的影迷們，對她已經具有傾倒和渴望的感情。

第五章　行動習慣—行動起來才能有收穫

　　然而，蘇珊一直得不到當演員的機會。當她詢問老闆時，得到的回答總是：「耐心地等一等，總有一天會推薦妳的。」

　　有一次，機會突然來了。派拉蒙公司在洛杉磯舉行全國性的影片銷售會。蘇珊接到舞廳的通知。舞廳裡來了很多電影院的老闆和來自各州的商人。影星們進入舞廳之前，派拉蒙公司對自己的影片已進行過大肆宣傳。

　　影星們一個接一個與觀眾見面。蘇珊出場時，會場上發出了一片歡呼。她此前還沒意識到這是一次機會。她面對觀眾，像對老朋友們一樣微笑著說：「我知道你們都認識我，你們中有誰見過我的照片？」臺下立即有許許多多的人舉起了手。

　　「有人看過我在電影裡的形象嗎？」沒有人舉手，只有笑聲。

　　蘇珊趁熱打鐵，發問道：「你們願意看我在電影中的形象嗎？」

　　會場上響起了雷鳴般的掌聲，代替了回答。

　　蘇珊這一計即興拈來，大獲全勝，於是她說：「那麼，諸位願意捎個話給製片公司嗎？」

　　這是一次民意調查，那麼多觀眾的代表想看蘇珊在電影中的形象，製片公司的老闆得到這一民意調查的結果，完全可以判斷，如果請蘇珊出演影片，此片一定大紅。

　　於是，蘇珊不久之後便受聘出演，上了銀幕，並且成了大明星。她在《我想活下去》（*I Want to Live!*）一片扮演的角色使她榮獲了奧斯卡最佳女主角。

　　一個人只有善於抓住機遇，才能在最佳時刻表現自己與人不同的習慣和能力，才可以贏定人生。

　　現實是此岸，理想是彼岸，中間隔著湍急的河流，行動則是架在河流上的橋梁。在人生中，思前想後，猶豫不決固然可以免去做錯事的可能，

但可能會失去更多成功的機遇。

一位小男孩在外面玩耍時，發現了一個鳥巢被風從樹上吹掉在地上，從裡面滾出了一隻嗷嗷待哺的小麻雀。

小男孩決定把牠帶回家餵養。托著鳥巢走到家門口時，他突然想起媽媽不允許他在家裡養小動物。於是，他輕輕地把小麻雀放在門口，急忙走進屋去請求媽媽。在他的哀求下，媽媽終於破例答應了。小男孩興奮地跑到門口，不料小麻雀已經不見了，他看見一隻黑貓正在意猶未盡地舔著嘴巴。

小男孩為此傷心了很久。但從此他也記住了一個教訓：只要是自己認定的事情，絕不可優柔寡斷。後來，這個小男孩成就了一番事業。

猶豫不決是避免責任與犯錯誤的方法。它有一個謬誤的前提：不做決定就不會犯錯誤。希望做到至善至美的人，尤其懼怕犯錯誤。他從沒犯錯誤，一切事情都做得很完善，如果他對不起這幅完善的圖像，強勁的自我就會垮得粉碎，因此，他認為做決定是生死攸關的事情。

錯誤誰都會犯。事情進展的過程，其本質就是一連串的行動、犯錯與修正錯誤的過程。導向魚雷能夠逐漸接近目標最終擊中目標，是經過一連串的錯誤與不斷修正錯誤達成的。你若總站立著不動，就無法修正你的方向。不做事情，你也無法改變和修正。因此，你必須考慮事情的發展趨勢，預想各種行動方針的可能的結果，選擇你認為最好的解決辦法，並且大膽地去做，邊前進邊修正你的方向，不要害怕犯錯。

一個人不經過無數的大小錯誤，是無法偉大起來的。許多人在談到他們的成功時，都認為，自己從錯誤中比從成功中得到更多的智慧，時常從不想做的事情中找到要做的事情，而那些從不犯錯的人都不可能有任何發現。

第五章　行動習慣—行動起來才能有收穫

愛迪生不斷使用去除法解決問題。如果有人問他是否因為有太多的途徑是行不通的而感到洩氣，他一定回答說：「不！我才不會洩氣！每拋棄一種錯誤的方針，我也就向前跨進了一步。」

遇到問題，思考是必須的，但不要為思考耽誤了行動。要知道，再聰明的人，也要有積極的行動。一旦決定了，就馬上去執行，才能把握住最好的時機。

【習慣處方】

時機總是稍縱即逝，容不得你有半點猶豫。如果你不能在時機到來時果斷行動起來，那麼你就不可能達到自己的目的。

踏踏實實地做事

生活中、職場上，許多有抱負的人都忽略了積少才可以成多的道理，一心只想一鳴驚人，而不去做埋頭耕耘的工作。等到忽然有一天，看見比他開始晚的，比他天資差的，都已經有了可觀的收穫，他才驚覺自己這片園地上還是一無所有。這他才明白，不是上天沒有給他理想或志願，而是他一心只等待豐收，可是忘了播種。

單是對自己那無法實現的願望焦急慨嘆是沒有用的。要想達到目的，必須從頭開始。

湯瑪斯是一個普通的郵差。他負責為社區的住戶收送郵件。他得知社區內有一位職業演說家，叫桑布恩先生（Mark Sanborn），一年中大部分時間在外出差，就向桑先生索要一份全年行程表。

桑先生很奇怪，問：「您有什麼用？」

他回答說：「以便您不在家時，我暫時代為保管您的信件，等您回來

再送過來。」

這讓桑布恩很吃驚！因為他從未碰到過這樣的郵差。桑先生回答道：「沒必要這麼麻煩，把信放進郵箱就好了，我回來再取也是一樣的。」

湯瑪斯解釋說：「竊賊經常會窺探住戶的郵箱，如果發現是滿的，就表示主人不在家，那住戶就可能要身受其害了。」湯瑪斯想了想，接著說：「這樣吧，只要郵箱的蓋子還能蓋上，我就把信放在裡面。塞不進郵箱的郵件，則放在房門和屏柵門之間。如果那裡也放滿了，我把其他的信留著，等您回來。」

湯瑪斯的建議無可挑剔，桑先生欣然同意了。

兩週後，桑先生出差回來，發現門口的擦鞋墊跑到門廊的角落裡，下面還遮著個什麼東西。

事情原來是這樣的。在桑先生出差期間，美國聯合遞送公司把他的包裹投到別人家了。湯瑪斯看到桑先生的包裹送錯了地方，就把它揀起來，送回桑先生的住處藏好，還在上面留了張紙條，解釋事情的來龍去脈，並費心地用擦鞋墊把它遮住，以避人耳目。

如今，不同的郵政公司之間競爭市場份額，比的就是服務，而因為有一批湯瑪斯式的職業化員工，他們所提供的人性化服務，創造了無形價值，使美國聯合遞送公司在眾多競爭對手中脫穎而出。

也許，上司會對我們的表現設置障礙，或對之視而不見，或不能充分賞識和鼓勵；也許，上司願意對我們進行培訓，改善我們的業績。但不管環境怎樣，卓越的工作表現，是我們自己抉擇的結果。

所謂「行遠必自邇，登高必自卑」。正如爬山，你只好低著頭，認真耐性地去攀登。到你付出相當的辛勞努力之後，登高下望，你才可以看見你已經克服了多少困難，走過去多少險路。這樣一次次的小成功，慢慢才

第五章　行動習慣—行動起來才能有收穫

會累積成大的更接近理想目標的成功。

　　埋頭是一種態度，以謙恭認真的態度去面對腳下的路。但是，現在的你是前進還是原地踏步？是走捷徑還是按部就班？關鍵也許並不在這裡，我想問，你的腳走了沒有？

　　我們的腳每天都在走路啊。沒錯！生理上我們的腳是每天承載著我們的身體奔忙於城市裡。這裡說的腳是你的行動，你開始向你的目標行動了嗎？

　　麥克出生在一個不正常的家庭裡：父親是個猶太人，十分排斥天主教徒；母親卻偏偏是個天主教徒，卻又十分排斥猶太人。

　　在麥克小的時候，母親經常鬧著要自殺，當遇到不順心的事時，便抓起衣架追著他毒打。生活在這樣的環境中，他自幼就有些畏縮且身體瘦弱。然而，日後他在某部美劇中，對扮演家庭的一家之主，堅毅而充滿自信的性格讓大家印象深刻。麥克的人生為什麼會有這樣的改變呢？

　　在他讀高中一年級時的一天，體育老師帶學生到操場教他們如何擲標槍，而這一次的經驗就此改變了他後來的人生。在此之前，不管他做什麼事都是畏畏縮縮的，對自己一點自信都沒有，可是那天奇蹟出現了，他奮力一擲，只見標槍越過了其他同學的紀錄，多出了足足有 30 英呎。就在那一刻，麥克知道了自己的前途大有可為。

　　在日後接受雜誌的採訪時，他回想道：「就在那一天，我才突然發現，原來我也有能比其他人做得更好的地方，當時便請求體育老師借我那支標槍，在那年整個夏天裡，我就在運動場上擲個不停。」

　　麥克發現了使他振奮的未來。他全力以赴，結果擁有了驚人的成績。

　　那年暑假結束返校後，他的體格已有了很大的改變，而在隨後的一年中他特別加強重量訓練，使自己的體能逐步提升。

在高三時參加的一次比賽中，他擲出了全美中學生最好的標槍記錄，因而也讓他贏得了南加大的體育獎學金。

後來，他因鍛鍊過度而嚴重受傷，檢查結果表明他得永久退出田徑場，這使他因此也失去了體育獎學金。為了生計，他不得不到一家工廠去擔任卸貨工人。他的夢似乎就此完了，永遠無法成為一位國際矚目的田徑明星。

不知道是不是幸運之神的眷戀，有一天他被好萊塢的星探發現，問他是否願意在即將拍攝的一部電影中擔任配角。麥克應允加入演出後從此就沒有回頭，先是當演員，然後做導演，最後成為製片，他的人生事業就此一路展開。

一個美夢的破滅往往是另一個未來的開始，麥克原先有在田徑場上發展的目標。這個目標引導著他鍛鍊強健的體格，後來的打擊又磨練了他的性格，不料這兩種訓練卻成了他另外一種事業所需的特長，使他有了更耀眼的人生。

有時候，機會是喬扮成失望而出現在我們的眼前的。機遇之神出現時，不佩戴財富、成功或者榮譽的象徵。做每一件事，都要竭盡全力，否則，最好的機會都會無聲無息地從我們身邊溜走。

【習慣處方】

我們每一個人都應該清楚：最終的目標絕不是轉眼之間就可以達到的，在未付出辛勞艱苦的代價之前，空望著那遙遠的目標著急是沒有用的。而唯有從基本做起，按部就班地朝著目標進行才會慢慢地接近它、達到它。

第五章　行動習慣—行動起來才能有收穫

說得再多不如行動一次

有些人總喜歡對人發號施令，對事指手畫腳，這會招致他人的反感。他們不知道用實際行動去感染他人勝過千言萬語。

一天，華盛頓身穿一件長至膝蓋的大衣，獨自一個人走出了營房。他所遇到的士兵，沒有一個人認出他。在陣地前方，他看到一個下士領著手下的士兵正在修築工事。

下士將自己的雙手插在口袋裡，不停地對抬著巨大石塊的士兵們發號施令。儘管下士都快喊破喉嚨，士兵們經過多次努力，還是不能把那塊石頭放到位置上。士兵們的力氣快要用完了，石塊眼看著就要滾下來了。

這時，華盛頓疾步上前，用他強勁的臂膀頂住石塊。

這一援助很及時，石塊終於放到了位置上。士兵們轉過身，擁抱華盛頓，並表示感謝。

「你為什麼光喊加油，而自己的雙手卻插在口袋裡？」華盛頓問那個下士。

「你是在指責我嗎？難道你沒有看出我是這裡的下士？」那個下士斜著雙眼，背著雙手，傲慢地回答說。

華盛頓聽後，不慌不忙地解開自己的大衣鈕扣，向那個傲氣十足的下士露出自己的軍服，說：「按衣服看，我就是上將。不過，下次再抬重東西時，你別忘了叫上我。」

那個下士這時才知道自己面前的人是華盛頓，羞愧地低下了頭。

華盛頓和下士的差別就在於華盛頓能以身作則，能用實際行動去感染他人，而不是用命令、權威去壓迫他人。

行動的力量是無窮的。它遠遠要比你費盡心機與口舌，講道理給別人、說服或命令別人按照你的指令做事，會取得更好的效果。別人之所以

願意為你服務，是被你的魅力所折服，他們執行你的命令，完全是出於他們的自願，這比任何策略都管用。

一個人要想指望事業有成，必須與「勤奮」兩字交友，始終保持勤勤懇懇、兢兢業業的作風，真心實意地把全副精力投入到事業中去。勤奮的人，終會收到豐碩的成果。

現實是此岸，理想是彼岸，中間隔著湍急的河流，勤於行動，行動則是架在河上的橋梁。

古時候有兩個和尚，一個窮，一個富。有一天，窮和尚對富和尚說：「我想到南海去，您看怎麼樣？」富和尚說：「我多年來就想租條船沿江而下，現在還沒做到呢，你憑什麼去？」

第二年，窮和尚從南海歸來，把到過南海的事告訴富和尚。富和尚深感慚愧。

窮和尚和富和尚的故事，告訴我們一個簡單的道理：「說一尺不如行一寸。」

時下有些人，只說不做，或說的多做得少，或說的是一套，而做的又是另一套，或將功勞無限擴大，抬高自己，貶低別人。這些人並不是不懂「說一尺不如行一寸」的道理，而是已經養成的「說的多，做的少」的習慣。這些人看不到別人的成績，只看到自己的功勞，不尊重別人的成果，只一味的強調自己的豐功偉績。

無論是在優越的環境中，還是在困境中，只要肯勤奮做事，就會實現你的夢想，你付出了就會有收穫，因為天道酬勤。

有人常常感嘆世道不公，為何自己囊中空空，但想一想，讓你換掉「腦袋」，你是否最終仍會回到原來的狀態。

有兩個人，一個是體弱的富翁，一個是健康的窮漢。兩個相互羨慕著

第五章 行動習慣—行動起來才能有收穫

對方。富翁為了得到健康，樂意讓出他的財富；窮漢為了得到富翁，願意捨棄健康。

一位聞名世界的外科醫生發現了人腦交換方法。富翁趕緊提出要和窮漢交換腦袋。其結果，富翁會變窮，但能得到健康的身體；窮漢會富有，但將病魔纏身。

手術成功了。窮漢變成富翁，富翁變成了窮漢。

但不久，成了窮漢的富翁由於有了強健的體魄，又有著成功的意識，漸漸地又積起了財富。可同時，他總是擔憂自己的健康，一旦感到輕微的不舒服便大驚小怪。由於他總那樣擔驚受怕，久而久之，他那極好的身體又回到原來那多病的狀態中；或者說，他又回到以前那種富有而體弱的狀態中。

那麼，另一位新富翁又怎麼樣？

他總算有了錢，但身體很弱。然而，他總是忘不了自己是個窮漢，有著失敗的意識。他不想用腦得來的錢建立新生活，而不斷地把錢浪費在無用的投資裡，應了「老鼠不留隔夜食」這句老話。

不久，錢便被揮霍殆盡，他又變成原來的窮漢。然而，由於他無憂無慮，換腦時帶來的疾病不知不覺的消失了。他又像以前那樣有了一副健康的身子骨。最後，兩個人都回到原來的模樣。

故事中「窮漢變成富翁，富翁變成了窮漢」的道理，引人深思。是笨鳥，就先飛。如果你徹底明白了這個道理，你可能就會成為真正的富翁。

【習慣處方】

不管你說得怎樣可行，多麼有道理，如果不行動，你最終也無法驗證你所說的可行，讓他人相信你說的有道理。只有行動起來，讓行動說話，才能真正證明你自己。

行動了才會有結果

戰國時期，秦國派王齕攻下上黨，意欲攻打長平。

趙孝成王聽到消息，命令廉頗率 20 多萬大軍守住長平。廉頗命令兵士們修築堡壘，深挖壕溝，跟遠來的秦軍對峙，準備作長期抵抗的打算。

王齕幾次三番向趙軍挑戰，廉頗說什麼也不跟他們交戰。秦昭襄王請范雎出主意。范雎說：「要打敗趙國，必須先叫趙國把廉頗調回去。」

過了幾天，趙孝成王聽到左右紛紛議論，說：「秦國就是怕讓年輕力強的趙括帶兵。廉頗不中用，眼看就快投降啦！」

趙王聽信了左右的議論，立刻把趙括找來，問他能不能打退秦軍。趙括說：「要是秦國派白起來，我還得考慮如何對付。如今來的是王齕，打敗他不在話下。」

趙王聽了很高興，就拜趙括為大將，去接替廉頗。

藺相如對趙王說：「趙括只懂得讀父親的兵書，不會臨陣應變，無法派他做大將。」可是趙王根本聽不進去藺相如的勸告。

趙括的母親也請求趙王別派他兒子去。趙母說：「他父親臨終的時候再三囑咐我說，『趙括這孩子視戰爭如兒戲，談起兵法來，就眼空四海，目中無人。將來大王不用他還好，如果用他為大將的話，只怕趙軍會斷送在他手裡。』所以，我請求大王千萬別讓他當大將。」

可是，趙王一意孤行。仍然讓趙括帶領 20 萬大軍去接替廉頗。

那邊范雎得到趙括替換廉頗的消息，知道自己的反間計成功，就祕密派白起為上將軍，去指揮秦軍。白起一到長平，布置好埋伏，故意打了幾場敗仗。趙括不知是計，拚命追趕。白起把趙軍引到預先埋伏好的地區，派出精兵切斷趙軍的後路；另派騎兵，直衝趙軍大營，把 40 萬趙軍切成兩段。

第五章　行動習慣─行動起來才能有收穫

趙括的軍隊，內無糧草，外無救兵，兵士們都叫苦連天，無心作戰。趙括想帶兵衝出重圍，卻被秦軍萬箭射死了。40萬趙軍，就在紙上談兵的主帥趙括手裡全軍覆沒了。

趙括是個空談家，自以為讀過兵書，於兵法之道十分諳熟，但終歸沒有親身經歷過戰爭，書本在他頭腦中構築的虛無縹緲的軍事樓閣，在真切的刀光劍影下坍塌得沒留下一點痕跡，趙括也因紙上談兵，而被視為空想家貽笑千古。

媒體曾經出過一道題，如果有一天大英博物館突然燃起了大火，而當時的情況只允許從眾多的館藏珍品中搶救出一件，問題是「你會搶救哪一件？」

在數以萬計的讀者來信中，一個年輕詩人的答案被認為是最好的——「選擇離門最近的那一件」。

這是一個令人叫絕的答案，大英博物館的館藏珍品件件都是國寶，舉世無雙，與其幻想著件件都搶救出來，不如抓緊時間搶救一件算一件。因為前者是不切實際的，完全屬於一廂情願。

良好的理論基礎很重要，但是理論基礎如果不經過實踐的檢驗，就不可能轉化為在實際應用中有效的力量。無論是空談者，還是空想者，大概在他們的頭腦中，自以為有了知識就有了一切，這是愚蠢而淺薄的。掌握理論是為了應用，有了目標要實作才能實現理想。否則，單憑理論異想天開，一定會導致重大的失誤。

一個老鼠洞裡的老鼠越來越少，老大讓一隻行動靈巧的小老鼠去看看出了什麼事情。

小老鼠慌慌張張地回來報告說：「老大，大事不好，有一隻又大又凶的貓出現了，每天都要吃好幾隻老鼠。」

　　老大於是帶領三隻最大的老鼠去打貓，一回合還沒打完就打敗了。老大又帶了三只最狡猾的老鼠去騙貓，結果偷雞不成蝕把米，被貓吃掉了。

　　老大看著兄弟們一個個死去，急得像熱鍋上的螞蟻，左思右想，終於想出一個主意。他召集大家說：「誰能想出一個對付老貓的好辦法，我就把老大這個位置傳給誰。」

　　重賞之下必有勇夫，這時有一隻灰毛老鼠說：「雖然我們打不過那隻貓，但如果為貓繫上鈴鐺，只要貓一動我們就知道了，然後就可以逃跑了。」

　　老鼠們都覺得這個主意好，老大也認為不錯，就把位置傳給了這隻灰毛老鼠。

　　過了幾天後，老大又聽到有老鼠被貓吃掉的消息。老大心裡納悶，於是找到灰毛老鼠質問：「這是怎麼回事？不是說幫貓繫上鈴鐺就沒事了嗎？」

　　灰毛老鼠支支吾吾地說：「這……這……」

　　旁邊的一隻老鼠搶著說：「因為牠根本就沒有去幫貓繫上鈴鐺，牠怕被貓吃掉！」

　　老大聽了，覺得受到了侮辱，一氣之下把灰毛老鼠咬死了。

　　這就是空想的下場。明知道不可為的事情，就不要去空想；可以實現的事情，想了就要去做，只想不做，一大堆目標也只不過是目標。你可以界定你的人生目標，認真制定各個時期的目標，但如果你不行動，還是會一事無成。

　　世界上有兩種人，實作家和空想家。空想家們善於誇誇其談、想像豐富、渴望強烈、甚至於設想去做大事情；而實作家則是去做。空想家往往不管怎樣努力，都無法讓自己去完成那些應該完成或是可以完成的事情。

第五章　行動習慣—行動起來才能有收穫

但實作家雖然沒有空想家那樣富麗堂皇的說辭，而總能獲得成功。

實作家比空想家更能獲得成功，是因為實作家一貫採取持久的、有目的的行動，而空想家很少去著手行動，或是剛開始行動便很快懈怠了。實作家具備有目的地改變生活的能力，他們能夠完成非凡的事業。而與此形成鮮明對比的便是，空想家只會站到一邊，僅僅是夢想過這些而已。

空想家往往受到人們的嘲笑，因為他們始終把自己的理想掛在嘴邊，但卻從不見他們為之奮鬥。他們的談話言辭激烈，談到理想時熱情慷慨，然而，他們卻是行動的矮子。空想家是幼稚的，認為以自己頭腦中知識可以拯救世界，但是世界卻不這麼認為，事實一次又一次的證明，空談者的結果是失敗，或是含羞蒙辱。

【習慣處方】

偉大的計畫往往因為不去實踐而變成廢紙一堆。所以，無論什麼事情，如果你確定要做了，就應該馬上行動起來，只有做了才會有結果。做，也許會成功，也許會失敗，但不做，你就永遠不會成功。

努力多做一點點

你多付出一分，就多一分的回報；你多付出十分，也許就會多得到一百分的回報，所謂「多一分耕耘，多一分收穫」。你所付出的額外服務，會為你帶來更多的回報，也許，成功的契機就隱含其中。

一個好員工，光是全心全意、盡職盡責為公司工作是不夠的，你還要時刻提醒自己，我可不可以為公司、為客戶多付出一點點呢？其實，每天多付出一點點，並不會讓你累垮，相反，這種積極主動的工作態度將使你更加敏捷主動，才可以創造更多自我提升的機會。

　　每天多付出一點點，能讓你在公司裡脫穎而出，這個道理對於普通職員和管理階層都是一樣的。每天都能多付出一點點，上司和客戶都會更加信任你，從而賦予你更多的機遇。

　　一個星期六的下午，一位律師走進艾麗的辦公室問他，哪能找到一位速錄師來幫忙，因為手頭有些工作必須當天完成。

　　艾麗告訴他，公司所有速錄師都去觀看球賽了。如果他晚來 5 分鐘，自己也會走。但艾麗同時表示自己願意留下來幫助他，因為「球賽隨時都可以看，但是工作必須在當天完成」。

　　做完工作後，律師問艾麗應該付他多少錢。艾麗開玩笑地回答：「哦，既然是你的工作，大約 1,000 美元吧。如果是別人的工作，我是不會收取任何費用的。」律師笑了笑，向艾麗表示謝意。

　　艾麗的回答不過是一個玩笑，並沒有真正想得到 1,000 美元。但出乎艾麗意料，那位律師竟然真的這樣做了。6 個月之後，在艾麗已將此事忘到了九霄雲外時，律師卻找到了艾麗，交給他 1,000 美元，並且邀請艾麗到他的公司工作，薪水比現在高出 1,000 美元。

　　艾麗放棄了自己喜歡的球賽，多做了一點事情，最初的動機不過是出於樂於助人的願望，並不是金錢上的考慮。艾麗並沒有義務放棄自己的休息去幫助他人，但她的這種放棄不僅為自己增加了 1,000 美元的現金收入，而且為自己帶來一項比以前更重要、收入更高的職務。

　　當然，你沒有義務要做自己職責範圍以外的事，但是你也可以選擇自願去做，以驅策自己快速前進。率先主動是極珍貴、備受看重的素養，它能使人變得更加敏捷，更加積極。「每天多做一點點」的工作態度能使你從競爭中脫穎而出。

　　每天多做一點點，是聰明人的選擇；每天少做一點點，是投機者的把

第五章　行動習慣—行動起來才能有收穫

戲。前者是主動掌握成功，後者利用成功；前者為長久的人生之道，後者為短暫的機會偶遇。

「努力多做一點點」是你必須好好培養的良好習慣，它是你成就每一件事的必要因素。努力多做一點點，雖然要求你應不計報酬，不怕犧牲，但是，這種「多付出」的代價絕不會白白流失，它最終必然會結成豐碩的成果，並收穫加倍的回報。

成功者總是願意在別人還沒起床時先起床；別人還在休息時先行動；別人走了1公里，他要走2公里；別人讀1本書，他就讀2本書；別人工作8小時，他就工作10小時；別人拜訪10個顧客，他就拜訪15個顧客；別人學過一遍，他就要多學一遍。

每天為自己創造出額外的1小時 —— 早起床1小時。這種創造時間的方法異常簡單，同時相當有效。如果每天早起1小時，一年就可以創造出額外的10個星期！

如果你是一個雇員，不論你的薪水有多少，都只是在為他人創造財富。即使你的工作創造了巨大的利潤，也只能分得其中的一小部分。如果你使用這10個星期，為自己工作，則能得到大部分收益。

成功不是靠一步登天，而是靠一步一個腳印走出來的，是經過長年累月的行動與付出累積起來的。雖然任何人都會有所行動，但成功者卻是每天都多做一點點，多付出一點點，所以他比別人更早成功。

很多人花費大量的時間和精力去尋找成功的捷徑，卻從來不肯多花費一點時間用在工作上。不要小瞧自己比別人多付出的那一點，它也許就會改變你的一生，偉大的成就通常是一些平凡人們經過自己的不斷努力而取得的。

在一個多雨的午後，一位老婦人走進了費城一家百貨公司，大多數的櫃臺人員都懶得理她，但卻有一位年輕人問是否能為她做些什麼。當她回

答說只是在等雨停時，這位年輕人不但沒有向她推銷她並不需要的商品，而且也沒有轉身離去，反而拿給她一把椅子。

雨停之後，這位老婦人向年輕人說了聲謝謝，並向他要了一張名片。幾個月之後，這家商店老闆收到了一封信，信中要求派這位年輕人前往蘇格蘭收取裝潢一整座城堡的訂單。這封信就是那位老婦人寫的，而她正是美國鋼鐵大王卡內基的母親。

當這位年輕人打包準備去蘇格蘭時，他已經升格為這家百貨公司的合夥人了。

這位年輕人是不是付出了很多的心血和勞動？不是。他只是比他旁邊的人多付出了關心和禮貌。但是，再細想一下，他肯定是經常這樣做，所以才養成了良好的習慣。

> **【習慣處方】**
> 成功者與失敗者的差距，其實並不像大多數人想像的那樣有一道巨大的鴻溝橫亙在面前。成功者與失敗者的往往只有些微的差距。努力多做一點點，你也會成為成功者。

行動是成功的關鍵

在任何一個公司裡，不努力去行動的人，就不會獲得成功。就連兇猛的老虎要想捕捉一隻弱小的兔子，也必須全力以赴地去行動，不行動、不努力，就捕捉不到兔子。

任何希望，任何計畫最終必然要落實到行動上。只有行動才能縮短自己與目標之間的距離，只有行動才能把理想化為現實。做好每件事，既要心動，更要行動。只會感動羨慕，不去流汗行動，成功就是一句空話。

第五章　行動習慣—行動起來才能有收穫

我們從許多傑出的成功者身上都可以找到某些成功的偶然性，但因為他們每個人能做得好，又展現了成功的必然性。如果他們沒有付出比常人多幾千倍、幾萬倍的行動，是不可能取得一個又一個成功的。

在任何一個領域裡，不努力去行動的人就不會獲得成功。漫不經心地做事，馬馬虎虎地工作，不願付諸行動，不願竭盡全力，是自己糟踐自己。

在生活和工作中，好的目標就好像手中的一枚「指南針」，指引著人們成功的方向，但如果沒有實際的行動，就永遠無法到達成功的彼岸。

美國海岸警衛隊有一名廚師。他從確立了自己的目標開始，就時刻記得行動才是第一位的。

這名廚師在空餘時間裡，代同事們寫情書。寫了一段時間以後，他覺得自己突然愛上了寫作。他訂立了一個目標給自己：用兩到三年的時間寫一本長篇小說。為了實現這一目標，他立刻行動起來。每天晚上，大家都出去娛樂時，他卻躲在屋子裡不停地寫啊寫。

這樣整整寫了八年以後，他終於第一次在雜誌上發表了自己的作品，可這只是一個小小的豆腐塊而已，稿酬也只不過是 100 美元。他沒有灰心。相反，他卻從中看到了自己的潛能。

從美國海岸警衛隊退役後，他仍然寫個不停。稿費沒有多少，欠款也越來越多了。有時候，他甚至沒有買一個麵包的錢。儘管如此，他仍然鍥而不捨地寫著。朋友見他實在太貧窮了，就介紹了一份到政府部門工作的差事給他，可他卻拒絕了。他說：「我要成為作家，我必須不停地寫作。」

又經過了幾年的努力，他終於寫出了預想的那本書。為了這本書，他花費了整整十二年的時間，忍受了常人難以承受的艱難困苦。因為不停地寫作，他的手指已經變形，他的視力也下降了許多。

然而，他成功了！小說出版後立刻引起了巨大轟動，僅在美國就發行了 160 萬冊精裝本和 370 萬冊平裝本。

這部小說還被改編成電視連續劇，觀眾超過了 1.3 億人，創電視收視率歷史最高紀錄。

這位作家的名字叫哈里（Harry Harrison），他獲得了普立茲獎，收入一下子超過 500 萬美元。他的成名之作就是我們今天經常讀到的《根》。

好的思想固然重要，但行動往往更為重要。演講大師齊格勒提醒我們，世界上牽引力最大的火車頭停在鐵軌上，為了防滑，只需在它 8 個驅動輪前面塞一塊 1 英吋見方的木塊，這個龐然大物就無法動彈。然而，一旦這個巨型火車頭開始啟動，小小的木塊就再也擋不住它了：當它的時速達到 100 里時，一堵 5 英呎厚的鋼筋混凝土牆也能輕而易舉地被它撞穿。從一塊小木塊令其無法動彈，到能撞穿一堵鋼筋水泥牆，火車頭的威力變得如此巨大，原因不是別的，只因為它開動起來了。

其實，人的威力也會變得巨大無比，許多令人難以想像的障礙也能被你輕易突破，但前提是：你必須行動起來。不然，只知道空想，就如同停在鐵軌上的火車頭，連一塊小小的木塊也無法推開。

如果我們只是豎立好的目標，而沒有實際的行動，那麼我們永遠也無法成功，因為行動才是成功的關鍵。

【習慣處方】

如果沒有行動，就永遠也不會有結果。只有行動起來，你才能一步步接近目標，才能取得成功。

第五章　行動習慣—行動起來才能有收穫

第六章
工作習慣 —— 精誠合作，實現雙贏

每個人都有自己的習慣和工作方式，但是為了公司的整體運作不偏離軌道，要改正自己不良的工作習慣，營造融洽的工作氛圍。只有相互合作，才能彌補自身的不足，形成一股合力，達到雙贏的目標。

第六章　工作習慣—精誠合作，實現雙贏

和他人分享獲得的成就

　　如果一個人做事的時候沒有考慮到人或是團隊合作，本身的工作他做不好之外，也會影響到別人的工作，甚至會造成企業損失，因為他本身就是整個環節中的一部分。一個具有合作精神的員工，才能真正承擔起自己的工作責任，才能真正做好工作。

　　林中百鳥在排練一個大合唱，大合唱的聲調悠揚、氣勢雄壯。穿黑衣裳的八哥擔任指揮，高嗓門的百靈鳥擔任領唱。鸚鵡、畫眉、布穀、燕子，黃鶯、夜鶯、白鷺、鴛鴦，烏鴉、喜鵲、麻雀……全都來參加這個大型合唱。

　　八哥手裡拿著指揮棒，神氣地站在高高的指揮臺上。他把指揮棒瀟灑地一揮，合唱隊便開始了嘹亮的歌唱。

　　百靈鳥領唱的歌聲清脆婉轉，高聲部的伴唱聲似金鈴般悠揚。低聲部渾厚深沉如轟鳴的海濤，作為聽眾的林中百獸無不歡聲讚賞。

　　突然間，低聲部出現一個不諧和音，這聲音是這般刺耳、這般不祥！原來是烏鴉不按規定的音符發聲，而且是扯開嗓子拚命地高聲叫嚷……

　　八哥用指揮棒做了個「停」的姿勢，整個合唱隊便戛然停止了歌唱。八哥聲色俱厲地指責烏鴉：「你為什麼不按照規定的音符歌唱？」

　　烏鴉卻並不以為自己有什麼錯誤，甚至揚起脖子覺得自己理直氣壯：「我的歌聲本來相當高亢嘹亮，為什麼讓我在低聲部，壓制我的所長？如果我按照規定的音符歌唱，誰還能聽得到多少我歌唱的聲音？那豈不就埋沒了我出色的才華，我這位歌唱家還怎能美名遠颺？」

　　八哥說：「合唱團本是個完美的整體，誰高聲誰低聲均已早已安排妥當！如果為了突出自己便可為所欲為，那還成什麼體統，有什麼規章？」

　　烏鴉還是揚著脖子表示不服：「那就乾脆讓我到高聲部中去唱！」

　　烏鴉蠻橫的態度引起了大家的憤怒，齊聲批評牠無理取鬧、太不像樣……不講理的烏鴉一賭氣退出了合唱團，一邊向遠處飛去一邊還在不滿地嘟囔……

　　合唱隊中沒有了烏鴉刺耳的嗓音，歌聲變得格外和諧動聽，美妙悠揚。

　　這則寓言講的是職場中團隊精神的重要性。團隊發展是以互助合作為前提的，一個人的能力只有在最適合他的位置上才能得到最大的發揮。大多數時候，一個成員對自己能力的評估，與組織在特定的成長階段對成員的要求有很大的差別，這是客觀存在的尷尬。我們應該學會及時調整自己的心態，使自己適應環境而非環境適應我們。然而，在實際生活中，更普遍的問題是，成員個人的自我感覺往往與他人評價有很大的出入。

　　這裡的烏鴉就是這種類型。合作最忌諱的是自以為是，而「烏鴉」們的最大「特點」就是自以為是，總是自我感覺良好，覺得大材小用了。由於他們的自負，他們對被安排的任務總是不滿意；也由於他們的衝動，他們往往把這種不滿意宣洩在日常的工作中，於是對別人造成干擾，甚至耽誤整個團隊任務的完成。

　　一隻獅子和一隻狼同時發現一隻小鹿，於是商量好共同追捕那隻小鹿。牠們合作良好，當野狼把小鹿撲倒，獅子便上前一口把小鹿咬死。但這時獅子起了貪念，不想和野狼平分小鹿，於是想把野狼也咬死，可是野狼拚命抵抗，後來狼雖然被獅子咬死，但獅子也深受重傷，無法享受美味。

　　試想一下，如果獅子不如此貪心，而與野狼共享那隻小鹿，豈不就皆大歡喜了嗎？這個故事告訴人們：如果不遵守合作規則，到最後只會是「你死我活」或「你活我死」。因此，在團隊中，應該彼此互助合作，面對利益時與其獨吞，不如共享。

第六章　工作習慣—精誠合作，實現雙贏

私營企業要想做大，不能單打獨鬥，要有可靠的合夥人。一個無法合作的公司，永遠只會是個「小蝦米」，終有一天會被大魚吃掉。尤其對於私營企業來說，要想把企業做大，合作是最好的選擇。

「真沒想到，都是很好的朋友，可他現在居然另起爐灶。更生氣的是，因為我們之間沒有簽訂任何協議，明知道他這樣做損害了公司的利益，我卻拿他沒有任何辦法。」馬先生懊惱地對律師說。馬先生是一家私營企業的董事長兼總經理。公司的另一個發起人陳先生是專利技術的持有人。不想，在合作了 4 年之後，公司步入正軌、業績也開始上升時，陳先生卻提出要帶著技術另立門戶。

馬先生雖然十分氣憤，但也無可奈何，在沒有任何法律和協議保證的情況下，公司的運轉瀕臨癱瘓。而陳先生也有自己的道理：公司營運了 4 年，資產日益雄厚，可是從成立到現在，既沒分過紅，也沒有分到任何一點股權。作為技術入股，卻享受不到一點股東的待遇，他當然不甘心。現在有了更大的公司請他帶著技術去合作，條件優厚，他當然選擇離開。

創業者中類似這樣合合分分的事情似乎天天都在上演。之所以會出現這種情況，就是因為合作雙方無法達成雙贏的共識。俗話說，有福同享，有難同當，在合夥企業中尤其要如此。

在合作中，如果無法雙方共贏，而是只有一方獲利，這個合作一定是相當失敗的。因為這樣的合作只會是短期的，並且很難進行第二次。

合作貴在雙贏。也就是說賺了錢大家平分，就算不能平分，也要分得公平合理。讓大家都高興了，才能繼續合作下去。否則，如果一味損人利己，你自己吃肉，卻連骨頭都不讓人啃，其結果只會是走到散夥的境地。

【習慣處方】

雙贏是合作的基礎，長久的合作需要「雙贏」為保證。協作的任何一方，不贏反虧，或在合作中受到傷害，那必然會陷入「你死我活」的殘酷競爭中。永遠要記住，別人肯跟你合作，是為了得到好處。

眾人拾柴火焰高

　　如今的時代，不是你自己打造出團隊來，就是你就融入到團隊當中去。你只有在團隊中才能發揮最大的能量，創造出你最大的績效。無論你在企業中擔任什麼職位，你的每一項工作與他人的工作都有一個接點，這就意味著你的工作需要他人幫助。而要想得到別人的幫助，必須先去幫助別人，只有透過協作才能共同把工作做好。

　　當年，拿破崙帶領法國軍隊所向披靡，在進攻馬木留克城的時候，遭到了頑強的抵抗。馬木留克兵高大威猛，一個法國士兵根本打不過一個馬木留克兵。法國軍隊的前進遭到了頑強的抵擋。後來，法國人發現，兩個法國士兵可以打過兩個馬木留克兵，一群法國兵可以打過一群馬木留克兵。所以，法國士兵避免和他們單個人進行戰鬥，靠著互相協作，最終擊敗了馬木留克兵。

　　原來，馬木留克兵雖然強悍無比，但他們不重視合作，自己打自己的，同伴遇到了危險，也不去幫忙。而法國士兵重視合作，所以才獲得了勝利，這顯示了團隊精神的巨大力量。

　　一個團隊的戰鬥力，不僅取決於每一名成員的能力，也取決於成員之間的相互協作和配合，這樣才能均衡、緊密地結合成一個強大的整體。

　　工作中的每一個成員，就如同軍隊中的士兵，只有團結一致，矛盾出現的時候先「自我反省」，才能打一個又一個的「勝仗」，甚至長盛不

147

第六章　工作習慣—精誠合作，實現雙贏

衰。反之，若我們在工作中總是埋怨他人，想方設法把自身的責任推脫得一乾二淨，那麼結果只會人心渙散，「敵人」還未出現在我們的團隊面前，我們自己就先土崩瓦解了。

在現代職場，許多人信仰個人英雄主義，以為憑藉個人的力量就可以縱橫進退。這種沒有團隊意識、只顧開拓自己的成功之道的職場人士，不但難以取得成功，相反，他們往往業績平平，無法贏得馳騁職場的資本。在專業化分工越來越細、競爭日益激烈的現代職場，崇尚團隊合作，團結作戰，才是現代職場人士獲得成功的保證。

對於一個組織而言，如果組織中的成員只考慮自己的工作，而不去注意別人，很可能因協調不善而出現問題。尤其是對於流水線生產，每一個步驟的員工都是彼此相連在一起的，彼此之間必須有著高度的協作精神，這樣才能生產出高品質的產品。如果一個步驟出現了問題，就可能導致整個流水線出現問題。對於企業而言，這樣的損失是巨大的。一個有協作精神的員工，才能真正承擔起自己的工作責任，也才能真正做好工作。

在一個團隊中，協作對於員工來講也是責任，因為協作才能產生強大的戰鬥力，使自己的團隊在激烈競爭中獲勝。當員工只是想自己怎麼做才能做好，才能負起責任的時候，不妨環顧一下左右，看看是不是可以得到別人的幫助或者可以去幫助別人。事實上，找一個協作的夥伴，你們會把任務完成得更好。否則，事情便難以圓滿完成。

對於企業內部的員工而言，協作造就團結，這也是雙贏，是員工之間的雙贏。這種雙贏策略能夠增強企業的核心競爭力。團隊成員之間彼此負責任，才能彼此忠誠於對方。

團隊不僅給予了我們發揮才能的機會，同時也給予了我們創造成功的可能。我們在團隊中更容易達成我們的理想，因為團隊能夠為我們提供很

多我們個人所無法提供的條件。

團隊的分工更多的是對各個成員性格、才智、能力進行對比後產生的結果。你可能在這方面存在優勢，但是有可能他在這方面的優勢比你明顯，而這個位置又只需要一個人，這個時候，團隊選擇了他，而把你放到其他的位置。而決定把你放在這個位置，也一定是因為你在這一方面存在一定的優勢，存在著優於其他人的優勢。

團隊內部的分工，是各個員工能力和才能的呈現，但絕對不是比較各個員工能力高低的標準。對於這種員工，我們所採取的端正態度，應該是接受，並且全身心地投入到工作中去，把我們職責內的事情做好。既然把我們安排到這樣的職位上，我們就有義務把這個職位上所有的事情打理好。

對整個團隊負責，對團隊指派的工作負責，其實就是對我們自身負責，因為我們的利益是和團隊密切相關的。就好像水域的環境和條件，直接決定著生存在這一水域中的魚類的生存一樣，只有把所在水域的環境保持得盡可能好，魚類的生存才能夠更加有保障。

【習慣處方】

團隊不只是培植我們的理想，精心澆灌，等待它開花結果的試驗田，更應該是我們心靈的家園。那裡不但有我們的理想，不但有我們的努力，也有我們和志同道合者不變的友誼，也有我們與團隊共榮辱、共存亡的心。

第六章　工作習慣—精誠合作，實現雙贏

營造完美的團隊

秋天，當雁陣排成人字陣或一字斜陣飛過藍天白雲時，不知你是否想到這樣一個問題：大雁為什麼要整齊地列陣遠翔呢？莫非，牠們要向大自然展示自己的飛行藝術？

大雁當然不是在表演牠們的飛行技巧。牠們之所以採用這種飛行方式，是在長期實踐中所形成的最省力的群體飛翔形式。當雁群以上述形式飛行時，後一隻大雁的一翼，能夠借助於前一隻大雁鼓翼時所產生的空氣動力，使自己的飛行省力。當飛行一段時間、一段距離後，大雁們左右交換位置，是為了使另一側羽翼也能借助空氣動力以減緩疲勞。

由於大雁既有驚人的飛翔能力，又有令人嘆服的團隊精神，因而，牠們的兩翼似乎有了靈性，使牠們能夠以輕鬆自如的風姿進行長途飛翔。

你可能已經注意到，大凡胸懷大志並取得成功的人，多善於從自己的同伴那裡汲取智慧和力量，從同行那裡獲得無窮的前進動力。當今，人們為了獲得成功，單靠單槍匹馬的奮鬥已很難奏效，往往需要人才的兵團作戰。因而，你要想成為未來的成功者，就一定要有與人合作的好習慣，這是時代的要求，更是欲成大事者的必備素養。

如果哪個人仗著自己比其他人優秀而傲慢地拒絕與同事合作，或者找各種藉口，沒有合作意識，總是自己一個人在孤軍作戰，那是十分可怕的。

為了團隊健康成長，首先，你應與大家共享榮譽。如果一個專案做得漂亮，外界肯定會給予掌聲和關注，榮譽和利益也隨之而來。這時候，凡是出過力的人，你都要讓他們覺得「與有榮焉」，一同戴上成功的美麗光環。

其次，你要有團隊合作的精神。身為團隊中的一員，你應盡好自己的本分，與大家同心協力。團隊的成就，也就是你的成就，每個人都應拋開自我，一致為整體的目標奉獻心力。

営造完美的團隊

　　團隊不比個人，如果你是單獨的一個人，當然可以毫無顧忌，但在團隊中就不同了，上下左右、前前後後的關係都要協調好。當然，這對一個「自由」慣了的人來說，一開始會很難，但你必須走出這一步，否則，你只會永遠停留在孤獨、失敗的邊緣。

　　只要把大家的才華、技能、所學的知識、所受的訓練與所有的專長都集中起來，朝同一方面努力，任何事情都可以完成。

　　如果團隊的利益得不到維護，那麼個人的利益遲早也會喪失殆盡。因此，在工作中應該處處從大局出發，輕小利而重大義。只有這樣的人，才能組成偉大的團隊；也只有這樣的團隊，才能無往不勝、所向披靡。

　　個人勢單力孤，團結才有力量。只有與人合作，才能眾志成城，戰勝一切困難，產生動力前進，所以說合作是生存的保障實不為過。

　　一盤散沙，儘管它金黃發亮，仍然沒有太大的作用。但是如果建築員工把它摻在水泥中，就能成為建造高樓大廈的水泥板和水泥墩柱；如果化工廠的員工把它燒結冷卻，它就變成晶瑩透明的玻璃。單個人猶如沙粒，只有與人合作，才會造成意想不到的變化，成為不可思議的有用之材。

　　毫不誇張地說，合作已成為人類生存的技能。一個人只有學會與人合作，掌握這種能力，才能讓自己的事業不斷向前。

　　當然，與人合作並不等於一味地遷就別人。古人說：「君子和而不同。」合作講究的是求同存異、共同奮鬥，使雙方產生合力，適應工作的推進與發展。

　　工作中，個人與團隊的關係，是一個饒有趣味的話題。如同友情一樣，人與人的合作也是必須付出才能得到。在我們走向成功的征途上，會有許多的同伴，你需要他們的合作，他們也需要你的幫助。

【習慣處方】

當今，任何一個公司都不可能由一個人去完成所有的事情。只有員工與員工之間緊密配合，團結一致，才能取得成功。

適度休息，高效工作

在一家林場，有個伐木工人找到一份伐樹的工作。由於薪資優厚，工作環境也相當好，伐木工很珍惜，也決心要認真努力地工作。

第一天，老闆交給他一把鋒利的斧頭，劃定一個伐木範圍，讓他去砍伐。非常努力的伐木工人，這天砍了 18 棵樹，老闆也相當滿意。他對伐木工人說：「非常好，你要繼續保持這個水準！」

伐木工聽見老闆如此誇讚，非常開心，第二天工作得更加賣力。但是，不知道為什麼，這天他卻只砍了 15 棵樹。

第三天，他為了彌補昨天的缺額，更加努力砍伐，可是這天卻砍得更少，只砍了 10 棵樹。

伐木工人感到非常慚愧，跑到老闆面前道歉：「老闆，真對不起，我不知道為什麼，力氣好像越來越小了。」

老闆溫和地看著他，接著問：「你上一次是什麼時候磨斧頭的？」

伐木工望著老闆，詫異地回答說：「磨斧頭？我每天都忙著砍樹，根本沒有時間磨斧頭啊！」

停下來磨磨斧頭，是為了能更快地砍伐樹木。伐木工人不懂這個道理，只顧埋頭工作，結果自己累得精疲力竭，工作卻越做越差勁。工作懶散是遭人唾棄的，於是很多人就養成了「勤奮」工作的習慣，但是他們的勤奮過了頭，反倒把自己的生活弄得一團糟。

別以為不停地工作是成功的前兆，是人生的優點，是勤奮的外在表現。其實，工作與休息是相得益彰的，而且工作的同時，還需要有時間思考。

一家服裝廠的老闆胡先生，是一個非常勤奮的人。對他來說忙碌工作已經成為了他的習慣，下屬們都在背後說他是工作狂。這位胡先生，從早到晚埋頭工作，批改文件、處理訂單……他相信天道酬勤，自己的辛勞一定會得到厚報。但最近他的心情很不好，因為不知為什麼銷售額大幅下滑。在與他的老客戶，也是老朋友談生意時，他說起了自己的煩惱。

老朋友遲疑了一下，從口袋裡拿出一場服裝秀的門票遞給他，胡先生很不高興地接過票：「你在搞什麼？這種時候，我忙都忙不過來了，哪有閒功夫去看模特在臺上走來走去呀？」

老朋友搖了搖頭：「你就是這點不好，滿腦子就只想著工作，你的問題就出在這裡。看看你，每天忙得頭昏腦脹，只知道批改文件、看訂單。你最需要的就是休息，它讓你保持頭腦清醒，讓你有時間去思考一下發展的問題。說實話，你的服裝已經落伍了，這就是忙碌工作的結果。老朋友，不要把自己弄得太忙，留些時間，萬事都要思考周到才是。」

這番一針見血的話點醒了胡先生。他去觀看了那場服裝表演，試著分出一些時間來休息，來思考，當工廠的銷售額節節上升時，他才發現自己以前其實一直在做著「事倍功半」的傻事。

懶散的習慣雖然要不得，但太「勤快」了也未必是什麼好習慣。記得李宗盛曾在一首歌中這樣唱：「忙，忙，忙，忙得沒有了方向，忙得沒有了主張……」其實只顧低頭忙碌的人，就像一個被抽打而轉動著的陀螺，陷入了不清楚自己該做些什麼的狀態裡，忙得沒有一點意義。

不花時間思考、只顧埋頭工作，這樣的習慣只會讓事倍功半的情況不

第六章　工作習慣—精誠合作，實現雙贏

斷髮生。多花一點時間準備，多花一點時間增強實力，你才能事半功倍，把工作做得更好。

工作的時候便努力工作，放鬆的時候便完全放鬆，這是效率、快樂和健康三者合一的最好的公式。

許多人對愛迪生旺盛的精力感到非常驚奇。他常常可以長時間地工作而不用休息。他之所以能夠這樣做，完全是因為他能充分利用短時間來做完全的休息。他常常晚上在實驗室裡工作到凌晨三四點，睏了就趴在實驗室的桌上，用兩本書做枕頭睡覺。一刻鐘或半小時之後醒來，然後異常清醒地繼續投入工作。

經過短期間的休息後，他又能繼續長時間的工作，直到他做完，因為他一旦開始一項工作，沒有做完之前是不肯放鬆的。然後才長時間休養一下。

有一次，他連續不斷地工作了 60 小時，接著足足睡了 36 個小時。愛迪生知道怎樣工作，也知道如何放鬆。這兩者是分不開的。

小寐並不是唯一的休息方法。凡是工作很重的人都必須有許多不同的方法來做短時間的消遣。這些消遣就是休息和恢復精神的方法，它們的功效差不多和沉沉的睡眠一樣的好。

一般來說，消遣的方法越是童貞，其恢復身心的功效也就越強。拿破崙最喜歡的遊戲就是裝作盲人一頓亂打。

每個人都有自己的消遣方式。不論是站起來在辦公室裡走一走、眺望一下窗外的風景、沿街散散步、講一個幽默故事、玩玩具等，都要依各人的個性所好。你用的是哪一類方法並沒有多大關係，關鍵在於你必須做一點事來鬆弛緊張的神經。沒有一個人能夠不斷地工作而不需要消遣。如果無法找到有規則的消遣，要不了多久，你便會感覺四肢乏力，以為自己腐朽無用了。

　　選擇最適合於你的消遣方法，當在你感覺神經太緊張、事情很煩人或是感覺疲倦的時候，隨時地做一做，你一定會驚奇它的魔力，它可以帶來輸送新鮮的活力。

【習慣處方】

忙碌的工作不是最好的生活。如果你是工作狂，那麼最好馬上改正。不要充當工作機器，不要一股腦地往前衝，留點時間休息一下，或停下腳步重新評估、審視，這樣你才不會衝過了頭，一頭栽進失敗的陷阱裡。

沒有完美的個體，只有完美的團隊

　　一隻老鷹的翅膀上生長著一根非常絢麗耀眼的羽毛。在眾多的羽毛中，這根羽毛與眾不同，每時每刻都閃閃發亮，耀眼奪目，令其他羽毛羨慕不已。它自己也常常得意洋洋，擺出一副不可一世的樣子。

　　有一天，亮麗的羽毛意氣風發地對其他羽毛說：「老鷹展翅飛翔時看起來如此威風，還不都是因為有我參與！」其他羽毛聽罷都低聲附和。又過了一段日子，那根漂亮的羽毛更加自以為是地對其他同伴說：「我的貢獻最大了，沒有我的話，老鷹哪裡能夠一飛衝天呢！」

　　漂亮的羽毛整天陷在自傲自負的泥沼裡，無法自拔，終於它孤傲且目中無人地對大家宣布：「我覺得老鷹已經成為我人生沉重的負擔，要不是牠碩大無比的軀體重重地壓著我，我一定可以自由自在地飛翔，而且會飛得更遠更高。」說完，它就使出渾身解數，拚命地脫離老鷹，最後它終於如願以償從老鷹的翅膀上抖落下來。在空中沒多久，那根羽毛就無聲無息地落在泥濘的土地上，從此再也無法飄揚遠飛了。

　　團隊是由一群有缺點的人構成，因為沒有哪一個個體是完美的，只有

第六章 工作習慣—精誠合作，實現雙贏

總體搭配起來，才能夠發揮出團隊的最大力量。如果你認為自己很完美，可以脫離團隊獨自行動，那你最終的結果只會像那根羽毛一樣，落進泥濘無法自拔。

在工作中，如果你不想落後，就應該和你的團隊保持一致，這樣你個人會有一個上升的空間。當我們與團隊想法保持一致時，我們可能要忘掉自我，改變生活習慣，改變做事風格，改變思考方式，甚至改變性格。

在強調團隊精神的時候，每個人應該把自我忘掉。

一個球隊在比賽中獲得了成功，是誰的功勞呢？是投球人的功勞嗎？是，那我們來看一下，傳球的人有沒有功勞，當然也有功勞。教練有非常大的功勞，甚至於幫這個球隊改善伙食的人，都有自己的一份功勞。因此，團隊的成功是大家共同付出的結果。如果人人都想逞英雄，沒有協同作戰的精神，那麼團隊就無法成功，個人也得不到榮譽。

現代企業已經深刻意識到，合作在團隊中的重要性，因此都把能否「崇尚團隊合作」當作重要的衡量標準。無法與同事友好的合作、沒有團隊意識的人，即使有再好的能力，也難以把能力徹底在工作中發揮出來。

Yahoo 公司的面試採用座談的方式。主考官要在數以千計的履歷中初步篩選出符合條件的人。在面試時，每位應徵者像開座談會一樣和主考官圍坐在一起。主考官先發給每位應徵者一份考題，題目包含自我介紹，對公司的了解，如果被選中將如何面對以後的工作等。

主考官會給應徵者一段準備時間，接著要求應徵者用英文在規定時間內回答考題中所包含的內容，在每位應徵者上臺演講時，其他應徵者為其評分，最後主考官將每位的評分情況進行整理並排出先後次序以決定最後結果。對於應徵者而言，掌握「生殺大權」的並不是主考官，而是他們的競爭對手。

這種面試的目的在於能夠發現應徵者是否合群，是否善於和他人溝通。也就是說，你需要贏得所有應徵者的好感，因為其中也有你未來的同事。有些應徵者演講內容很優秀，但由於過於表現自己反而不討好。由應徵者打分最高的人也就是公司要找的適合人選。

團隊不僅強調個人的工作成果，更強調團隊的整體業績。透過成員的共同努力，才能得到實實在在的成功果實。這就需要團隊成員之間、成員與集體之間建立良好的互信關係。

團隊成員把注意力集中在共同的目標上，而不是其他可能導致不和諧因素的問題上，團隊就會齊心協力，成為一個強有力的集體。

【習慣處方】

任何個體都存在自身的不足，而由個體組成的團隊可以在個體的不足之處形成互補，實現完美的組合，從而在達到團隊目標的同時，也可以達到個體的目標。

集中精力於所做的事

成功不但要有理想，還要能腳踏實地地去工作，一個人如果眼高手低，不從實際出發，只懂得沉浸在宏偉的夢想裡，那就叫做好高騖遠。一個習慣於好高騖遠的人，是不會有未來可言的。

何俊偉畢業於名牌大學，能言善辯、才華洋溢。在某公司的應徵場合，公司老總對他印象極深刻。當時，他應徵的職位是銷售總監，見多識廣的老總也被他的雄心壯志嚇了一跳：一個初出茅廬的年輕人居然敢應徵這麼高的職位，是真有過人之才還是太狂妄？

在長達近一個小時的面試時間裡，年輕人舌燦蓮花地講述了自己對工

第六章　工作習慣—精誠合作，實現雙贏

作的構想，聽得老總直點頭。最後，老總錄取了他，讓他先到銷售部擔任助理的工作，先從基層鍛鍊一下，再慢慢升遷，其實這也是對他的試煉。

可惜年輕人卻未能體會老總的良苦用心，覺得讓自己當助理簡直就是大材小用，決策型的人才被白白浪費了。因此，對於分給他的「小事」，他根本就不曾用心去做。實用的知識、技能，他也不看在眼裡。就這樣浪費了 5 個月後，有一次表現的機會：全權舉辦一個促銷活動。他覺得這只是小菜一碟，馬上就開始籌備。

沒想到看得容易實作難，他不知道怎樣培訓推銷員，不知道怎樣和商場溝通，不知道怎樣布置會場，不知道……一個星期後，看著他交上來的慘淡的「成績單」，老總嘆了口氣：「我以為找到了良將韓信，沒想到他其實是只會紙上談兵的趙括。」年輕人很快就被公司辭退了。

有些人總是有很高的夢想，但他們卻無法腳踏實地地實現夢想。他們不屑於眼前的這些小事，旁人在他們眼中，也大多是一群庸庸碌碌之輩，談不上有什麼共同語言。但在最初交往時，人們往往會被他們表面的雄心壯志所迷惑，老闆也會認為他們是難得的棟梁之材。

事實上，他們眼高手低，大部分時間都沉浸在自己宏偉的夢想中。長此以往，他們不能也不會做出什麼成就，曾經的雄心壯志難免會變成同事們茶餘飯後的笑料。除非他們幡然悔悟、奮起直追，否則，等待他們的往往是慢慢沉淪，或者跳到其他的公司去繼續發牢騷。即使這樣，同樣的悲劇也難免再次上演。

好高騖遠的工作習慣，對你有百害而無一利。它會讓你變得浮躁，讓你變成一個空想家。為了不讓好高騖遠的習慣毀了你，你就必須踏踏實實地去工作。

一位老師講了一個故事給他的學生。

一隻狗追著老鼠進了森林。危急時刻，老鼠穿進了樹洞裡。樹洞只有一個出口，狗就守在洞口。

突然，從樹洞裡鑽出一隻兔子，兔子被狗嚇得躥上樹，樹上正好有一窩松鼠，松鼠又被兔子嚇得亂竄，結果不小心從樹上掉下來，把狗砸暈。

故事講完後，老師就說：「你們有什麼要問我的嗎？」

學生就七嘴八舌地說了起來：有的說兔子不會爬樹，有的說松鼠那麼輕，怎麼能把狗砸暈呢？……

平靜下來之後，老師笑了，說：「同學們，有一個重要的問題為什麼沒有人問我呢？那隻老鼠去哪了？別忘了狗一開始就是為了追老鼠才進的森林呀！」

在面對誘惑時，便忘記了初衷，不僅是孩子，很多大人也會犯類似的錯誤：他們在工作之初還能把握自己的目標，但當誘惑出現時，他們就開始分心了。這種習慣使得他們不能集中注意力做好手上的工作，不是耽誤了時間，就是錯過了機會，結果很難得到他們想要的東西。

不能緊緊盯著自己追求的目標工作，也就無法專心致志地做手頭的事，結果便大大地降低了工作效率，影響了目標的順利實現。因此，一個人在做一件事時，不能同時想著另一件事，而應該把注意力集中在此時此刻所發生的事上。要清除頭腦中那些分散注意力、產生壓力的想法，排除分散注意力的人和事情的干擾使你的思維完全集中到當前的工作狀態。

羅洪是個很有才能的人，但卻總是無法成功。他大學時學的是經濟管理，畢業後在出版社做了幾年。後來，他又跑出去自己創業，開了個諮詢服務公司，為客戶做財務產品、銷售、存貨等諮詢服務。

羅洪勤奮工作，總能提供客戶有價值的建議。更難得的是，他還會主動地去發掘問題，讓客戶未雨綢繆。這樣一段時間以後，他的諮詢公司名

氣漸漸響亮了起來。他的同學都說，羅洪將會成為他們中的第一個大老闆，羅洪自己也頗為得意。

然而，好景不長，一年後羅洪的公司就解散了！原來，羅洪剛有了些閒錢，就迷上了影視製作，決定投資一部電視劇。當時，朋友們都勸他：「諮詢服務剛起步，又做得很不錯，應該把精力都集中在這上面，沒事投資什麼電視劇啊！這不是不務正業嗎？」但羅洪卻什麼也聽不進去，最後電視劇拍得亂七八糟，錢卻全賠進去了，而他的諮詢公司也因員工集體辭職，失去信譽而解散了。

羅洪在開始的時候，還雄心勃勃地要在諮詢業闖出一片天地，但他碰到更刺激的影視製作後，就偏離了目標。不務正業的結果就是一無所有。

不務正業的習慣，使人總是被閒事所糾纏，弄得筋疲力盡，心煩意亂，無法靜下心來做該做的事，很多人就是因為難以擺脫這個習慣，而一生碌碌無為。

【習慣處方】

不務正業的習慣會使你被外界的干擾所困惑，而難以自拔，白白浪費大好時光，到頭來空留遺憾。實現未來夢想的第一步，就是把當前的工作盡力做好，然後再滿懷信心地去做下一個。

理性面對同事間的摩擦

對於職場中人來說，每天和我們相處時間最長的人是誰？不是另一半，不是父母，而是同事。早上一睜開眼，便急急忙忙趕去與同事見面；直到夜幕低垂，才滿臉倦意地互道「再見」。同事，顧名思義，就是一起做事的人。假如事情完成得不好，那叫事故；事情完成得好，就成為了事業。

　　兩年前，羅蘭取得祕書培訓，應徵到一家公司從事行政助理的工作。因為沒什麼工作經驗，她最初工作起來總是手忙腳亂。

　　同事艾艾在公司已經快 5 年，算是老員工。羅蘭就總找機會向她請教處理事情的方法，並且在她的指點下很快進入工作狀態。慢慢地，她們也成為無所不談的好朋友。可是有一天，公司突然要從她們兩人中選一名當總裁助理，這不僅意味著在公司的地位、待遇都會大幅度提升，同時也會相應地擴大職場的升遷機會。最終，羅蘭勝出成為總裁助理。

　　羅蘭成為總裁助理以後並沒有忘記艾艾對她的幫助。她還一如既往地與艾艾相處，但艾艾每次見到羅蘭都客氣了很多，也疏遠了很多。為了改變這種狀況，羅蘭約了艾艾一起吃晚飯，先對她說了些感激之詞。艾艾消除對羅文的戒心後，又跟艾艾探討了很多工作上的事情，譬如怎樣和總裁相處，又如何對待下級等等。

　　從此，兩人的關係又恢復到了從前的親密。

　　羅蘭新入行，找到人品好、威信高、心地善良的艾艾作為領路人，這為其後來的順利晉升打下了好的基礎。而晉升後的羅蘭也並沒有因為自己職位的升高而對艾艾故作姿態，而是把自己放在與艾艾平等的位置與其來往，既為自己贏得了朋友，也為順利開展工作做好了鋪墊。

　　在工作當中，同事之間產生摩擦是不可避免的，但身為一個聰明的員工，應當懂得如何把這種摩擦降至最低限度，並把競爭導向對自己有利的方向。

　　西方有句話：「你希望別人怎樣對待你，你就應該怎樣對待別人。」這句話被大多數西方人視作是工作中待人接物的「黃金準則」。真正有遠見的人，不僅善於在與同事一點一滴的交往中為自己累積「人緣」，更擅長減少與同事之間的摩擦。

第六章　工作習慣—精誠合作，實現雙贏

　　聰明人在與同事交往的過程中，從不會把話說死，說絕，說得自己毫無退路可走。例如「我永遠不會處理你所搞砸的那些愚事」，「誰像你那麼不開竅，要我幾分鐘就做完了」。如此種種，誰聽了都不會痛快。人人都最愛惜自己的面子，而這樣絕對的斷言，只會傷害對方的自尊心，結果就是同事關係緊張。所以，我們要想擁有和諧的同事關係，一定要懂得留面子給同事，這一點非常重要。

　　王林和馬寧是關係很好的同事，可最近卻關係緊張，大有「割袍斷義」之勢。辦公室裡的同事都紛紛猜測兩個人之間一定發生了非常嚴重的事情。而事實上遠沒有想像的那麼嚴重，他們只是為了一個鈕扣而已，一個最多價值幾塊錢的鈕釦。

　　事情的起因是這樣的：馬寧新買了一套非常滿意的高級西裝。沒想到，剛穿不到一週就丟了一個鈕扣。惋惜之餘，他偶然發現整日掛在洗手間不知是哪位清潔工的工作服上的扣子，與自己丟失的鈕扣簡直如出一轍。於是，馬寧遂乘人不備悄悄地扯下了一粒，並得意地將此「妙計」告訴了王林。

　　不料某一天，王林竟然在大庭廣眾之下把這件事說了出來，讓當時在場的人都笑做一團，而馬寧也終因太沒面子而惱羞成怒，當時雖沒說什麼，但心裡卻對王林記恨了起來。就這樣，馬寧慢慢地與王林疏遠了，到最後，兩人見面都形同陌路。

　　保留他人的面子，這是何等重要的問題！我們常喜歡拿別人的小失誤、小馬虎開玩笑，以為這沒什麼大不了。但卻不知，就是在這不經意的玩笑中，卻沒有考慮到是否傷了別人的自尊心。其實，只要多考慮幾分鐘，講幾句關心的話，為他人設身處地想一下，就可以緩和許多不愉快的場面。縱使別人犯錯，我們也要寬恕別人，為其保留面子。

留面子給別人，其實也就是留面子給自己。言談交往中少用一些「絕對肯定」或感情色彩太強烈的語言，而適當多用「可能」、「也許」、「我試試看」和某些感情色彩不強烈，褒貶意義不太明確的中性詞，以使自己「伸縮自如」是相當可取的。

【習慣處方】

同事之間因為存在著利益衝突，有摩擦也不可避免。也許會有個別同事對你嫉妒，看你的笑話。你要學會寬容，盡量化解這種衝突，而不是激化它。同時還要提高警覺，小心謹慎，在做事時要盡力而為，盡量避免出現差錯。

馬虎輕率容易誤事

有製麵廠曾花巨資從日本一家廠商引進一條掛麵生產線。作為附帶合約，隨後又花新臺幣 90 萬從日本購進 1,000 卷重 10 噸的塑膠包裝袋。而塑膠包裝袋的袋面圖案由製麵廠請人設計。

樣品設計好後，經製麵廠與經貿機械進出口公司的人員審查，交付日方印刷。幾個月後，當這批塑膠袋漂洋過海運抵達時，細心的人們發現有點不對勁，仔細一看，當時全傻了眼。原來，每個塑膠袋的袋面圖案上的「烏」字全都多了一點，變成了「鳥」字，烏市變成了「鳥市」。

後來，經過多方調查，發現原來是製麵廠的設計人員一時馬虎，把設計樣本影印錯了，而進出口公司的人員檢查時也一時大意沒有發現。也就是這一點之差，讓價值 90 萬元的塑膠袋變成了一堆廢品，造成公司損失嚴重，相關人員都受到了嚴厲的處分。

試想，如果設計人員細心一點，謹慎一點，進出口公司的審查人員再

第六章　工作習慣─精誠合作，實現雙贏

認真一點，多檢查一次，又怎麼會讓這90萬元付之東流呢？

　　馬虎所帶來的危害還有更嚴重的：不經意拋在地上未滅的菸蒂，可以讓整幢樓化為灰燼；調度員看錯兩分鐘，使兩輛滿載乘客的列車高速相撞，很多原本幸福的家庭妻離子散；醫生的一時粗心，把手術鉗留在病人體內，結果讓病人備受痛苦，醫生前途無「亮」……

　　某報社曾有個年輕的記者，在報導某企業當年的績效時，因為一時的馬虎把「千」字錯寫成了「萬」字。結果，新聞在報紙上登出後，當地的稅務部門立刻找到這家企業的老闆，嚴厲批評他們說：「你們公司隱瞞實際收入，企業偷稅漏稅，現在必須補交稅款！」

　　老闆聽了之後感到十分奇怪，因為公司確實是按實際收入交稅的，沒有任何隱瞞收入的違法行為，於是就與稅務部門爭辯。

　　稅務部門人員說：「你們還拒絕承認，更應該加重處罰，你們說沒有隱瞞收入，但是報紙上已把你們的收入登出來了，與你們上報的出入太大，你們還不承認？」

　　老闆沒辦法，只得找來報紙，並協助稅務部門重新核查帳務，結果才發現是那個記者的馬虎所致。

　　記者的馬虎粗心，讓這家公司惹上麻煩，幸好沒有造成損失，解釋清楚就可以了。然而很多時候由馬虎粗心所造成的損失是無法補救的。所以，如果你有馬虎的習慣，就要盡快糾正過來，否則說不定什麼時候，它就會讓你吃大虧。

　　有這樣一句諺語：我們可以躲開一頭大象，卻躲不開一隻蒼蠅。

　　當然，許多小事也確實易於被人疏忽，這就需要我們平時的努力。只有當我們在意識中對它們有充分的警戒心，就能夠注意並克服掉馬虎粗心的惡習。時刻對馬虎輕率保持高度的警惕心，並養成細心嚴謹的工作態

度，時間長了就會形成細心嚴謹的工作作風，進而形成良好的習慣。

有的人可能會說：「我生性就是粗枝大葉，馬虎粗心是天性所致，我也不想這樣，可是我很難做到細心謹慎，怎麼辦呀？」

其實，完全不必擔心，世上沒有十全十美的人，即使是那些功成名就的偉人，他們一開始也是有這樣那樣的缺陷的。有了缺陷不可怕，只要改掉就行，而且他們也都是這樣做的，最終成就了自己的一番事業。

有時候，不要認為你自己無法改掉這種惡習，如果你總是這樣想，它就成了你堅持錯誤的藉口。如果你不想也不去改掉這種惡習，你就當然無法成功，因為馬虎輕率是成功的致使殺手，它不但會讓你失去未來的成功，甚至毀掉你已經取得的成就。馬虎輕率只要瞬間的過程，而你以前的成就卻是辛辛苦苦奮鬥了多少年的結果。

因為馬虎粗心，你就不可能在工作中做到精益求精，盡善盡美。儘管從客觀來說你工作確實很努力，很敬業，但是你的工作成果卻總是不能讓人滿意，總是與目標之間有一點點差距，而這個差距只要你再付出一點點精力和努力就能達到，而你卻沒有做到。

長此以往，你的上司就會對你失望，對你不信任不放心，甚至懷有戒備之心。想想你在公司還有發展的前途嗎？還有出頭之日嗎？更嚴重的是，你能否保住這個工作都是一個未知數。不管粗心是天性所致也好，是後天養成的惡習也罷，只要你是追求成功，擁有遠大理想的人，只要你下定決心，相信自己，就一定能夠克服這個壞毛病。

【習慣處方】

馬虎不但會讓你不能繼續獲得成功，甚至還會毀掉你已經取得的成就，所以你一定要修正馬虎的習慣，這樣你的前途才會一片光明。

不要總為自己的失誤找藉口

初入職場的新人，犯錯不可怕，可怕的是對錯誤無法意識到錯誤。如果你是因為業務不熟悉而犯錯，除了承認之外，跟部門上級和資深同事多多請教是最好的辦法。如果因你而失去了客戶，這時你更要誠懇地檢討自己的言行，承認自己的錯誤。千萬不要犯了錯誤還拚命找藉口，那樣人家就該懷疑你的原則了。

馬克是某外貿公司的採購員，一次他和泰國貨商簽完了訂貨單後，泰商又向他展示了一款草編涼帽，樣式優美別緻，夏季一定會受到女士的青睞。馬克非常想訂下來，但他卻發現自己犯了個錯誤：他沒有一次性在帳戶裡存入足夠的錢。他的主管是個非常嚴厲的人，該怎麼向上司要錢呢？

他找到主管簡單地說明情況，並承認了自己的失誤，出乎意料的是，主管沒有責備他一句，還很乾脆地提供他一筆資金。後來草帽果然大賣，馬克因此受到稱讚。馬克找到主管，他想知道，為什麼主管願意幫助他。主管嚴肅地說：「因為當時，你只是很乾脆地說『我錯了』，沒有推卸責任，沒有找藉口，因此我相信你一定會把事情做好！」

面對自己的失誤，馬克沒有推脫藉口，而是勇敢地承認了自己的錯誤，結果他得到了主管的信任。承認錯誤就代表你會努力改過；而推脫藉口，則表示你還要繼續粉飾你的錯誤。藉口推脫的習慣，會把你推到失敗的邊緣。

每個人都可能出現失誤，如果你能夠大聲地說：「我對這件事負責！」然後再想辦法補救，別人就會對你信心大增；相反，如果你只是一味地逃避責任，用諸多理由來為自己卸責，漸漸的，你就會陷入惡性循環：藉口 —— 失敗 —— 藉口，逃避 —— 懦弱 —— 再失敗，悲哀地陷入萬劫不復的困境。

我們可以從以下兩個事例中，看看推脫藉口的習慣帶給人的影響。

3個月試用期的第1個月，張松所在的銷售部門就出了一起生產責任事故：因為錯過了發貨的最佳時機而造成公司2萬元的損失。損失雖然不大，但按照公司的規定，是要追究責任的。

在處理這件事的會議上，張松客觀地分析了發生這次事故的原因，主動承擔了自己應該承擔的責任，並且對以後如何避免這種情況的再次出現提出了自己的意見。

他積極的態度贏得了公司領導層的信任。所以，他順利結束了自己的試用期，也為自己在公司的下一步發展奠定了良好的基礎。

李強做事幹練果斷，有衝勁。到一家中德合資公司上了半個月的班後，經理讓他參加與一個大客戶訂單，意圖很明顯：讓他有機會歷練。

簽單前，對方徵詢李強這方對專案還有何建議。其他人都搖頭，只有李強站起來發表意見，指出對方在協議書上的多處紕漏，其實這些小紕漏並不會因此造成不良影響。而且他的語氣很尖銳，讓對方代表幾乎都坐不住了，最後大家不歡而散。

李強出言不慎，致使談判失敗，經理非常生氣。

事後，李強找經理為自己的行動找藉口，說自己指出協議書的紕漏是為公司著想，並沒有犯錯；自己語氣尖銳是因為對方有意欺騙公司，自己對對方的行為非常氣憤……經理更加生氣，當即宣布李強結束試用，提前走人。

英國人哈羅德‧埃文斯（Harold Evans）說：「在我看來，一個人是否會在失敗中沉淪，主要取決於他是否能夠把握自己的失敗。每個人或多或少地都經歷過失敗，因而失敗是十分正常的事情。你想要取得成功，就必須以失敗為階梯。換言之，成功包含著失敗。關於失敗，我想說唯一的一

第六章　工作習慣—精誠合作，實現雙贏

句話就是：失敗是有價值的。」

「正因為如此，我才勇於對自己的失敗負責。這麼說，並不是指我必須受到責備，也不是指我會承認自己有罪。不，失敗從來就不是什麼罪行。而我勇於對自己的失敗負責，只是表示承認這種失敗是由於我個人的原因而造成的。這也是一種責任心。如果我千方百計地為某次失敗尋找各式各樣的解釋，如果我絞盡腦汁地試圖證明某次失敗是正當的，或者，如果我覺得失敗是有害的，我就會失去這種責任心。一旦失去了這種責任心，我就無法取信於人，甚至無法取信於自己了。而一旦能容納自己的失敗，我就會變得比失敗更強大。」

任何一個人在追求人生勝局時，必然面臨挫折，從挫折中汲取教訓，是邁向成功的踏腳石。真正的失敗是犯了錯，卻到處找藉口為自己辯解，而不去分析失敗的原因，並從中汲取教訓。

如果一個人在生活和工作中養成推脫藉口的惡習，就沒有勇氣面對那些工作中的失敗和挫折，而這些失敗和挫折很大程度也是因為他們的壞習慣而產生的。他總是會繼續找藉口替自己開脫，企圖原諒自己。

一個人如果無法正確地認識自己，繼續粉飾自己的過錯，原諒自己，以外界環境的不利來寬慰自己的失敗，挽回自己脆弱的面子和可憐的自尊，他也就堵死了檢討錯誤的道路，離成功越來越遠了。

【習慣處方】

在工作中，我們絕不輕易原諒自己的每一次差錯。不為失敗和過錯找藉口，不斷地從失敗中汲取經驗和教訓，這樣我們才能做好自己的工作。

投機取巧只會自食其果

趙顥是一家大公司的高階職員，平時工作積極主動，表現很好，待人也熱情大方。但有一天，一個小小的動作卻使他的形象在同事眼中一落千丈。

那一次是在會議室裡，當時好多人都等著開會，其中一位同事發現地板有些髒，便主動拖起地來。而趙顥身體似乎有些不舒服，一直站在窗臺邊往樓下看。突然，他走過來，一定要拿過那位同事手中的拖把。本來差不多已拖完了，不再需要他的幫忙。可趙顥卻執意要求，那位同事只好把拖把給他。

剛過半分鐘，總經理推門而入。趙顥正拿著拖把勤勤懇懇、一絲不苟地拖著地。這一切似乎不言而喻了。從此，大家再看趙顥時，頓覺他很虛偽，以前的良好形象被這個小動作敗壞殆盡。說來也巧，在參加會議的眾多職員中，有一個剛好是總經理的親戚。結果不用說了，趙顥以後再也沒被重用過。

趙顥因為耍「小聰明」而被老闆「冷凍」了起來，他為他的「聰明」付出了高昂的代價。其實，生活中還有很多趙顥式的人，他們養成了在工作中投機取巧的習慣，認為只要老闆在身邊的時候表現出色就可以了，老闆不在，又何必拚命呢？像這種「聰明人」只會一時得利，他們的「聰明」遲早會害了他們自己。

上學時，朱軍是一個很活躍的人，一直被朋友們十分看好。可是讓朋友們吃驚的是，都畢業幾年了，朱軍還是經常上產業人力供需資訊網。而讓朋友們大跌眼鏡的是上學時默默無聞的周穎，此時已經成為一家日常用品公司擔任市場總監。

這是怎麼回事呢？讓我們先看看他們這幾年的工作經歷。

第六章　工作習慣—精誠合作，實現雙贏

　　離開學校後，朱軍應徵做了一家飯店的大堂經理。由於愛耍些「小聰明」，他剛開始挺受重用。可過不多久，他的那些技倆就被一一拆穿，老闆馬上就將他「冷凍」起來。無奈之下，朱軍只好捲鋪蓋走人。

　　之後，朱軍又進了一家中德合資企業。德國人嚴謹實作的作風當然又是朱軍無法「忍受」的。

　　朱軍後來又在新加坡人、日本人、美國人……的公司工作過。這幾年，朱軍的老闆都可以組成「地球村」了，可朱軍卻還是在職場遊蕩。

　　周穎則不同。大學畢業後，他就進了這家公司的銷售部。之後，他勤奮工作，默默地累積工作經驗。他對行業渠道的熟悉程度使上司很是賞識，對公司產品更是了然於胸。他的才能很快得到上司的肯定。當該公司中華地區市場總監的位子空缺時，公司總部就讓他頂了上去。

　　他們的經歷真像某位大學生所說的：「畢業以後，我們發現了彼此的不同，水底的魚浮到了水面，水面的魚沉到了水底。」

　　在我們的周圍，很多人本身具有達到成功的才智，可是每次他們都是與成功失之交臂，於是覺得老天對他不公平，怨天尤人。其實，他們有沒有認真地檢討過自己呢？總是不願意踏踏實實地去做好自己的本職工作，總是期望很多，付出很少，內心裡不屑於去做他們心中的「一般的小事」，認為他們被大材小用。

　　認為是小事，就開始耍起小聰明，投機取巧，得以矇混過關。但他們有沒有靜下心來想過：他能蒙得過一次、兩次，能總是混過去嗎？一旦讓老闆察覺，就會留下極壞的印象。建立一個好的印象需要長期的考察，而壞印象卻在一瞬之間。而且壞印象的改變是很難的，猶如一張白紙，整張白紙的白不如上面一個墨點的黑讓你印象深刻。

　　即使老闆這一次原諒了你，但是老闆以後就可能不再信任你，因為你

的人格在他的心目中已經打了一個折扣。所以，總有人覺得與成功無緣，總是怨天尤人，抱怨老闆不識人才，只把零碎小事交給他們，不讓他們有機會施展才華。其實，真正的原因不是老闆不給他們機會，而是他們自己把機會拒之門外。在老闆的心中，他以往的投機取巧已經被打上不踏實、不可靠、不能委以重任的印記。在一個公司中，如果再也沒有機會從事重要業務，何以談將來？何以談前途？

投機取巧的習慣對你有百害而無一利，任何一個老闆都不可能永遠被你的「小聰明」矇騙住。一分耕耘，一分收穫，踏踏實實地工作才能成就你的事業。

> **【習慣處方】**
> 那些做事只想投機取巧的人，只會是落得個搬起石頭砸自己腳的下場。如果你能一步一個腳印地工作，用心地做好每一件事，那麼你就可以把自己帶到明天的最佳位置。

占小便宜，吃大虧

有一位國際貿易專業的畢業生，畢業後在一家航空貨運公司裡做報關、跟單等工作。他利用業餘時間「攻」下了極難透過的報關員資格考試。幾年下來，他就對公司的整個業務流程非常熟悉了，並且在海關與幾家大客戶建立了良好的人脈關係，工作上一帆風順。

漸漸地，那些瑣碎的具體工作已經無法讓他產生更大的滿足感，而且自從有了那個金字證書之後，公司那微薄的薪水早已讓他產生了「叛逃之心」。有同事告訴他，在他們這個行業中，像他這樣擁有報關員資格和良好業內關係的「熟手」，絕對應該是業內的搶手人才。

171

第六章　工作習慣—精誠合作，實現雙贏

　　於是，他就匆匆地透過一家獵頭公司，跳到了另外一家高薪聘用他的企業，但在那裡的工作卻很不順利。

　　後來，有人告訴他：他原來的那家航空公司在他離任辭去之時，正在對他進行考察，準備加薪水提職。此時的他只會追悔莫及……

　　這個人只看到一時的利益，卻忽略了人生的長遠發展。他拿到了高薪，卻失去了美好的前途。生活中，一些人把金錢看得過重，習慣把薪水高低當作評判工作好壞的標準。除了薪水之外，他們絲毫不在意對工作是否有興趣，工作是否適合自己。結果，他們在一個個高薪的誘惑下跳來跳去，無法找到真正屬於自己的位置。從現在開始，你必須明白薪水不是你的唯一，未來比薪水更重要。

　　呂燕長得並不漂亮，在一家建築公司負責文書處理。雖然她工作的地方與老闆的辦公室之間隔著一塊大玻璃，但她也很少向那邊多看一眼，總是低頭忙於打不完的材料，因為她明白，工作的認真刻苦、不斤斤計較是她唯一可以和別人一爭長短的資本。就算在下班後，她也總是抽時間多看點書，充實自己的知識。

　　一年後，公司的資金出現危機，無奈之下，只好減薪。人們紛紛跳槽，逃離公司，老闆坐在辦公室裡深深感覺到人情冷漠。然而，呂燕卻沒有離去的跡象，每天早上依然早早地來到公司，仍然打字、接電話，為老闆整理文件。

　　一天，呂燕走進老闆的辦公室，直截了當地問老闆：「您認為您的公司已經垮了嗎？」

　　老闆很驚訝地說：「沒有……」

　　她說：「既然沒有，您就不應該這樣消沉，現在的情況確實不好，可許多公司都面臨著同樣的問題。雖然您的 9,000 萬砸在了工程上，成了一

筆死錢，可是公司沒有死呀！我們不是還有一個公寓專案嗎？這個專案就可以成為公司重整旗鼓的開始。」

老闆沉思良久，將呂燕被派去處理那個專案，兩個月後，那片位置不算好的公寓全部先期售出。兩年後，幫著老闆做成了好幾個大專案，呂燕成了公司的副總。

當你汲汲於眼前利益時，你也就失去了成功的機會，如果呂燕當時也為了薪水低而離開公司的話，那她還會有後來的成就嗎？

生活中，有很多人把自己的利益和公司的利益分得清清楚楚，工作中表現出例行公事的樣子，認為一份報酬一份付出，因為他們認為：公司又不是我的，我幹嘛那麼勞神費力呢？

他們有的人理直氣壯地認為他們付出自己的智力和體力，公司發薪水給自己，解決生存問題，實行等價交換，合情合理，天經地義。甚至有的人認為目前的薪水太過微薄，竟故意躲避工作，或者在工作中敷衍了事，心底希望以此來報復他們的老闆。

可是，他們可曾靜下心來想過：因為過分計較薪水的高低，把自身與薪水等價交換，他們已經把比薪水更重要的東西都放棄了。由於對薪水的不滿，他們固然可以不斷地跳槽或是在工作中敷衍了事，但長期這樣下去，就會因為對短期利益的過分關注而使自己失去學習技能、獲得經驗、發展專長的機會，將本屬於自己的成功機會拱手讓人，把自己的希望和前途斷送掉，終其一生只能做個平庸的人。

【習慣處方】

如果你有計較眼前利益的習慣，那就要趕快克服，否則就是占小便宜吃大虧。人生猶如一盤棋，要贏得這盤棋，就必須走一步看三步，看得越遠得勝的把握就越大。

第六章 工作習慣—精誠合作，實現雙贏

改掉消極被動的壞習慣

一位小姐拿著一份應徵報紙，向她的新朋友講述自己的工作經歷：

她的第一任老闆是個嚴厲的中年人。那時她剛畢業，對公司的業務一點也不熟悉，老闆卻塞給她一大堆工作，拚命地找她碴，看她不順眼，千方百計想在試用期滿之前讓她走人。第二任老闆是「海龜」（海歸），作風開明，有親和力，她在那裡工作很順利，可慢慢地不知為什麼，這個老闆也開始變得愛找碴，最後竟為了一個小小的失誤，炒了她魷魚！第三任老闆……

所謂當局者迷，旁觀者清。目睹她近幾年頻頻被裁的經歷，就可以看出原因在於她消極被動的工作習慣。第一份工作時，她沒有經驗，工作做得漏洞百出，但真正讓老闆生氣的不是她的失誤，而是她的工作態度：交代一樣做一樣，從不主動去學習，能躲過去的就不做，遇到困難就放棄。

做第二份工作時，老闆最初很看好她，因為交待她的任務完成得都不錯。可是，一段時間後，她開始盲目滿足。工作對她來說成了「混」飯吃的工具。她根本就不想再付出努力，老闆一氣之下「開」了她。以後的經歷也大致如此，她就這樣帶著消極的工作習慣，一份一份地換工作，看來她很難取得什麼成就了。

這個女孩認為自己倒楣，但卻沒有找到令她「倒楣」的真正原因，沒有老闆會喜歡工作消極被動的員工，她真正該做的是克服壞習慣，立志進取。一個人一旦養成了消極被動的工作習慣，就會變得不思進取，目光狹窄，最後走向好逸惡勞，一事無成的深淵。所以，無論你面對的是怎樣的環境，都要保持積極進取的勁頭。

有兩個師範院校畢業的同學，一個被分配到一所山村小學當老師，另一個卻幸運地分到了一所城市小學任教。

　　被分配到山村小學的同學，抱怨自己的命不好，山村裡資訊閉塞，生活單調，吃的用的差，同事氣氛低靡，他的雄心壯志被磨得一點都不剩。他開始把課餘時間消磨在麻將桌上，上課之前懶得備課，整天思索著怎麼能調進城。一次教育局局長突然來觀課，沒有任何準備的他，被開除了。他難過地想：「如果當初我分在城裡，那我一定會努力的，說不定現在已經是教學骨幹了！」

　　被分到城裡的同學也被迫離職了。因為自從到了城裡後，他與同事相處得不錯，工作輕鬆、薪水優厚。他覺得就這樣過一輩子挺不錯。他不再鑽研教學方法，不再認真備課，很多孩子都把他叫做「催眠大師」。一段時間後，被家長投訴，他被淘汰了。他想：「如果當初我被分到農村，那就一定會努力學習，爭取早日進城，而現在我卻變成了被溫水煮熟的青蛙！」

　　看出這兩人的問題了嗎？他們自己把消極被動的種子種在了心中。環境如何並不能成為他們消極被動的藉口。一個人一旦養成了消極的習慣，那麼，處於順境便盲目滿足、放棄努力，遇到成功便自我滿足、停滯不前；處於逆境便輕易退縮、灰頭土臉，遇到困難便輕言放棄、怨天尤人。

　　工作上的消極、失敗與無望，必然會對人的其他方面產生非常可怕的負面影響。想想看，一個人消極地面對世界，滿眼的灰色，該是多麼的可悲。

　　一個環境，怎樣是好？怎樣是壞？標準並不在環境本身，而在於人如何自處：置身其間，不迷失自己，保持積極主動的精神，這樣的環境再「壞」也是好環境，反之，再「好」的環境也是壞環境。環境對人確實有一定的影響，而最關鍵的還是人自身，順境或逆境都不能成為消極被動的藉口。

第六章　工作習慣─精誠合作，實現雙贏

【習慣處方】

如果我們能正確地分析和看待自己所處的環境，以平常心面對順利與挫折，兢兢業業地處理手中的工作，就不會養成消極被動的壞習慣。

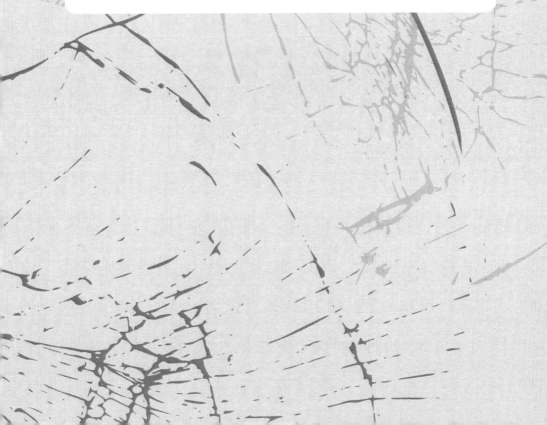

第七章
說話習慣——遠離是非的困擾

在日常生活中，語言可以加強人與人之間的交流、溝通，但它也可以成為破壞人際關係的利刃。在與他人的溝通中，說還是不說、說什麼、怎麼說，說話習慣的好壞，常常關係到一個人的成敗。我們只有掌握正確的說話習慣，才能達到加強與他人溝通、交流的目的。

第七章　說話習慣—遠離是非的困擾

傷人的話不要輕易出口

一個樵夫救了一隻小熊，因此母熊對他感激不盡。

有一天，母熊備了豐盛的晚餐款待了樵夫。翌日早晨，樵夫對母熊說：「你款待得很好，但我唯一不滿意的就是妳身上的那股臭味。」母熊雖快快不樂，但嘴上卻說：「作為補償，你用斧頭砍我的頭吧。」樵夫照牠的話做了。

若干年後，樵夫又遇到了母熊，問牠頭上的傷好了沒有。母熊說：「那次頭上的傷痛了一陣子，傷口癒合後，我就忘了。不過，那次你說的話，我一輩子也忘不了。」

可見，語言的傷害已經遠遠超過了對肉體的傷害，它刺傷的是心、是靈魂。

在你率性而為，向別人發過脾氣之後，你的言語就像牆上的釘孔一樣，會在別人的心中留下疤痕。這時候無論你說多少次對不起，那個傷疤都永遠無法消失。

說話不是說給自己聽的，而是說給別人聽的。既然如此，你為什麼就不能考慮一下別人聽了這些話會有什麼樣的感受呢？一句話可能會令你升官進爵，但也有可能會為你惹來殺身之禍。

古時候，一位國王晚上做了一個夢，夢見自己滿嘴的牙都掉了。於是，他就找了兩位解夢的人。

國王問他們：「為什麼我會夢見自己滿口的牙全掉了呢？」

第一個解夢的人就說：「國王，夢的意思是，在您所有的親屬都死去以後，您才能死，一個都不剩。」國王一聽，勃然大怒，杖打了他一百大棍。

第二個解夢人說：「至高無上的國王，夢的意思是，您將是您所有親

屬當中最長壽的一位呀！」國王聽了很高興，便拿出了一百枚金幣，賞給了第二位解夢的人。

同樣的事情、同樣的內容，為什麼一個會挨打；另一個卻受到嘉獎呢？因為挨打的人不會說話，得賞的人會說話而已。

一個能把話說到點上的人，是不能忽略說話方式的技巧。所以，他在與人相處的過程中，會時刻注意自己的說話方式。否則，就會引起人心中不快，甚至引發矛盾，激發敵意。

說話前一定要看清對方的臉色，掌握好對方的所思所想、所喜所忌。這樣無論發生什麼事，才可以從容地應對。如果說話不懂得迎合別人的心理，那無論做什麼都會遇到阻力。當然，迎合對方的心理說話，並不是要你講假話，講違心的話，只是讓你在不違背原則的基礎上，盡量少得罪人。一個人如果能養成這樣的說話習慣，在社會上也就會更吃得開了。

有時候，有些話雖然是實話，但是也不能隨便就說出口，在說話之前要考慮一下自己將要說出的話會帶來什麼樣的影響，一定要三思而後言。有人常常逞口舌之快，卻忽視了他人的感受。有時一句侮辱性的語言完全可能把深厚的友誼葬送。所以，即使有些話可能是非說不可，但也要選擇比較委婉的語氣，用人們聽起來比較順耳的話說出來，不然那你最好還是「三緘其口」，以免造成更多的麻煩。

古代有個財主晚年得子，大宴賓朋。參加宴請的客人都對這個財主說：「孩子必有大出息，定會升官發財。」雖然財主知道這些都是恭維的話，但他聽了卻非常高興。誰知，這時有一個人卻說了一句實話：「這孩子將來必會死。」於是，這個人遭到了大家的一頓痛打。

的確，每個人都是要死的，但是孩子剛生下來就有人說這麼不吉利的話，怎能不叫人生氣呢？

第七章　說話習慣—遠離是非的困擾

　　說話之前，一定要想一想，哪些話該出口，哪些話不該出口。很多人都嘗過被人語言傷害的滋味，你可能當時會因此氣得嘴唇發顫、臉色蒼白、想出拳擊倒眼前那人，但最後你還是把怒火強自壓制下來，總算沒有做出過激的舉動，只是你心中含恨，無法忘懷那被羞辱的一刻。

　　我們平時所遇到的事情或大或小，或間接或直接，其中涉及原則的事本沒有多少，在無關痛癢的小事上犯不上與人斤斤計較。比如，某人就美國的好壞論觀點，儘管他的觀點過於偏頗，你也沒有必要情緒激昂地去與之辯出個對錯來。否則，因為一兩句話傷了感情，實在沒什麼必要。

　　人人都有自己的說話方式，並且已經形成習慣，但那是好習慣還是壞習慣，還要因說出來的話是否受人歡迎來評定。日常生活中，人們經常根據自己的好惡習慣來講話，不管別人是否愛聽，只為自己一吐為快，口若懸河地說起來沒完沒了。殊不知，你所說出來的話並不是人們感興趣的。

　　真正傷害人心的不是刀子，而是比刀子更厲害的東西 —— 語言。說話時不留面子給別人，不僅會傷人至深，也會帶給你來不利的影響。

【習慣處方】

說話之前先想一想所要說的話，在肚子裡打個腹稿，想好之後再慢慢地說出來。如果你不懂得尊重場合中的忌諱，最終你會成為別人忌諱的對象。

善於向他人表達自己

上司把一項採購工作交給一位員工，這項任務有困難度。

上司問這位員工：「有沒有問題？」

這位員工連忙拍著胸脯回答說：「沒問題，包您滿意！」

過了三天，沒有任何動靜。

上司問這位員工進度如何。他才老實說：「不如想像中那麼簡單！」

雖然上司同意他繼續努力，但對他的「拍胸脯」已有些反感。

固然把話說絕有時也有實際上的需要，但除非必要，還是保留一點空間的好，既不得罪人，也避免把自己陷入困境。總之，不要養成把話說絕的習慣。

在現實生活中，有許多人因為不會表達自己的情感而往往陷入難堪的境地。當受到別人的幫助時，明明心存感激，但是卻連一個「謝」字也不曾說出口；在社交場合，明明感到很愉悅，卻依然難以表達自己當時的感受；當別人遇到不順心事時，或者需要安慰時，雖然很想表示一下關心，但是卻難以表達自己的關切之情。

這些人的表現時常待人冷淡，對人漠不關心，只專注於自我，從不在乎別人的感受，甚至自高自大的感覺。其實，每個人對於他人的幫助和關心都是心存感激的。

之所以出現以上的情況，主要是因為有些人不善於展示自己的才能，不會表達自己的情感。在現在這個社會，勇於表現自己可以說是越來越重要了，一個人只有充分地展現自己，才能得到發揮自己的機會。所以，我們要讓勇於表現自己，勇於表達自己的情感成為習慣。

在這個日益開放的社會裡，那些勇於敞開自我，善於表達自己的人越來越受歡迎，而那些內向型的，總是封閉自己的人，則會越來越遭到他人的冷落，甚至還有可能會被整個社會拋棄。為此，我們一定要成為善於表達自己的人，不僅要學會表現自己的才能，展示自己的優點，還要學會表達自己的情感。

有的人之所以不敢表現自己就是因為他害怕失敗，害怕表現不好時會

第七章　說話習慣—遠離是非的困擾

遇到他人的嘲笑。但是事實上，並不會有人惡意地對一個人的真誠表現施以嘲笑，而大都會在一個不善於表達自己的人勇於嘗試表達自己時報以鼓勵的微笑。

因此，就算是一時無法完整地、很清晰地將自己的觀點與感受表達出來，也一定不要灰心，而是要繼續充滿信心，努力進行表達自己的嘗試，只要勇於嘗試就已經取得了一半的成功。

要養成善於表達自己的習慣，首先就要對自己充滿信心，相信別人能夠輕鬆做到的，自己也能夠做得到。

不願意表達自己的人往往可能曾經受到過某方面的挫折，因此而產生了自卑心理。從心理學上講，自卑是性格上的缺點，是因自我否定而形成的非正常心理。隨著自卑心理的形成與產生影響，原本自信並且能夠輕鬆自如地表達自己的人也往往會變得內向甚至自閉起來，不願意將自己的內心展現出來，在得到他人的關心與幫助時也難以開口表示感謝。所以說，要想自如地表現自己，表達自己的意願，就要克服自卑心理，從自閉的陰影中走出來。

養成表現自己的好習慣最重要的就是要真正地去表現自己，去展示自己，表達自己，而不是只在內心進行思考或意念中的演習。成功只屬於那些勇於實戰的人。能夠很好地展示自己，表達自己的情感，也是一種成功。所以，那些不善於表達自己的人要尋找適合的機會，在恰當的場合下將自己的能力展示出來，一定要將自己對他人的感謝與關心表現出來。

有些人之所以不願意表現自己，寧可將自己的才能隱藏起來，甚至甘願被埋沒掉也不願意示之以人，一個很重要的原因就是理解錯了表現自己的意思。這種人極有可能認為展示自己就是賣弄。

賣弄自己的人往往都沒有什麼真正的能力，只會用花哨的東西來騙取

他人的賞識。這樣的人往往會被別人拆穿，甚至有時會不攻自破，自取其辱。賣弄自己是不好的行為，但是展示自己並不是賣弄。展示自己只是將自己的實力，自己的風采展現出來，而不是像賣弄自己的人一樣為了達到目的不惜要手段。

還有些人不願意表達自己的感情是因為怕別人以為自己是在巴結他人。而事實上，人與人之間來往是需要情感交流的。對他人表示關心，尤其是對上司表示正常的關心也是應該的，而不應當把這種行為就看作是巴結。

所謂的巴結，就是指一方為達到某種目的而不惜放棄尊嚴對他人諂媚的行為。而表達自己的感情，則是正常的交流行為，所以要弄清這兩者之間的區別。明白了兩者之間是有著本質的區別的時候，就不會因此而不去表達自己的感情了。

【習慣處方】
表達自己也是需要有足夠的信心的。其實，表現自己並不是一件什麼困難的事，只要你增加一點勇氣，大膽地進行嘗試，就一定會取得成功。

該說「不」時要說「不」

我們常常難免遇到他人的無理要求，或者是自己難以答應的事情。但是由於各式各樣的原因，尤其是如果對方是很熟悉的人，很難開口加以拒絕，但是如果不拒絕則會對自己產生不利的影響，或者難以達到他人的要求，甚至是違背自己的意願。

這時，就需要勇於說不，勇於對他人的無理要求加以拒絕，不要打腫臉充胖子。不然於人於己都不是什麼好事。當然，表示拒絕並不只是簡簡單單地說「不」，而是要運用許多方式。

第七章　說話習慣—遠離是非的困擾

錢鍾書先生的《圍城》出版後，倍受海內外讀者的喜愛。很多人都想見一見這位幽默詼諧的作家，但是錢鍾書都加以拒絕。

有一次，有一位英國女士直接打給錢鍾書先生：「錢鍾書先生，我十分喜歡您的作品，想去拜訪您一下。」

錢鍾書一向淡泊名利，不慕虛榮，於是就在電話裡婉轉地拒絕這位女士。他說：「假如妳吃了雞蛋覺得不錯，何必還要認識那隻下蛋的母雞呢？」

還有一次，錢鍾書在謝絕一筆高額酬金後，幽默地說：「我都姓了一輩子『錢』了，難道還迷信錢嗎？」

錢鍾書的妙語婉拒，不僅為自己避免了許多麻煩，堅持了自己的原則，而且還不至於使對方下不來臺。他的這種說「不」的方式，啟示每個人不僅要勇於說「不」，堅持自己的原則，拒絕自己不願意做的事情，也要學會如何說「不」，不僅能達到目的，還不至於使對方陷入尷尬的境地，將關係弄僵。

拒絕他人，勇於說不，是對自己負責。在這個世界上，每個人都是為了自己而活，任何人都沒有義務去為他人進行太多的無私服務。如果每次對於別人的無理要求都默默忍受，那麼時間一久，別人也會認為你幫他做事是應該的，是必須履行的義務。這樣就會浪費自己的時間，甚至有時會對自己的工作和學習帶來不利的影響，所以，在應該拒絕他人的非正當要求時，一定要勇於拒絕。

拒絕他人也是對他人的負責。如果一個人長期讓他人為自己做事情，久而久之也就會養成壞習慣，一遇到同樣的事情可能就會不自覺地去尋找他人的幫助。這樣往往會使自己失去了學習的機會，並且很有可能會使自己在別人心中留下很差的印象。所以，勇於拒絕別人的要求，也是對被拒者負責。

　　無論出於何種原因，我們都要學會說不，養成勇於拒絕別人無理要求的好習慣。那麼應當如何養成這樣的習慣呢？

　　任何事情，不管同意不同意都要先傾聽，只有先傾聽別人將事情的來龍去脈理清，了解了事情的真相，這時才能根據各種情況進行綜合的分析與思考，把握住事情的主要特點。不然，當別人剛剛提出要求，你連對方的理由、動機都沒有弄清楚，就立刻予以拒絕，會讓別人覺得你冷漠無情，甚至對他懷有偏見。

　　一個人如果對你提出要求時，一定會有他的理由和動機，所以我們應該在傾聽了他的理由，了解了他的動機之後，再做出分析。如果覺得自己的確是有不得已的苦衷，愛莫能助時，再做出拒絕。而拒絕的時候也要根據對方的性格特點，以及對方所要求的事情的特點，動之以情，曉之以理地加以拒絕。

　　這樣別人雖然遭到拒絕，也會被你的誠懇所感到，而不會覺得你是自私而又冷漠的人。而且有的時候，並不是所有可能與自己目前的利益有衝突的事情，都要加以拒絕，這時就更要了解事情的原本，然後考慮是否會對自己的將來產生影響，然後再決定應否拒絕。

　　對於相同的事情，不同的人也會有不同的要求，在遇到拒絕時有不同的反應。而對於不同的事情，同樣的人當然也會有不同的看法，在遇到別人的拒絕時，也會有不相同的反應。所以，拒絕他人的要求時，一定要分清事情的重要性與人的性格，對不同的人和事，使用不同的方法和不同的語言進行明確的拒絕，以免引起誤解。

　　我們在不得不拒絕他人時，不要對他人的要求在聽到之後迅速做出拒絕的決定，也不要流露出不高興的表情，甚至因此去鄙視對方。而是要用一個和藹可親的誠懇態度去對他人的要求表示異議與拒絕，用他人可以接

第七章　說話習慣—遠離是非的困擾

受的方式應對。

在拒絕他人時，要顧及到他人的自尊心，尤其是那些曾經幫助過你的人。本來對此類人加以拒絕就會讓對方感覺有些不近人情，如果再貿然直接地加以拒絕，就一定會對他人造成傷害。所以，在拒絕他人時，要用比較委婉的語氣，溫和的態度來說出自己的難處，使他人能夠理解你拒絕他是出於無奈之舉。這樣既不會使對方感到難堪，也為自己作了辯白。

在我們對他人表示拒絕時可能往往會因此而覺得非常歉疚，尤其是那些於對方非常重要的事情時，還有對自己來說非常重要的人，都會覺得對他們加以拒絕總是難免心有不安。對他人表示了拒絕時，也可以給出建議，這樣不僅能夠使人明白你是真心希望幫助他，但是也無能為力，不會使雙方的關係陷入尷尬的境地，而且你的建議對他來說也可能是比較不錯的選擇，這樣也是另一種幫助。

我們往往會認為既然對他人表示了拒絕，雙方的關係可能就會因此而中斷，不再來往。但是事實並不是如此，雖然對他人的某一個要求，或者某一件事情表示了拒絕並不是說拒絕了整個一個人。在其他方面也可以繼續保持聯絡，甚至還可以增進彼此之間的感情。並且，以別人的要求加以拒絕也並不是說就對這件事情不聞不問，而要依然保持關心的態度，雖然拒絕，但仍盡力幫助。這樣就不會使雙方的關係陷入僵局。

【習慣處方】

有的時候，對於他人的不當要求，你礙於情面不好意思拒絕，結果可能會出現非常不希望的局面。每個人的能力都是有限的，每個人能做的事也是有限的。該說「不」時學會說「不」，既是對自己負責，也是對對方負責。

好話不說兩遍

北伐戰爭開始之前，廣東國民革命軍總部邀請瞿秋白為全軍政工人員舉行動員演講。與會人員都知道瞿秋白的演講一貫是非常精彩和有感染力的，都想借此機會進行學習，於是都做了詳細記錄的準備。

然而出乎意料的是，瞿秋白在演講開始後走上講臺只說了一句話：「宣傳關鍵是一個『要』字，魯智深三拳打死鎮關西，拳拳打在要害上。」

當瞿秋白講完走下臺時，全場愕然，幾秒鐘後，才爆發出雷鳴般的掌聲。

瞿秋白的 26 個字真可謂字字珠璣，擲地有聲，既有感性的抒發，又有理性的概括，言簡意賅地抓住了宣傳的「要」字，也讓政工人員知道了自己工作中的要點，可以說是演講中的經典之作。

有一天，美國作家馬克‧吐溫去教堂做禱告，恰好遇到一個慈善家正在作催人淚下的演講，希望大家能夠對非洲難民施以援手。

當慈善家講了五分鐘時，馬克‧吐溫決定捐助 50 美元；而後來當他聽到十分鐘時，他決定將捐款減半；到半個小時的時候，又決定再降到 5 美元；到慈善家講完一個小時，拿著鉢請求大家捐款時，馬克‧吐溫不僅沒有捐，還偷走了 2 元。

本來援助非洲難民只需要幾分鐘就可以表達清楚，但是這個慈善家卻喋喋不休地重複說了一個小時，使原本熱情極大的人也由火一般的熱情降到冰點。所以，馬克‧吐溫非但沒有捐款，還惡作劇地偷走了 2 元，以示懲罰。

由以上兩個案例中聽講人的反應可以看出，語言表達的簡練與囉嗦會產生截然不同的影響。所以，我們也要養成說話言簡意賅的習慣，使我們所要表達的意思清晰簡潔地用語言講述出來。

第七章　說話習慣—遠離是非的困擾

　　歐陽修奉命主修《唐史》。一日，他與眾翰林學士出門散步，看到一匹馬在狂奔，踩死了路上的一條狗。歐陽修想借此試一試他們的文章筆法，於是請大家用盡量簡潔的語言敘述此事。

　　一人寫道：「有犬臥於通衢，逸馬蹄而殺之。」另一個寫道：「馬逸於街衢，臥犬遭之而斃。」

　　歐陽修說，用這樣的筆法寫唐史，恐怕一萬本也寫不完。他們就問歐陽修準備怎樣寫。歐陽修便說了如下六個字：「逸馬殺犬於道。」

　　編修史書如此，我們與人交談也是如此，應該盡量簡潔地將自己的意思表達清楚，而不是重複敘述，浪費彼此的時間，讓人心生厭煩。

　　魯迅說：「時間就是生命，無端空耗別人的時間，其實是無異於謀財害命。」浪費別人的時間是可恥的行為，尤其是在現在生活節奏如此之快的情況下。一分鐘的時間就可能會發生許多重大的事情，所以一個人如果浪費了別人的時間就會對他人有不良的影響，並且在浪費別人時間的同時，自己的時間也被浪費掉了。僅僅從節省時間的角度來說，一個人也必須要養成說話用語簡潔的習慣。

　　如果一個人想要在很短的時間裡將一件事情表達清楚，首先就要有對事情的極強的分析能力和極強的概括能力。因為只有對事物進行深刻的分析，才能真正抓住其本質，才能清楚哪些是該說的，哪些是無關緊要的。只有能夠透過事物的表面現象，把握住事物的本質特徵，進行綜合的概括，才能表達得準確、精闢，語言才會有力度，才能產生極大的感染力。

　　每個人都有自己的表達方式，正如小說家寫小說一樣，有的人喜歡進行大段的鋪陳，然後再將主題引出，而有的人則喜歡單刀直入，直接將要表達的主題寫出來，然後再去敘述事情所發生的起因、背景等等。

　　我們表達一件事情，最好是要先將事情用簡潔的語言表達出來。人們

最討厭那些廢話連篇，滔滔不絕地講了半天仍然沒有說到點上的人。言簡意賅，不說廢話，才能夠處處受到人們的歡迎。話多且沒有中心則會意味著講話人不是思路不清，就是沒有信心。一個思路不清晰的人，是很難讓人有信任感的。而一個信心不足的人則更不會讓人留有好的印象，不是讓人覺得不可行，就是懦弱，也就很難建立良好的社交關係。

說話是否精彩不在於長短，而在於是否抓住了關鍵，是否說到了點上，是否能打動聽眾。簡潔明了的清晰聲調，一定會使你事半功倍。人們交流、介紹、陳述觀點的時候，為了能夠使對方更快地了解自己的說話意圖，領會要領，往往會使用高度凝練的語言。

【習慣處方】

有些人說話總是翻來覆去地重複，唯恐別人聽不到或聽不清。而實際上，別人早已厭煩了聽他說話。你要明白，再好的話也沒必要重複去說的。

含蓄委婉地與人交談

某人在山中學藝多年，覺得自己已經學有所成。

於是，有一天，他去向師父辭行：「師父，我已經學夠了，可以獨闖天下了。」

師父問道：「什麼是夠了？」

弟子回答說：「就是滿了，裝不下了。」

於是，師父就吩咐他去滿滿地裝一大碗石子來。等他端著石子進來之後，師父問他：「滿了嗎？」

徒弟十分自信地回答說：「滿了。」

第七章　說話習慣—遠離是非的困擾

師父抓起一把沙子撒到碗中，一點也沒有溢出來，這時問道：「滿了嗎？」

徒弟面有愧色地說：「這回滿了。」

師父又輕輕撒下一把石灰，石灰還是沒有溢出。「滿了嗎？」師父再問。

「滿了。」徒弟更加羞愧地回答。

這時師父又倒了一杯水下去，水也是一滴也沒有溢出。當師父再問「滿了嗎？」時，徒弟沒敢再回答。

這個故事中的師父並沒有用什麼大道理來教訓徒弟，而是透過委婉的方式將自己要講的道理表達了出來，不僅達到了教育徒弟的目的，而且還讓弟子留有面子。

委婉含蓄地進行表達是魅力。從某種意義上來說，沒有含蓄，就沒有藝術。而委婉地進行語言表達，往往會收到意想不到的效果，這要比滔滔不絕地進行直白地說教好得多。正如有人所說「委婉含蓄勝過口若懸河」。

我們在與人進行交流，尤其與不熟悉的人進行交談時，要學會委婉地進行表達，而不是使用自己慣常的，可能是比較固執己見的表達方式。

巧妙地進行委婉的語言表達，看起來似乎說得輕描淡寫，做出了一定的讓步，或者表現得很軟弱，但是實際上卻是綿裡藏針，往往說出了關鍵問題所在，並且使人很容易就接受所表達的話。

兩度競選總統都敗在艾森豪手下的史蒂文森（Adlai Ewing Stevenson II）就是一個在語言表達上非常幽默委婉的人。

當他第一次意外地榮獲提名競選總統時，他承認的確是受寵若驚。他打趣說：「我想得意洋洋不會傷害任何人，也就是說，只要人不吸入這空

氣的話。」而在他競選敗給艾森豪威爾時，仍然以充滿幽默力量的口吻，對在酒店門口等待採訪的記者說：「進來吧，來烤麵包給驗驗屍。」

幾年後，史蒂文森應邀到一次餐會上演講時，因閱兵行列的經過而使他沒能按時到達。他用了委婉的方式表達歉意：「軍隊英雄老是擋我的路。」

史蒂文森在演講時，偶爾說出的一句輕鬆、微妙的俏皮話，說得很委婉，從而改變了他在人們心目中的形象，使聽眾感到他並不是一個失敗者。即使沒有當選總統，他依然也是個贏家。

在我們日常的社會交際生活中，也需要委婉地與人進行交談。學會含蓄，懂得委婉，可以增強人的交際效果。可以說，委婉含蓄的語言表達方式實在妙不可言。我們每個人都要養成這樣有助於個人事業進展的好習慣。

我們在進行語言交談的時候都是有一定的語氣的。說話用什麼樣的語氣是一個人內心待人接物的最直接的表現。用不禮貌的語氣與他人進行交談往往會傷害他人的自尊。

如果一個人經常有意無意地傷害他人，就會產生不良的影響，可能會使原本簡單的事情變得複雜起來，而用較溫婉的語氣來表達自己的觀點，則會有「以柔克剛」的效果，使原本可能比較難辦的事情變得簡單起來。

在任何場合都對人以禮相待、微笑面對他人的人總是會受到他人的歡迎，很容易就會提升自己的人脈，也就為自己取得事業上的成功建立了良好的人際關係。那些說話從來不注意禮貌，粗魯、粗俗的人則會處處得罪他人，使自己到處樹敵，最終只會因此而失敗。

第七章　說話習慣—遠離是非的困擾

【習慣處方】

在與人進行溝通和交流時，表達方式是非常重要的。在與別人進行交流時，每個人都要改變自己固執己見的談話習慣，而是要學會委婉地表達自己的意思。

少說一些抱怨的話

有個理髮師帶了個徒弟。徒弟學藝 3 個月後，正式上工。

徒弟為第一位顧客理完髮，顧客照鏡子說：「頭髮留的太長。」徒弟不語。

師傅在一旁笑著解釋：「頭髮長，使你顯得含蓄，這叫藏而不露，很符合您的身分。」顧客聽罷，高興而去。

徒弟幫第二位顧客理完髮，顧客照照鏡子說：「頭髮剪得太短。」徒弟無語。

師傅笑著解釋：「頭髮短使您顯得精神、樸實、厚道，讓人感到親切。」顧客聽了，欣喜而去。

徒弟給第三位顧客理完髮，顧客一邊結帳一邊笑道：「花時間挺長的。」徒弟無語。

師傅笑著解釋：「為『首腦』多花點時間很有必要，您沒聽說：進門蒼頭秀士，出門白面書生？」顧客聽罷，大笑而去。

徒弟為第四位顧客理完髮，顧客一邊付款一邊笑道：「動作挺俐落，20 分鐘就解決問題。」徒弟不知所措，沉默不語。

師傅笑著搶答：「如今，時間就是金錢，『頂上功夫』速戰速決，為您贏得了時間和金錢，您何樂而不為？」顧客聽了，歡笑告辭。

晚上打烊。徒弟怯怯地問師傅：「您為什麼處處替我說話？反過來，

我沒一次做好過。」

師傅寬厚地笑道：「不錯，每一件事都包含著兩重性，有對有錯，有利有弊。我之所以在顧客面前鼓勵你，有兩個效果：對顧客來說，是討人家喜歡，因為誰都喜歡聽吉言；對你而言，既是鼓勵又是鞭策，因為萬事開關難，我希望你以後把工作做得更加漂亮。」

徒弟很受感動，從此，他越發刻苦學藝。日復一日，徒弟的技藝日益精湛。

我們總習慣以不同的標準來看人看己，所以往往是責人以嚴，待己以寬。在生活中，許多人總喜歡以自我為中心，把別人的意見當作耳旁風，甚至為了維護面子，說出激烈的話語來詆毀對方。殊不知，這是嚴重地不尊重他人的表現，既不利己也不利人。

抱怨別人，對人對己都沒有好處，過分地抱怨只會傷害兩人之間的友誼和關係。在這個世界上，每個人都喜好讚揚而厭惡批評，這是人類的天性。責備他人只會讓人耿耿於懷。正所謂：「要採蜂蜜，就別踢翻蜂巢。」在人際交往中，凡是弱點、缺點、汙點，一切不如別人之處都有可能成為忌諱之物，千萬不要去踏入這個「雷區」。

人性都有一個共同的弱點，即每個人都喜歡別人的讚美。一句恰當的讚美就猶如銀盤上放的一個金蘋果，使人陶醉。

在人與人的交往中，適當地讚美對方，總能創造出熱情友好、積極肯定的氣氛。正如西方一句諺語所說的：「讚美好比空氣，人人不能缺少。」在這個世界上，人人需要讚美，人人喜歡讚美，每個人都有被重視、被讚美的欲望。對他人真誠地讚美，正如沙漠中的甘泉一樣，讓人的心靈受到滋潤。

讚美雖是一件小小的好事，但也是一個小小的進步。雖然有時看似是

第七章　說話習慣—遠離是非的困擾

一句奉承話，但人聽了心裡卻是美的。讚美就像澆在玫瑰上的水，並不需要費太大的力氣，只需要幾秒鐘便能滿足人們內心的強烈需求。

然則，許多人在日常生活和工作中總是愛找別人的缺點，愛挑別人的毛病，這樣的人所得到的回報自然也是一身的缺點和毛病。因此，聰明的人總是從正反兩方面觀察生活，並更多地從正面評價生活，讚美生活。

安德魯‧卡內基（Andrew Carnegie）是美國的鋼鐵大王，他一生取得驚人成就的重要理由之一是：不論是在公開場合或私下，他都會稱讚他的員工，甚至在自己的墓碑上都要寫下這樣一句碑文：「這裡躺著的是一個知道怎樣跟那些比他更聰明的屬下相處的人。」

安德魯‧卡內基不僅自己善於激勵下屬，還重用那些能夠鼓勵並調動屬下積極性的人。

1921 年，38 歲的查爾斯‧史考伯（Charles Schwab）被安德魯‧卡內基選拔為新組成的美國鋼鐵公司的第一任總裁，成為美國商界中年薪最先超過一百萬美元的人，用現在的話說他是美國的「打工皇帝」。

為什麼卡內基要付給史考伯一年一百多萬美元？一天就是三千多美元呢！

因為史考伯是一名天才嗎？不是。因為他對鋼鐵製造知道得比其他人多嗎？也不是。史考伯說過，對於鋼鐵製造，他的手下有許多人懂得的比他還要多。他能得到這麼多的薪水，主要是因為他那跟人相處的本領。

讚美和鼓勵是推動一個人進步的重要力量，也是內心深處的人性需求。掌握了一定的讚美技巧，不但能在工作中幫你談成一筆大單，還能改善你的人際關係，即使在生活中也會讓你受益匪淺。

【習慣處方】

有不順心的事，整天抱怨是沒有用的，只有透過努力來改善環境。沒有人願意與抱怨不已的人為伍，大多數人更傾向於與那些樂於助人、親切友善並值得信賴的人在一起。

打招呼的習慣不可少

一般說來，當有人跟你打招呼時，你馬上招呼回去是正常的反應。我們可以從一個人的打招呼方式，來看出一個人的為人處世。通常，遇見對方會大方地向你打招呼的人，你必定會受到其開朗、精神飽滿的聲音感染，忍不住也會友善的回對方一個微笑；有的人則是畏畏縮縮，話也說的不清不楚，好像自己卑微地見不得人一樣。

小蘭個性開朗大方，一遇見認識的人，即使只是點頭之交，有的甚至根本不太記得對方的名字，她都會一一朗聲向對方打招呼。也許開始跟她不甚熟悉的「普通朋友」會被她爽朗的招呼方式嚇一跳，但是一次兩次之後，無形中便製造了廣大人脈的機會，也是基本的社交禮貌。

當然，小蘭並非每次向別人打招呼時，都能獲得善意的回應。小蘭的選擇是：我還是維持基本的禮貌，你要不要理我那是你的事，每個人有每個人的自由。打招呼是為了讓自己安心，避免自己因為對方發現你不跟他打招呼而得罪對方，縱使只有自己付出，起碼不會覺尷尬，不知如何與對方相處，也不會使對方成為你莫名的人情包袱。

打招呼是對等的，有人跟自己打招呼，立刻回聲招呼才是基本禮儀。面對討厭的人時，一般人都會不由自主想迴避，這種做法是錯的。愈是討厭的人，愈要控制自己的情感，積極地去接近對方。禮貌這種東西就像交通規則一樣，別人不遵守並不代表自己也可以不遵守，就算沒有人要遵

第七章　說話習慣—遠離是非的困擾

守，自己也非得堅持到底不可。

　　如果你真是一個非常害羞的人，實在不敢大聲向人問好，建議你不妨加上你最燦爛的笑容，沉靜地向對方打招呼，也是會有相同的效果的。你可以對著鏡子練習談話的技巧，試著讓自己更能放得開一點，訓練自己能落落大方她與人應答交談，終有一天必能毫不造作、開朗她向他人打招呼。

　　其實，打招呼一點都不難，只要讓它變成你日常生活中的習慣，在潛移默化中隨時掛在嘴上的口頭禪。一聲親切的問候，一句簡短的關懷，都能讓你的人際關係加分不少，也能讓你更能優遊自得地倘佯在職場上。擁有基本的禮貌、基本的態度，方能獲得最基本的尊重。

　　一位猶太傳教士住在一個小鎮上，每天他都會對遇到的人說一聲「早安」，不管認識還是不認識。

　　鎮上有一個驕傲的年輕人名叫米勒，幾年來，對傳教士的問候反應都很冷淡。可傳教士卻並不在意，仍然每天對他道早安。

　　幾年後，鎮上的猶太人都被納粹黨關進了集中營。一個手拿指揮棒的軍官用「左」和「右」來決定他們的生死，凡是點名時被指向左邊的將被處死，指向右邊的則可獲救。輪到點傳教士的名字時，他絕望地抬起頭來，突然眼睛一亮，輕輕地說了聲：「早安！」

　　那張冷酷面孔仍舊沒有笑容，但軍官的指揮棒卻自然地指向了右邊。原來，這個指揮官就是米勒。

　　人的感情是多麼奇妙啊，哪怕只是一句輕輕的問候，都足以融化一顆冰封的心。有時，人需要的就只是這麼一點點，有時多付出一點點就能換來巨大的回報。

　　有時，也許你正好上電梯，正好有年紀比較大的人上來，我們不妨多

一聲問候，問問人家上幾樓，幫助他按一下樓層按鍵。這雖然只是一個舉手之勞，但是他人的心裡會很舒服，可能那一天心情都會很好。而且，你也很有可能會從中受益。在生活中，雖然忘年交的可能性不高，但是那位老年人沒有兒女，由於你的幫助，說不定他就會成為你的朋友。

有的人在公司上班、下班、與人見面從來不打招呼，對面來人了趕緊將頭扭向一旁。他獲得了一點成績，就會更加我行我素，旁若無人。那麼，當他失敗時，他也就不會從別人那裡得到一點點安慰和幫助。

人應該學會有禮貌，沒有禮貌，你的人生就可能會增加很多的阻力，因為你一失禮，人家就可能不幫助你，甚至於還會阻礙你。但是，假如我們很有禮貌，別人就會覺得你是可交之人，那麼你的人生就可能會增加很多的助力。

不要小看與別人打招呼、問候別人的細節。雖然人與人溝通感情的最初階段只是打一個招呼、問候一聲，但不要忘記，人與人的感情的建立是有距離的，縮短這個距離也是需要循循漸進的，最初的最好的方法就是多打一個招呼、多一聲問候，由陌生到認識、再到熟悉，然後就是溝通、交流。

人與人的談話通常是由禮貌性的問候開始的。如果認為打招呼只是形式，進而忽略了它，那麼我們就無法進入主題。因此，我們和別人初次見面時，就應當先禮貌地問候對方，然後再與對方交談，再逐步深入主題，以便讓溝通的過程更順暢。

多一聲問候，多一分溫暖；多一個朋友，多一片藍天；多一個知己，多一份情感；多一個摯友，多一份感慨。緣分得來不易，珍惜緣分，除了利於自己之外，還能利於家人，甚至於利於更多的人。有了好的緣分，我們就能更進一步的「造緣」。緣緣相結，我們的人生也會無往不利。

第七章　說話習慣—遠離是非的困擾

【習慣處方】

我們每天都會遇到無數的人，有我們熟悉的，也有我們不熟悉的。主動同與我們交往的人打招呼，我們才能獲得更好的人緣，才能在自己遭遇困難時得到更多人的幫助。

幽默的話語充滿魅力

幽默能使人發笑，這種笑就是啟人心智的笑。它的優點就在於用微妙的常識性的語言，化解複雜性的嚴肅。幽默就是一個人的學識、才華、智慧、靈感在語言表達中的表現，是能抓住可笑或詼諧想像的能力。

在第二次世界大戰將要結束期間，東西方的首腦在埃及開羅召開會議。某一天，美國總統羅斯福急著找當時的英國首相邱吉爾商洽要事，便徑直驅車前往邱吉爾的臨時行館。

久居寒冷潮溼的英國，邱吉爾對於開羅乾燥又悶熱的氣候難以適應，尤其日間的氣溫高達攝氏 40 度以上，更是令他無法忍受。幾乎整個白天邱吉爾都把自己泡在放滿冷水的浴槽中消暑。

當羅斯福匆匆趕到時，邱吉爾的隨從來不及擋駕，只好通報邱吉爾著裝和美國總統會面。羅斯福直接闖進了大廳之中，找不到邱吉爾，耳中聽到旁邊一個小房間傳來邱吉爾的歌聲，羅斯福隨著聲音找了過去，正好撞見躺在浴槽中一絲不掛的英國首相。

兩個大國的元首在如此尷尬的情況下見了面，羅斯福馬上開口道：「我有事急著找你，這下子可好了，我們這次真的能夠坦誠相見了！」

邱吉爾也立即作出反應，他在浴槽中泰然自若道地：「總統先生，在這樣的情形下會面，你應該可以相信，我對你真的是毫無隱瞞的。」

兩位偉大領袖人物之間幽默的對談，輕鬆地化解了一次外交史上最難

堪的場面，並讓後世傳為美談。從這個小故事中，我們輕鬆地體會到，幽默做為「潤滑劑」的力量。

在這裡，我們不能說邱吉爾幽默對會談有很大的影響。但是，他那句「一點隱瞞也沒有」的話語，不僅緩解了當時的尷尬氣氛，而且也包含著真心求助、絕對信任對方的意義。

面對人生道路上的種種尷尬和無奈，幽默就是擺脫這種困境的最好方式。幽默的話語可以使我們內心的緊張和重壓釋放出來化作輕輕的一笑。幽默的語言就如同潤滑劑，可以有效地降低人與人之間的「摩擦係數」，化解衝突和矛盾，使我們從容地擺脫溝通中可能遇到的各種困境。

在交際場合，幽默的語言極利於迅速打開交際的局面，那些談吐幽默的人也因此往往會獲得成功，而沒有幽默感的人則往往會失敗。

林肯作為共和黨的總統候選人，參加了競選。他的對手民主黨道格拉斯（Stephen Arnold Douglas）是有錢有勢的大富翁。競選時，道格拉斯租用了豪華的競選列車，聘請了樂隊，每到一站鳴禮炮 32 響。道格拉斯以為這樣就可以獲得民心，還十分得意地說：「我要讓林肯這個鄉巴佬聞聞我的貴族氣味。」

林肯呢，沒有專車，甚至要買票乘車。每到一處，朋友們僅為他準備一輛馬車。他走到哪裡，就跟選民們用幽默的話語，推心置腹地交流說：「有人寫信問我有多少財產？我有一個妻子和三個兒子，都是無價之寶。此外，還租有一間辦公室，室內有一張桌子，三把椅子，牆角還有一個大書架，架上的書值得每一個人看。我本人既窮又瘦，臉蛋很長，不會發福。我實在沒有什麼可依靠的，唯一可依靠的就是你們。」

林肯運用自嘲的幽默，把他與選民之間的距離縮短了。這種做法，增強了他的優勢，顯示了他寬廣的胸襟和紳士的風度，因此，他獲得了選民

第七章 說話習慣—遠離是非的困擾

的尊敬，這也正說明了林肯具有高人一籌的智慧。

在交際場合中，人人都應該是活潑開朗的，都應該學會用幽默來武裝自己，這不僅有利於促進人與人之間的交往，同時也增加了個人的魅力和風度，還會使你在針鋒相對的鬥爭中以輕鬆的心情戰勝對手。

幽默作為美學形式，帶給人們更多的是歡笑與熱情。自從人類懂得了運用幽默，生活中便增添了無數的希望和活力，從而使人擺脫了過多的無謂的煩惱，活躍了人們的生活。它有時使人哈哈一笑，有時使人啼笑皆非，但是，在苦樂過後，回味到某種寓意時，卻能給人許多的啟發。

幽默能夠引發喜悅，帶給人們歡樂，時時運用幽默，不僅可以增進彼此的感情，而且還可以提升自己的人格和素養，從而使生活充滿了情趣，使許多看來令人痛苦煩惱的事也會變得輕鬆自如，生命變得趣味盎然。

在這個競爭激烈的社會，幽默感對於我們來說，顯得越來越重要。幽默是奇妙的語言藝術，你可用它來活躍談話氣氛，消除緊張；在尷尬中自找臺階，保住面子；在公共場合獲得人情味。學會幽默，不僅能為嚴肅凝滯的氣氛帶來活力，更顯示了你的高度智慧、自信與適應環境能力。

幽默的語言是自然而然地表現出來的，它必須有深刻的意義、它的運用要服從於情感的表達。僅以俏皮話、耍嘴皮、惡作劇來填滿幽默的不足，換取廉價的笑，這是淡薄的。幽默的日常語言的巧妙組合，以深入淺出見功力。正如清人李漁所說：「妙在水到渠成，天機自露，我本無心說笑話，誰知笑話逼人來。」

生活需要幽默，如同魚需要水，樹木需要陽光一樣。具有幽默感，是現代人應具備的素養之一。

幽默是人際交往中的潤滑劑，高尚的幽默可以淡化矛盾，消除誤會，使你擺脫不利的困境。

【習慣處方】

一個人如果能夠妙語連珠、詼諧幽默，那麼就會讓人對他青睞有加。在人際交往中，一句得體的幽默，可以贏來他人的好感甚至讚賞。在社交場合，幽默語言會使你的談話熠熠生輝。

第七章　說話習慣—遠離是非的困擾

第八章
性格習慣 —— 不可忽視的性格因素

在生活中，我們不可避免地要面對挫折和不幸。面對挫折，具有堅持不懈的恆心的人才是最終的贏家；面對不幸，具有百折不撓的毅力的人才能擺脫不幸，迎來幸運。

第八章　性格習慣—不可忽視的性格因素

像狼一樣忍耐苦難

有一隻狼，經一番努力，捕獲到了自己的獵物 —— 野山羊。可還沒等牠把獵物帶回家，就落入了獵人設置的陷阱裡。

狼的第一反應就是嚎叫。那叫聲夠悽慘，也夠嘹亮。可叫了一陣之後，牠突然明白了，不行，叫破喉嚨也沒人救牠，萬一再把獵人和獵犬招來，那可就麻煩大了。

意識到這一點，狼馬上就閉嘴。看來，一切只有靠自己才行。

這隻狼休息了一會之後，開始從陷壁上挖掘，牠要做一項大工程：把陷阱陷壁扒出一條稍稍傾斜的斜坡，就可以跳出來。狼為自己的明智而得意，幸虧陷住的是狼，若是別的野獸，恐怕這會早就因為叫喚而被人做掉了。

可這工程實在艱苦，狼扒著，挖著，用頭拱。和巨大的陷阱相比，狼顯得是那麼渺小，然而，狼擁有不屈不撓的鬥志，牠明白：挖一點就少一點。爪子折了，頭破了，皮毛被刮蹭得流血了，狼仍在繼續挖著。陷阱雖然能困住狼的身體，卻困不住狼的鬥志。

經過了一個晝夜的拚死掙扎，一隻血肉模糊、傷痕累累的狼，走出了陷阱。牠用堅強換回了自由，牠用不屈重獲了生命。步履蹣跚的狼在陽光刺破林海的那一刻，仰天長嗥，像是在向上蒼示威：老子出來啦！

於是，狼重獲自由，重新回到了家族中，不但如此，牠甚至連獵物都沒有丟下。這隻狼告訴了人們，什麼叫頑強！

在動物界，狼並不是上帝的寵兒，尤其是在食肉動物中，狼沒有絲毫優於其他動物的身體條件。牠們沒有絕對的速度，也沒有龐大的身軀，即使是牠唯一的武器 —— 鋒利的牙齒，也是絕大部分食肉動物都具有的。

我們不明白狼為什麼而活著？這對世界上最聰明的人類來說，也是深

奧的問題。也許僅僅是為了生存，為了狼群的存在。這並不應該是我們關注的所在，至少在這裡是如此。我們應該關注的是：並不被上帝所寵愛的狼，在殘酷的自然環境下、在與各種動物你死我活的爭鬥中、在最可怕的敵人 —— 人類的屠殺後，依然頑強地在這個地球上生存。狼，的確是地球上生命力最為頑強的動物之一。這正是我們現代人應該關注並認真去思考的。

在社會上行走，「忍」字很重要，因為一個人不可能在任何時間、任何場合下都事事如意。有些事情怎麼也無法解決，有些事情可能沒法很快解決，所以你只能忍耐。動輒出氣的人雖然可以解除一時的心理壓力，但從長遠來看，會斷了自己的前程。

歷史上最有名的能「忍」之例就是韓信忍受的胯下之辱。當時韓信落魄潦倒，無心也無力與惡少相爭，只好忍辱從惡少胯下爬過。孫臏忍龐涓之辱也在歷史上很有名，裝瘋賣傻，就怕龐涓把他殺了。這兩位忍受大辱，其結果如何？

韓信留下有用之身，終於成為大將，如果他當時意氣用事，恐怕要被惡少打死了；孫臏保住一命，終於收拾了龐涓，如果他當時不能忍，早就沒命了。還有越王勾踐，臥薪嘗膽 20 年，為的就是將來東山再起。

韓信也好，孫臏也好，越王勾踐也好，都是「忍一時之氣，爭千秋之利」，這一點值得當今那些年輕氣盛者好好學習一番。如今的年輕人，動輒與人出口相罵，大打出手，稍遇不公，就要奮力相爭。當然他們並不是沒有道理，但是一定要考慮其後果。

當你身處困境、碰到難題時，想想你的遠大目標吧。為了大目標，一切都可以忍。千萬別為了解一時之氣而丟掉長遠目標。

人的一生當中會遇到很多問題，如果你能忍一忍，並學會控制自己的

第八章　性格習慣—不可忽視的性格因素

情緒和心志，以後即使碰到大的問題，自然也能忍受，也自然能忍到最好的時機再把問題解決，這樣才能成就大事業。

　　許多人最終沒有成功，不是因為他們能力不夠，或者沒有對成功的熱望，而是缺乏足夠的耐心。這種人做事時往往虎頭蛇尾、有始無終、草草了事。他們總是對自己目前的行為產生懷疑，永遠都在猶豫不決之中。有時候，他們看準了一項事業，但剛做一半又覺得還是另一個職業更為妥當。他們時而信心百倍，時而又低落沮喪。這種人也許可能在短時間內取得一些成就，但是，從長遠來看，最終還是一個失敗者。

　　成功有兩個最重要的條件，一是堅定，二是忍耐。通常，人們往往信任那些意志最堅定的人。意志堅定的人同樣也會遇到困難，碰到障礙和挫折，但即使他失敗，也不會一敗塗地、一蹶不振。

【習慣處方】

像狼一樣頑強吧，唯有堅忍不拔的決心才能戰勝任何困難。一個有決心的人，時時都會得到別人的信任；一個有決心的人，到處都會獲得別人的幫助。而對於那些缺乏韌性和毅力的人，沒有人願意信任和支持他，因為大家都知道他做事不可靠，隨時都會面臨失敗。

專注目標，不亂分心

　　一個商人需要一位店員。他在商店裡的窗戶上貼了一張獨特的廣告：「應徵：一個能自我克制的男士。每星期 4 美元，適合者可以拿 6 美元。」「自我克制」這個術語引起了人們的議論。這有點不尋常，自然引來了眾多求職者。但每一個求職者都要經過一個特別的考試。

　　「你能閱讀嗎？」

　　「能，先生。」

「你能讀一讀這一段嗎？」他把一張報紙放在年輕人的面前。

「可以，先生。」

「你能一刻不停頓地朗讀嗎？」

「可以，先生。」

「很好，跟我來。」商人把年輕人帶到他的私人辦公室，然後把門關上。商人把這張報紙送到年輕人手上，上面印著他答應不停頓地讀完的那一段文字。閱讀剛一開始，商人就放出 6 隻可愛的小狗，小狗跑到年輕人的腳邊。這太過分了。年輕人經受不住誘惑要看看美麗的小狗。由於視線離開了報紙，年輕人忘記了自己的角色，讀錯了。當然，他失去了這次機會。

就這樣，商人打發了上百個年輕人。終於，有個年輕人不受誘惑一口氣讀完了。商人很高興。

商人在錄用這個年輕人前，又問他：「你在讀書的時候，沒有注意到你腳邊的小狗嗎？」

年輕人回答道：「對，先生。」

「我想你應該知道牠們的存在，對嗎？」

「對，先生。」

「那麼，為什麼你不看一看牠們？」

「因為我告訴過你我要不停頓地讀完這一段。」

「你總是遵守你的諾言嗎？」

「的確是，我總是努力地去做，先生。」

商人在辦公室裡走著，突然高興地說：「你就是我要的人。明早七點鐘來，你每週的薪水是 6 美元。我相信你將會大有前途。」這位年輕人最終的發展的確如商人所說。

第八章　性格習慣—不可忽視的性格因素

　　年輕人在眾多的應徵者中脫穎而出，以自己堅強的意志拒絕了小狗的誘惑，沒有先前那麼多應徵者對小狗的抱怨，而是努力克制自己，明確自己所確定的目標，排除干擾，一心一意地完成了既定的目標。

　　一個人的精力是有限的，把精力分散在好幾件事情上，不是明智的選擇。在這裡，我們提出「一個目標原則」，即專心地做好一件事，就能有所收益，能突破工作困境。這樣做的好處是不至於因為一下子想做太多的事，反而一件事都做不好，結果兩手空空。

　　做事有了明確的目標，還要把全部的注意力集中在一個目標上，直到這個目標實現為止。也許，一些不同領域成功人士的經歷對普通員工如何實現自己的目標會有有益的啟示：李斯特在聽過一次演說後，內心充滿了成為一名偉大律師的欲望。他把一切心力專注於這項目標，結果成為美國最出色的律師之一。

　　伊士曼（George Eastman）致力於生產柯達相機，這為他賺進了數不清的金錢，也為全球數百萬人帶來無比的樂趣。

　　海倫·凱勒專注於學習寫作，因此，儘管她又聾，又啞，而且又瞎，但她還是實現了她的這個目標。

　　可以看出，所有出類拔萃的人物，都把某一個明確而特殊的目標當作他們努力的主要推動力。你不是不甘平凡嗎？只要你的需求合乎理性，並且十分熱烈，那麼，「專心」這種力量將會幫助你得到它。

　　把精力放在一個目標上，全身心地投入並積極地希望它成功，這樣心裡就不會感到筋疲力盡。不要讓思緒轉到別的事情、別的需要或別的想法上去，專心於已經決定去做的那個重要目標，放棄其他所有的事。

　　把你需要做的事想像成是一大排抽屜中的一個小抽屜。你的工作只是一次拉開一個抽屜，令人滿意地完成抽屜內的工作，然後將抽屜推回去。

不要總想著所有的抽屜，而要將精力集中於你已經打開的那個抽屜。

在激烈的職場競爭中，如果你能找準一個目標集中注意力，便會很快做出成績，脫穎而出的機會將大大增加。

我們在職業生涯中也是這樣，對於自己的目標，應把握好堅持與放棄的分寸。確立目標時應審慎分析，充分考慮。認為目標切實可行，具備成功的可能性，就矢志不渝地瞄準這一個目標去堅持，並且不論遇到多大困難都要義無反顧、堅持到底，必定能成功。

【習慣處方】

從今天做起！做一個能夠駕馭自己的人。我們真的很需要自我克制，即使天掉下來。我們真的需要自我克制這種堅強的意志，它是成功者必備的重要因素。只要用它戰勝了自己，成功就將不會離我們太遠。

成功在永不言敗中孕育

我們的人生不會總是一帆風順。你或多或少總會有些挫折。面對挫折，你是繞道而行，還是勇往直前去戰勝挫折？對於挫折的態度將會決定你的未來，只有一個永不言敗的人才能掌握自己的人生。

永不言敗的精神是人類共有的精神財富。林肯擁有了這種精神，在無數次競選失敗後仍不懈奮鬥，終於在五十一歲之際當選美國總統，貝多芬憑藉永不言敗扼住命運的喉嚨，寫下不朽交響曲，是永不言敗的精神使他們獲得了成功。

可以這樣說：如果沒有這種精神，沒有人會去挑戰困難，所有人將安於現狀，碌碌無為，社會將倒退。是永不言敗的精神使我們的種族在歷經了戰爭，疾病，饑餓等重重困難後仍屹立不倒，永不停息的進步與發展。

第八章　性格習慣—不可忽視的性格因素

　　越王勾踐在敗給吳王夫差後遭受了身心的雙重打擊。一個國君亡了自己的國家不說，還要帶著一干人到別國做牛做馬。這樣的苦難恐怕是一般人承受不了的，可勾踐堅信君子報仇，十年不晚。他將所有的刁難和白眼隱忍下來，服侍夫差等待時機。

　　憑藉這永不言敗的等待，終有一天勾踐得到了夫差的信任回到越國。勾踐整頓軍隊，安撫百姓，最後在與吳軍交戰時一舉戰勝夫差報仇雪恨。

　　永不言敗需要始終如一的信念。用理想指引方向，你永遠都不會迷惘。羅馬不是一天建成的，僅有一天的奮鬥是得不到成功的。在實現理想的漫漫征途中，不免寂寞，不免孤獨，信念便是你心中的一盞明燈，照亮了前方的，也給予你一直相隨的力量。

　　永不言敗需要一往無前的勇氣，跨越挫折的急流，翻過困難的山崗。懦弱者在困難的高山前望而卻步，勇者則會毫不畏懼的向上攀登。勇氣是成功的泉源，永不言敗也需要勇氣來支持，擁有勇氣的人才能使永不言敗不是一句空話，而真正成為追夢旅途中的座右銘。

　　眾所周知，宋氏家庭曾經深刻影響了近代中國的發展，尤其是宋靄齡、宋慶齡、宋美齡三姐妹更有著特殊的地位。

　　那麼，這三位傑出的女性是如何被教導出來的呢？這和他們的父親宋耀如的悉心教導大有關係。

　　當宋家的孩子還在爬行和學步階段時，宋耀如就鼓勵他們：「一步兩步三步，好！跌倒了別哭，自己爬起來再走，好！一二一，一二一……」孩子們果然不哭，跌倒了爬起來再走。朋友們說他是「開孩子們玩笑」。宋耀如卻回答：「你錯了，這不是開玩笑，這是人生之路的第一步，將來在社會上闖世界，全靠這第一步呀！」

　　在這樣的教導下，孩子們茁壯地成長著。

有一天風雨交加，道路泥濘，宋耀如卻帶著靄齡、慶齡、子文等人去龍華。他不讓孩子們參觀龍華古剎，卻讓他們丟開手中的雨傘，站在古塔下淋雨。

宋耀如指著高高聳立的龍華塔對孩子們說：「妳們看這座塔，千餘年來不怕風雨，為什麼？因為它基礎牢固，骨架緊密。妳們將來投身革命，就要從小打好基礎，練骨架。現在讓我們一起開始比賽，圍繞寶塔跑六圈，六六大順！」

宋耀如帶頭跑了起來，孩子們緊緊跟著父親，有的孩子不小心在泥濘中跌倒了，卻迅速地爬起來再跑，無一肯落後……

跌倒了爬起來再走，這實在是難能可貴的人生態度。但還是有少數的人，跌倒了就不想爬起來了啦，因為爬起來萬一又跌倒了怎麼辦？還不如不起來。就因為有了這種想法，這些人使自己又失去了很多好的機會，讓機會一次次從自己的身邊擦過。

挫折是把雙刃劍，逃避它是折磨，戰勝它將是一筆財富。只有利用好它，它才會閃耀出光輝。要好好把握挫折，面對挫折，用樂觀的態度戰勝它。挫折是你前進的動力，一定會引你走向成功。

人生多坎坷，世事有艱辛！失敗是成功之母，摔跤乃是走路的前提。關鍵是我們面對坎坷、面對艱辛、面對失敗，採用什麼態度和方式的。永不言敗就是一種信心，更是一種勇氣。

海浪就是在無數次地被礁石擊碎，又無數次地撲向礁石，其目的就是要擴張自己的地盤。蜘蛛網無數次的被摧毀又無數次地修好，就是為了捕捉昆蟲，生存於世。

人是需要一點精神的。永不言敗，就是棄而不捨、頑強打拚的精神。失敗是一種打擊，一次次的失敗會重創我們的身軀和心靈。當身軀和心靈

第八章 性格習慣─不可忽視的性格因素

受到血洗時，你是否有勇氣去嘗試、去打拚、哪怕再次失敗，也要取得最後的勝利？

莫嘆生不逢時，貴在奮鬥不息。永不言敗不是一句言語，而是行動。有句諺語說：「一分耕耘，一分收穫；一份付出，一份成果。」永不言敗不是讓你不做任何努力而平平淡淡地享受失敗，更不是讓你漠視失敗，詆毀失敗，而是讓你辛苦付出汗水之後，能無怨無悔地承受失敗。永不言敗是讓你重視失敗，吸取教訓總結經驗，再次整裝出發。

人生之路就是無數次摔倒在泥濘中，又無數次地爬起來，繼續前進。人生就是在失敗中接受磨難，在成功中接受安慰。失敗乃兵家常事，乃人生常遇。但是無論在任何情況下，請你不要輕言失敗，請你相信，付出真心，你將得到真情回報。收穫和勝利永遠屬於那些永不言敗和奮鬥不息的人。

【習慣處方】

攜手永不言敗，柔弱幼苗終成參天大樹；攜手永不言敗，淒苦淚水化作歡樂微笑；攜手永不言敗，挫折翻開成功篇章。我們無法躲避失敗，也不能因為失敗而一蹶不振，我們要以永不言敗的精神來面對失敗。這樣我們才能愈挫愈戰，愈戰愈勇，才能書寫人生輝煌。

能笑到最後的人才是贏家

古希臘大哲學家蘇格拉底思想深邃，思維敏捷，關愛眾生又為人謙和。許多青年慕名前來向他學習，聽從他的教導，都期望成為像老師那樣有智慧的人。他們當中的很多人都天資聰穎，都希望自己能脫穎而出，成為蘇格拉底的繼承者。

　　一次，蘇格拉底對學生們說：「今天，我們只學一件最簡單也是最容易的事，每個人都把手臂盡量往前甩，然後再盡量往後甩。」

　　蘇格拉底示範了一遍，說：「從今天起，每天做 300 下，大家能做到嗎？」學生們都笑了，這麼簡單的事有什麼做不到的？

　　第二天，蘇格拉底問學生們：「誰昨天甩手臂 300 下？做到的人請舉手！」幾十名學生的手都嘩嘩地舉了起來，一個不落。蘇格拉底點了點頭。

　　一週後，蘇格拉底如前所問。有一大半的學生舉手。

　　過了一個月後，蘇格拉底問學生：「哪些學生堅持了？」有九成的學生驕傲地舉起了手。

　　一年後，蘇格拉底再一次問大家：「請告訴我，最簡單的甩手動作還有哪幾位同學堅持了？」

　　這時，整個教室裡，只有一個學生舉起了手，這個學生就是後來成為古希臘另一位偉大哲學家的柏拉圖。他繼承了蘇格拉底的哲學並創建了自己的哲學體系，培養出了堪稱西方孔夫子的大哲學家亞里斯多德。

　　與「每天甩手 300 下」一樣，許多看似簡單的事情，其實際的意義並不在於事情本身，而在於做這件事情的過程中，對人的意志修練，在於對心性的培養。一如既往地做好簡單的事情，是堅持，是累積，時間長了，便會內化成為人的一種韌性。

　　任何事情都有它的時間表，做事情需要克服急躁，耐心等待是智慧。

　　在一個著名推銷員的退休大會上，有人問他推銷保險的祕訣是什麼。他微笑著說：「等等就告訴大家。」所有的人都企盼著。這時，從後臺出來 4 個強壯的男人，合力抬出一座鐵馬，鐵馬頸下掛著一隻大鐵球。所有的人都不明白接下來是做什麼。

第八章　性格習慣—不可忽視的性格因素

推銷員走上臺，沒說話，敲了鐵球一下，鐵球紋絲不動；隔了5秒，他又敲了一下，還是沒動。於是，他每隔5秒就敲一下，持續不停，但是鐵球還是一動不動。時間已經過去半個小時，他還是沒有說話，鐵球還是紋絲不動。人群開始騷動，陸續有人悄悄離開。

推銷員還在敲鐵球。人愈走愈少，最後只剩下零星幾個。這時，大鐵球終於開始慢慢晃動了。40分鐘後，鐵球大幅度搖晃起來，任何人都沒法使它停下來。

推銷員最後說：「這就是我送給你們的祕訣。堅持必然會有結果。但只有耐心的人才可以得到這個祕訣。」

這個世界上沒有一步登天的事。不急不躁，心平氣和，審時度勢，才能更長久地堅持下去。

幸運總是在意想不到的時刻降臨，但也會因為我們最後關頭一點點的漫不經心而離去。從做事開始，再以做事結束，牢牢鎖定目標，才能畫出圓滿的句號。

有個老木匠準備退休。他告訴老闆，說要離開建築行業，回家與妻子兒子享受天倫之樂。老闆只得答應，但問他是否可以幫忙再建一座房子。老木匠答應了。

在蓋房過程中，大家都看出來，老木匠的心已不在工作上了。他用料也不那麼嚴格，做出的成品也全無往日水準。老闆並沒有說什麼，只是在房子建好後，把鑰匙交給了老木匠。

「這是你的房子，」老闆說，「我送給你的禮物。」

老木匠愣住了，同樣，他的後悔與羞愧大家也都看出來了。他這一生蓋了無數好房子，最後卻為自己建了這樣一幢粗製濫造的房子。

有時候，我們離成功僅僅一步之遙，但如果善始不善終，就很可能使

那小小的一步成為無法踰越的距離。

成功從何而來？有人說：「成功出自堅持。」我想這也是很對的。因為有一句流傳得很廣的話說：「堅持就是勝利。」

一個人堅持一下並不困難，難得的是長期地堅持。要想成功的話就必須堅持到最後。本來剛開始做事情的時候，我們幻想著一躍而就，最好是剛開頭就有結果，那該多好啊。但是我們知道這是不可能的事情的啊。在800 公尺賽跑中，我們跑到 200 公尺時，我好想停下來，希望已經到達終點了，這不就是「痴人說夢」嗎？

你真的想成功嗎？那麼請你那出你的鬥志和勇氣，用勤奮和堅持去做每一件事情，那麼成功一定會在終點迎侯您的。

【習慣處方】

成功始於刻苦堅持，把簡單的事情做好，就是不簡單；把平凡的事情堅持到底，就能創造出非凡的成就。很多人明知道自己做的事情很正確，只要堅持下去就能成功，可總是由於某種原因半途而廢，這實在是令人遺憾的事情。幸運的是，世界上仍然有許多堅持不懈的人，所以才會出現一個又一個的成功者。

面對挑戰，迎難而上

多年以前，一個妙齡少女來到東京帝國酒店當服務生。這是她的第一份工作，她將從這裡邁出人生的第一步。為此她暗下定決心：一定要好好做，做出成績來。

可她萬萬沒有想到，上司安排她這個漂亮女孩去洗廁所。對於洗廁所這樣的工作，除非萬不得已，一般人都不會主動承受，更何況一個細皮嫩肉的少女呢。她能做得了嗎？

第八章　性格習慣—不可忽視的性格因素

一開始，她雖然不停地暗下定決心，鼓足勇氣去嘗試與適應，但是，真正用自己白皙的雙手拿著抹布伸進馬桶裡時，視覺和嗅覺上的反應還是侵襲而來，讓她感到噁心，胃裡立即翻江倒海，想嘔吐又吐不出來，實在太難受了。而老闆對工作的要求是：必須把馬桶洗得光潔如新。

她當然明白光潔如新是什麼含義，也知道這樣高標準的要求對自己意味著什麼。她為此而痛苦，陷入了困惑與苦惱之中。她也想過退卻，想過辭職另謀職業，但是她又不忍心自己人生面臨的第一課就以失敗告終。她認為那是非常丟人的事情。她真的不甘心就這樣敗下陣來。她想起了自己剛來的時候曾經下過的決心：人生第一步一定要走好！可是，即使她憋足了氣要做好工作，還是適應不了這樣的工作環境。

就在這時，一位前輩出現在她面前，幫她擺脫了苦惱和困惑。他並沒有對她反覆說教，而是親自全身心地投入到工作中，為她樹立工作的榜樣。

首先，他非常愉快地幫她進行工作示範，一遍一遍地刷洗著馬桶，直到刷得光潔如新。然後非常得意地去欣賞自己的工作成果。接下來，他從馬桶裡盛了一杯水，一飲而盡喝了下去，竟然毫不猶豫。

他不用多少語言就告訴了女孩一個極為樸實的道理：光潔如新的要點在於新，新的東西就一點也不髒，新的容器裡的水是完全可以飲用的；反過來，只有馬桶裡邊的水達到了可以喝的程度，才算是把馬桶抹得光潔如新了，而這一點已經被證明是完全可以做到的。

就這樣，這個日本小女孩從前輩的關懷、鼓勵中獲得了戰勝困難的勇氣和信心。她從目瞪口呆到熱淚盈眶，從如夢初醒到恍然大悟，從下定決心到付諸行動：就算今後一輩子洗廁所，也做一名全日本最出色的洗廁所人。

從那天以後，她開始振奮精神，全心全意地投入到洗廁所的工作中。她的工作從來沒有老闆在身邊監督，但她始終以前輩為榜樣，使工作品質

達到前輩的水準。當然，她也多次喝下自己清洗過的馬桶的水，既是檢驗自己的工作品質，也是檢驗自己的自信心。

正是這種對工作全身心投入，一絲不苟、追求完美的工作精神，使她邁好了人生的第一步。有了這種精神，她克服了工作中所有的困難，從此她踏上了成功之路，開始了她人生不斷從成功走向輝煌的歷程。

幾十年的光陰很快就過去了，後來她成為日本政府內閣的主要官員——郵政大臣，她的名字叫野田聖子。

做到最好是人生的歷程，做一個最好的清潔員、做一個最好的上司，這本身不是目標，而是態度。如果連這樣的態度都沒有，那我們的努力就失去了參照的坐標。每個職場人都應該有這樣的職業素質，那就是即使讓你去洗馬桶，你也要成為一個最優秀的洗馬桶者。只有在這種力量的驅動下，你才能永遠保持最旺盛的工作熱情、最忘我的工作態度，才能成為每個組織和機構最歡迎的雇員、每一個老闆最欣賞和重用的人才。

有的人有一個錯誤的認知，以為自己能力不是很好，企業更應該為他這樣的員工提供更多的學習、發展的機會，但事實卻是那些表現突出的員工得到的發展機會更多。因為，沒有一個老闆不喜歡優秀的人才，何況是不僅優秀，還不斷追求卓越的員工。

具有職業素養的人，在別人都放棄時仍努力不懈；在所有人都認定事不可為時仍殫精竭慮；不僅僅維持工作或恪盡職守，更深入內在，尋求更多的東西。他們工作是為了內心的滿足，因為滿足而願意全力以赴。他們願意為了工作與企業一同成長，在沒有其他外力的刺激下從內心照樣迸發出激情，他們這樣做只是為了讓自己能做得更好。

每個人都有自己的人生選擇，走向成功是因為你選擇了不讓生活左右你的選擇。你可以選擇得過且過的生活，當然你也可以選擇追求完美的生

第八章　性格習慣—不可忽視的性格因素

活。職業人士成功的祕訣就是他們總是不滿足於一般的工作表現。他們不論到哪裡，不論幹什麼工作，再困難再辛苦，只要手上接受一份工作，只要肩上擔著一份責任，就始終堅守一個信念，要做就好好做，認認真真做點事情，做出點成績。

美國著名行動學專家巴勃曾說：「在我們每天的生活中，總是會面臨種種意想不到的情況。當然最容易為自己找藉口，而讓自己平平庸庸，喪失積極的工作心態。這是許多員工最容易患的心理疾病，並且成為他們推脫各種工作風險的理由。」

身在職場，我們總是會遇到各種意想不到的困難，甚至有時候上級分配下來的任務對於我們來說，幾乎是沒有辦法完成的。然而，你不能直接告訴老闆：對不起，這個任務我沒有辦法完成，請把它分配給別人吧。你所能做的，就是信心百倍地接手過那項任務，然後堅定地告訴對你充滿期待的老闆：放心吧，我會把它做好。

【習慣處方】
面對挑戰，迎難而上並不是為了討好上司，給同事看，完全只是自己內心力量的驅動。這種高度自動自發的態度和精神，是身處職場的每一個人都需要學習和具備的。

即使一再失敗，也要百折不撓

柳雲是一名保險推銷員。有一次，她向一家企業的老總推銷保險，一連拜訪了這位老總幾次，卻都遭到了拒絕。

最後，老總乾脆毫不客氣地說：「柳小姐，妳這麼年輕、漂亮，又有高學歷，做點什麼不好？偏偏要賣保險。我就沒發現保險有什麼好，反正

我是不買保險的！」

遇到這樣的困難，應該就此放棄嗎？柳雲思前想後，決定再嘗試一次。

她換了一種方法，再次拜訪了這位老總。一見面，她就滿面笑容地對老總說：「您上次說的話真是太對了，簡直說到我的心坎裡。」

老總有些發懵：「明明是我不想買保險才拒絕妳，怎麼說的太對了呢？」

柳雲繼續說：「您說的很對，我還年輕，也不算難看，又有高學歷，怎麼跑到保險這一行來了呢？其實我是朋友介紹到這一行的，做了一段時間，正感到有些矛盾。既然您提到保險不好，那太好了，我想請您幫我總結一下，做保險到底有什麼不好？我也好下定決心離開這個行業。」緊接著，她就拿出一個本子來開始記錄。

一見她這麼懇切，老總就開始講述保險不好的地方來了，一共說了4條，4條過後，就再也講不出來了。那位老總看到這麼可愛的女孩站在自己面前，也覺得不應該太過分，於是，便說了一句：「當然，保險也不是一無是處，也有它好的一面……」

柳雲等的就是這一句話，立即「打蛇隨棍上」，問道：「我知道您是學經濟的，關於保險的好處，想必也有高明的見解吧？」

於是，老總又開始總結起保險的好處來了。柳雲又擅長引導，老總不知不覺就越談越開心，總結保險的好處越來越多。

當談到一定程度時，柳雲笑著說：「謝謝您的總結。您看，您現在總結保險的長處有7條，短處有4條。您看，我應不應該選擇這個行業呢？」

老總一愣，隨即哈哈大笑：「好吧，我本來對保險是有很大牴觸的，但經妳這麼一說，我就下定決心投保了！」於是，柳雲終於簽下了平生最大的一筆保單。

第八章　性格習慣—不可忽視的性格因素

很多成功人士透露，他們之所以能夠取得巨大成功，是因為他們跨越了挫折的經歷。失敗是一位具有強烈諷刺感的狡詐的魔鬼。當成功差不多就要到來時，他總是不斷地阻止成功的出現。因此，任何一個有成功意識的人，都應該知道，在困難出現的時候，就是成功即將來臨的時候。只有正視它，你才能戰勝它。

正視困難，就該有正確的認知。你要把困難當成最好的活動體驗，困難雖然阻擋我們，但卻可能是獲益一生的珍貴的經驗。只要有這樣的胸襟，就是能夠進步成長的人。

通常，人一遇到困難，便心生畏懼，不知所措。在這時就應發揮超於平常的智慧和努力來克服它，經過了這個階段，才能成長，也才有向前邁進的機會。

有些人遭遇失敗從此便一蹶不振，有些人雖敗猶能鼓足勇氣。遭遇了失敗，從此放棄，或者沮喪頹廢，這樣的人是最慘的，而世上多的就是這種人。他們遭遇打擊便絕望，不肯再嘗試了。其實他們的所謂打擊，事實上並不那麼嚴重。

在困難面前，沒有人是注定要失敗的，只要站起來比倒下去多一次，那就是成功。

倒下了能再站起來，或者被人打倒而不認輸的人，雖敗猶榮。人總歸是人，有時我們會一路錯下去，可是一旦我們振作起來，便不再算作失敗。

百折不撓，雖然只是簡單的四個字，但要把它真正落實在行動上卻並非易事。弄彎了彈直，直了被弄彎，彎了再彈直，沒有點非凡的勇氣、過人的毅力和堅定的信念，想來來回回地折騰而始終保持昂首挺胸的姿態，還真是有點難度。

古往今來，有很多人正是這樣百折不撓，最終走向成功：唐僧師徒「踏平坎坷成大道，鬥罷艱險又出發」，歷經九九八十一難，最終取回了真經。

就因為百折不撓，才有了「路漫漫其修遠兮，吾將上下而求索」的吶喊；就因為百折不撓，才有了愚公移山、精衛填海的感人故事；也因為百折不撓，華夏民族才在一次又一次的考驗面前眾志成城，永不服輸。

成事者，其力量不一定有多強，關鍵要看能夠持續多久。畢竟人生之路難免崎嶇不平，但只要信念不被打倒，希望之光就永遠存在。生活中有很多看似「滴水穿石」一樣不可能完成的任務，但只要堅持下去，又有什麼艱難困苦能夠阻擋我們的腳步？

百折不撓是我們攀登成功之巔的法寶，堅持不懈是我們駛向夢想彼岸的風帆，只有鍥而不捨的人才能千錘百煉而後成鋼。開弓沒有回頭箭，有志者自當與箭共衝鋒，無論前面是萬丈深淵，還是地雷陣，都需要勇敢去闖。這樣，成功就不一定總是潛伏在遙遠的地方，而是很可能和藹地站在我們的身旁，等著我們在機緣適當的時候發現它，並為之而高聲歡呼。

【習慣處方】

在哪裡跌倒了，就從哪裡站起來，在哪裡出現失誤，就從哪裡改過進步。從這個意義上講，挫折與失敗同樣是一筆財富，而且它們會教會我們更多的東西，是比順境、鮮花和掌聲更珍貴也更值得珍惜的財富。

第八章　性格習慣—不可忽視的性格因素

第九章
思維習慣 —— 良好的思維助你事半功倍

人不可能做的事，往往不是由於缺乏力量和金錢，而是由於缺乏想像和觀念。因此，如果想要獲得成功的青睞，贏得卓越，就必須轉換自己的思維方式，學會用積極的思維方式去走人生之路。

創新來自於突破常規的思維

　　提到創新，有些人總是覺得是一件很難的事情，似乎它只有極少數人才能辦到。其實，創新思維，是每個正常人所具有的自然屬性與內在潛能，普通人與天才之間並無不可踰越的鴻溝。創新有大有小，內容和形式也各不相同，因此，很多人都可以進行創新性的活動，生活、工作的各個方面都可以迸發出創造的火花。

　　日本的東芝公司曾一度積壓了大量的電扇賣不出去，數萬名職工為了打開銷路，費盡心機想盡了辦法，依然進展不大。

　　有一天，一個小職員向當時的董事長石板提出了改變電扇顏色的建議。在當時，全世界的電扇都是黑色的，東芝公司生產的電扇自然也不例外。這個小職員建議把黑色改成淺色。

　　這一建議引起了石板董事長的重視。經過研究，公司採納了這個建議。第二年夏天，東芝公司推出了一批淺藍色電扇，大受顧客歡迎，市場上還掀起了一陣搶購熱潮，幾個月之內就賣出幾十萬臺。從此以後，在日本以及在全世界，電扇就不再都是統一的黑色面孔了。

　　對於每個渴望成功的人來說，要成大事，就要做一個具有創造性的人，用創新「救活」自己的思維，從而活絡自己全身的能量和才智。那麼，突破常規、跳出慣有的思維習慣，培養敢創新、勇於嘗試的創造性思維習慣，也就成為了我們人生當中一個重要的課題。

　　塔茲在法國做郵購唱片生意，一做就是 10 年。儘管他很努力，但仍舊兩手空空。

　　塔茲想：「總跟在別人後面跑，不是辦法，為什麼不另起爐灶，走一條自己的路呢？」於是，他下定決心向其他同行不願意涉足的領域進軍。

　　市內的藝術館保留了許多歐洲中世紀的風琴音樂作品，其中很大一部

分與宗教藝術有關，卻很少有人問津。塔茲嘗試著製作了這一類作品的唱片，投放市場後，備受老年顧客和外國遊客的青睞，因此他大受鼓舞。於是，塔茲就地取材，把開發「稀有曲目」作為自己的經營方向。

在經營過程中，塔茲不搞噱頭，曲目和錄音都以追求品質為首要任務的方針開展生意，結果不但擴大了業務，還挖掘了許多「冷僻樂曲」，挽救了不少面臨失傳的「宗教音樂資產」。

如今塔茲在歐美的6個國家設有分公司，並獲得「唱片大王」的美稱。

如果確一味盲目的跟隨前人，依賴於現成的結論，將永遠趨於落後的地位。只有勇於突破，想別人所沒想到的方法，才能走到別人的前面。

羅瑞斯是一家五金商行的小職員。最初，他只想當一名稱職的員工。當時，他們的商店積壓了一大堆賣不出去的過時產品，這讓老闆十分煩心。羅瑞斯看到這些產品，頓時產生了新的想法，如果把這些東西標價便宜一些，讓大家各取所需自行選擇，肯定會有好的銷路。

他對老闆說：「我可以幫您賣掉那些東西。」老闆聽了他的主意後同意了。於是，他在店內擺起了張大桌子，將那些賣不出去的物品都拿出去，每樣都標價10美分，讓顧客自己選擇自己喜歡的商品，這些東西很快就銷售一空。後來他的老闆又從倉庫裡尋找積壓多年的物品放在這張臺子上，也都很快銷售一空。

後來，羅瑞斯建議將他的新點子應用在店內的所有商品上，但他的老闆害怕此舉用於新產品會有損利潤，因此拒絕了他的建議。於是，羅瑞斯決定用自己的想法來獨立創業！

羅瑞斯找到了合夥人。經過努力，他很快就在全國建立起多家銷售連鎖店，賺取了大量的利潤。他的前老闆後悔地說：「我當初拒絕他的建議時所說的每一字，都使我失去一個賺到100萬美元的機會。」

第九章　思維習慣—良好的思維助你事半功倍

　　新的觀念，好的主意，常常來自攔腰截斷那些因墨守成規而形成習慣的思維疆界。人的可貴之處在於創造性的思維。一個有所作為的人只有透過有所創造，為人類作出自己的貢獻，才能體會到人生的真正價值和真正幸福。

　　西元前233年的冬天，馬其頓亞歷山大大帝進兵亞細亞。當他到達亞細亞的弗尼吉亞城時，聽說城裡有個著名的預言。

　　幾百年前，弗尼吉亞的戈迪亞斯王在其牛車上繫了一個複雜的繩結，並宣告誰能解開它，誰就會成為亞細亞王。自此以後，每年都有很多人來看戈迪亞斯打的結子。各國的武士和王子都來試解這個結，可總是連繩頭都找不到。他們甚至不知從何處著手。

　　亞歷山大對這個預言非常感興趣，命人帶他去看這個神祕之結。幸好，這個結尚完好地保存在朱庇特神廟裡。亞歷山大仔細觀察著這個結許久，始終連繩頭都找不到。這時，他突然想到：「為什麼不用自己的行動規則來打開這個繩結？！」於是，他拔出劍來，一劍把繩結劈成兩半，這個保留了數百載的難解之結，就這樣輕易地被解開了。

　　人們有時會對習以為常的事情失去判斷力，會習慣於遵循以往的觀念的想法，總是按照常規去做事，卻不知道機遇往往隱藏在我們的靈機一動之中。要想成為一個成功的人，就不應受到傳統的定式的影響，不拘泥於傳統模式，懂得反省，走前人沒有走過的路。

【習慣處方】

無論是思想還是行為上的停滯不前，其最終結果都會是被歷史無情地淘汰。不斷突破舊有思維才能產生新的思路，才可以帶來與眾不同的勝利局面。誰抓住了創新的思想，誰就會成為贏家；誰要拒絕創新，誰就會平庸。

逆向思考，創造奇蹟

　　逆向思考法是指為實現某一創新或解決某一因常規思路難以解決的問題，而採取反向思維尋求解決問題的方法。逆向思考有悖於通常人們的習慣，而正是這一特點，使得許多靠正常思維難於解決的問題迎刃而解。一些正常思維雖能解決的問題，在它的參與下，過程可以大大簡化，效率可以成倍提高。正思與反思就像分析的一對翅膀，不可或缺。

　　在我們生活中，也有很多人運用逆向思考，動用逆向思考的人往往可以收到意想不到的效果，更可以反敗為勝，取得成功。

　　一位老人退休之後，在一所學校的附近買了一棟簡樸的住宅，打算在那安度他的晚年，好好享受一下生活。

　　他住的地方是個很不錯的地方。最初的幾個星期非常安靜，可不久後有三個年輕人開始在附近踢所有的垃圾桶。附近的居民深受其害，對他們的惡作劇，採用了各種辦法，好言相勸過，也嚇唬過他們，可一直沒有作用。等到人一走，他們又開始踢。鄰居們無計可施，也只好聽之任之，無奈地忍了下去。

　　可是，老人一直想過平靜的生活，實在受不了他們製造的噪音，便想辦法讓他們離開。

　　於是，他出去跟他們談判：「你們幾個一定玩得很開心，我年輕的時候也常常做這樣的事情。你們能不能幫我一個忙？如果你們每天來踢這些垃圾桶，我每天給你們每人一塊錢。」

　　這三個年輕人聽到老人這麼一說，他們很快就同意了。於是，他們努力地踢所有的垃圾桶。

　　過了幾天，這位老人愁容滿面地去找他們：「通貨膨脹減少了我的收入，從現在起，我只能給你們每人五毛錢了。」

第九章　思維習慣—良好的思維助你事半功倍

三個年輕人對此有點不滿意，但還是接受老人的錢，每天下午繼續踢垃圾桶，可是卻沒有以前賣力，踢得浮皮潦草的。幾天後，老人又來找他們：「我最近沒有收到養老金支票，所以每天只能給你們兩毛五分，可以嗎？」

「只有兩毛五分！」一個年輕人大叫道，「你以為我們會為了區區兩毛五分錢浪費時間在這裡踢垃圾桶？不可能，我們不做了！」

從此以後，老人過上了安靜的日子。

許多事情的成功，問題的解決，常常得益於逆向思考，從這則故事中我們可以發現，聰明的老人正是運用了逆向思考，透過曲線方式，解決了問題，讓他們自己放棄這樣做。

傳說，中國古代滄州城外有一座廟宇，年久失修，一天山門坍塌了，門前的一對石獅滾進了附近的一條河中。

幾年後，和尚重建山門，想起還有一對石獅留在河裡，於是僱人坐船到河的下游去打撈，尋找了十餘里，終無所獲，感到很奇怪。這時一位老船工路過這裡，問明石獅子沉河的經過，便叫打撈的人到上游去尋找。

眾人聽後十分驚訝，半信半疑地懷著試試看的心情到上游去找。果然，很快在上游八里外的河底找到了那兩個石獅子。眾人嘆服老船工的指引，便探問緣由。

老船工說：「石獅很重，沉入河底後，河水難於衝動石獅，卻把石獅上面的泥沙帶走了。天長日久，石獅受水衝擊的那一頭逐漸形成了一個凹坑，坑越衝越大，當它深度超過石獅的一半時，石獅便向上游方向滾進坑裡。這樣年復一年，石獅子就自然而然滾到河的上游去了。」

眾人聽後心悅誠服。

世上有些事看起來都是違反常規的，但實際上卻合情合理，因為事物本來是複雜的，是由多種因素促成的。要想對付複雜的事物，自己的頭腦就要變得聰明些，而上述事例正是「逆向思考」帶給我們的啟示。

生活中，人們習慣於沿著事物發展的正方向去思考問題並尋求解決辦法。其實，對於某些問題，尤其是特殊問題，從結論往回推，倒過來思考，從求解回到已知條件，反過去想或許會使問題簡單化，使解決它變得輕而易舉，甚至因此而有所發現，創造出驚天動地的奇蹟來，這就是逆向思考和它的魅力。

只要學會逆向思考，勇於提出與眾不同的見解，勇於破除習慣的思維方式和舊的傳統觀念的束縛，跳出因循守舊、墨守成規的框框，大膽設想，我們就可以創造奇蹟，化腐朽為神奇。

洗衣機脫水槽的轉軸是軟的，用手輕輕一推，脫水槽就東倒西歪。可是脫水槽在高速旋轉時，卻非常平穩，而且脫水效果也很好。

當初設計時，為了解決脫水槽的震動和由此產生的噪聲問題，技術人員想了許多辦法。先加粗轉軸，無效；後加硬轉軸，仍然無效。最後，他們來了個逆向思考，棄硬就軟，用軟軸代替了硬軸，成功地解決了震動和噪聲兩大問題。

逆向思考是超越常規的思維方式之一。按照常規的創作思路，有時我們的作品會缺乏創造性，或是跟在別人的後面亦步亦趨。當你陷入思維的死角無法自拔時，不妨嘗試逆向思考法，打破原有的思維定勢，反其道而行之，開闢新的藝術境界。學會逆向的看問題，看現象，看本質，多一些理智，少一些麻木的從眾心理。

【習慣處方】

逆向思考最為寶貴的價值，是它對人們舊思維模式的挑戰，是對事物意識的不斷深化，並由此而產生「原子彈爆炸」般的威力。日常生活中，每個人都應當自覺地運用逆向思考方法，從而為自己的人生開創更多的新局面。

第九章　思維習慣—良好的思維助你事半功倍

培養自己的想像力

想像力是人對未知事物在頭腦裡的虛幻解釋。正因為有了想像力，才會促使人想盡辦法去實現想像中的事務。想像力是動力的泉源。在實現理想的過程中，不斷探索，不斷失敗，繼而不斷地總結，又不斷進步，週而復始，形成了寶貴的經驗。

有人說，想像力是指在知覺的基礎上，經過新的配合創造出新形象的能力。一個有思想的人，才是一個力量無邊的人。用人類歷史上最寶貴的思想精華武裝頭腦，打開源遠流長的智慧閘門。

愛因斯坦在 16 歲時曾經有過這樣「怪誕的想像」：假如我騎在一條光束上，去追趕另一條光束，將會產生什麼現象呢？這是他後來發明相對論的初因。

諾貝爾醫學獎得主、美國華盛頓大學教授埃德蒙·費希爾（Edmond Henri Fischer）曾說：「牛頓本來是一個沒有什麼特別之處的學生。但在劍橋大學休學的兩年裡，他靜下心來充分發展想像力，於是產生了偉大的發現。」

當今世界許多事物在上世紀，或者更早的時候，都存在人們的想像中，透過科技的進步和生產力水準的提高，才逐一被實現。比如，電話、電視、飛機、火箭等等，不都是人們受到某種啟發或看到某種現象，從而產生想像，在大腦裡構建藍圖，然後透過艱苦地努力和嘗試實現的嗎？

所以，想像力是創造力的泉源，是知識的萌芽階段，是人類走向自我解放的啟蒙之師。

人類的幸福有一半以上來自想像力，不會想像的人很難擁有真正的幸福。貝魯泰斯曾經說過：「想像是人生的肉，若沒有想像，人生只不過是一堆骸骨。」當一個人充分發展了想像力，那麼在他遭遇不幸時也有能力

體驗幸福，當他陷入貧困時也有能力感受快樂。

如果一個人的想像力得不到發展和鍛鍊，那麼他非但不會成為詩人、小說家、畫家，而且也難以成為出色的法官、建築師、科學家。儘管有人認為後者不用想像，但事實是：想像對於任何人都是必要的。具備了想像的能力，會讓生活充滿色彩，也更容易因此這樣的良性思維而獲得成功。

有一位孤獨的年輕畫家，除了理想，一無所有。為了理想，他毅然遠行。起初，他到地基薩斯城的一家報社應徵，那裡的良好氛圍正是他所需要的。但主編看了他的作品後，認為缺乏新意而不予錄用。他初嘗了失敗的滋味。

後來，他替教堂作畫。由於報酬低，無力租用畫室，他只好借用一家廢棄的車庫。一天，疲倦的畫家在昏黃的燈光下看見一對亮晶晶的小眼睛，是一隻小老鼠。他微笑著注視著牠，而牠卻像影子一樣溜了。後來，小老鼠又一次次出現。他從來沒有傷害過牠，甚至連嚇唬都沒有。牠在地板上運動，表演雜技，而他就獎牠一點麵包屑。漸漸地，他們互相信任，彼此建立了友誼。

不久，年輕的畫家被介紹到好萊塢去製作一部以動物為主的動畫。這可是個難得的機會，但他再次失敗了。

在失敗的打擊下，他苦苦思索自己的出路，甚至開始懷疑自己的天賦。就在他潦倒不堪的時候，他突然想起車庫裡的那隻小老鼠，靈感在暗夜裡閃出一道光芒。他迅速畫出了一隻老鼠的輪廓。

有史以來，最偉大的卡通形象 —— 米老鼠就誕生了。這就是沃爾特‧迪士尼取得人生成功的經歷。

實際上，科學的發展，人類的進步，也離不開對自然的豐富想像和捨身探索，進步的動力便是想像的結果。想像這一思維能力與其他能力一

第九章　思維習慣—良好的思維助你事半功倍

樣，是可以透過訓練來激發出來並在實踐中不斷得到提高發展的。

　　抽象的說教是不可能培養出想像力的，這項工作只有在具體的活動中才可以有效進行。並且，越是在自己年齡尚輕的時候培養，成效也就越明顯。

　　創造需要原材料，沒有相應的表象儲備，與之相關的新形象是創造不出來的。因此，要盡可能地接觸自然、接觸社會、接觸人世間的萬事萬物，以使對盡可能多的事物產生基本的認知，在未來的想像活動中，使自己擁有更多的事物形象參與思維過程。

　　模擬類活動往往可以使人沉浸在對角色的想像中，激發出自身的潛能，從而使想像思維更加活躍。

　　喜聞樂見，情節曲折的故事，能促使人的想像力變得豐富。在聽故事的時候，頭腦中不斷出現故事中的人物、情景，想像著以後的情節；故事講完了，有時會對結局感到滿意，但有時又會不喜歡這樣的結局，於是便會自發地想像新的結局，在這一過程中自己的想像力就會得到發展。

　　繪畫或聽音樂、彈奏樂器是使人眼、腦、手密切配合，多種心智機能同時參加的提升智力的活動。它們可以激發人的觀察力、記憶力和想像力。比如在繪畫中，可以把自然界的星空浮雲、花草樹木、飛禽走獸等，都想像成和人一樣富有喜怒哀樂的情感，他們的想像是豐富、奇特而大膽的。

【習慣處方】

一個沒有想像力的人，是不可能具有不斷探索的創新精神的。想像力能增強一個人學習的主動性、預見性和創造性，能使人在學習中找到意想不到的靈感和捷徑。

善於思考，巧解難題

　　要成就大事，必須養成善於思考的習慣：思考事業，思考人生，思考生活，思考關於自己的每一件事。多想想怎麼做，多問幾個為什麼，可以提高效率，達到事半功倍的效果。

　　有時，善於思考還能幫助你盡快擺脫困境，並取得意想不到的成功。

　　1950 年代初期，有個叫丹尼爾的年輕人，從美國西部一個偏僻的山村來到紐約。走在繁華的都市街頭，啃著乾硬冰冷的麵包，他發誓一定要闖出一片屬於自己的天空。然而，對於沒有進過大學校門的丹尼爾來說，要想在這座城市裡找到一份稱心如意的工作，簡直比登天還難，幾乎所有的公司都拒絕了他的求職請求。

　　就在他心灰意冷之時，他接到一家日用品公司讓他前往面試的通知。他興沖沖地前往面試，但是面對主考官有關各種商品的性能和如何使用的提問，他吞吞吐吐一句話也答不出來。說實話，擺在他眼前的許多東西，他從未接觸過，有的連名字都叫不出來。眼看唯一的機會就要消失，在轉身退出主考官辦公室的一剎那，丹尼爾有些不甘心地問：「請問閣下，你們到底需要什麼樣的人才？」

　　主考官彼特微笑著告訴他：「這很簡單，我們需要能把倉庫裡的商品銷售出去的人。」回到住處，回味著主考官的話，丹尼爾突然有了奇妙的想法：不管哪個地方應徵，其實都是在尋找能夠幫自己解決實際問題的人。既然如此，何不主動出去，去尋找那些需要幫助的人？

　　不久，在當地一家報紙上，登出了一則頗為奇特的啟事。文中有這樣一段話：「謹以我本人人生信用作擔保，如果你或者貴公司遇到難處，如果你需要得到幫助，而且我也正好有這樣能力給予幫助，我一定竭力提供最優質的服務。」

第九章 思維習慣—良好的思維助你事半功倍

讓丹尼爾沒有料到的是，這則並不起眼的啟事登出後，他接到了許多來自不同地區的求助電話和信件。原本只想找一份適合自己工作的丹尼爾，這時又有了更有趣的發現：老約翰為自己的花貓生下小貓照顧不過來而發愁，而凱茜卻為自己的寶貝女兒吵著要貓咪找不到賣家而著急；北邊的一所小學急需大量鮮奶，而東邊的一處牧場卻奶源過剩……諸如此類的事情一一呈現在他面前。

丹尼爾將這些情況整理分類，一一記錄下來，然後毫無保留地告訴那些需要幫助的人。而他，也在一家需要市場推廣員的公司找到了適合自己的工作。不久，一些得到他幫助的人寄給他謝金，以表謝意。據此，丹尼爾靈機一動，辭了職，註冊了自己的資訊公司，業務越做越大。他很快成為紐約最年輕的百萬富翁之一。

這就是透過思考而獲得成功的結果。如果丹尼爾不去思索怎麼樣尋找那些需要幫助的人，他的人生就不會有轉機，更不會因此而成為紐約的富豪。成功無定律，幸運從來不主動光顧你，要靠自己去尋找。多動動腦，多嘗試新的方法，就可能為成功開闢一條捷徑。

養成認真思考的習慣還可以不斷解開疑團，激發靈感，從而有所發現，有所發明，有所創造。決定做事的成敗，往往取決於對實際情況的掌握程度，千萬不要在事實還不允許做決定之前，便草率行事。

許多時候，遇事多考慮考慮，就能避免出現意想不到的差錯。愛迪生說：「有許多我自認為對的事，一經實地試驗，就會發現錯誤百出。因此，我對任何事情，都不敢過早做十分肯定的決定，而是要在權衡後才去做。」

一個人聰明與否，智慧與否，主要看他的思維能力強不強。要使自己聰明起來，智慧起來，最根本的辦法就是培養思維能力。人之所以成為萬物之靈長，就在於人類具有思維能力。人類的每一種成就，每一種進步，

都源於思維。大思想家帕斯卡爾認為：「我們的全部尊嚴就在於思想。」思維能力，是人最寶貴的特質，是人最根本最重要的能力。擁有思維能力的人，才是最有潛力的人。正如巴爾扎克所說：「一個有思想的人，才真是一個力量無邊的人。」

IBM 公司的總裁托馬斯‧J‧沃森（Thomas J. Watson）認為，IBM 的成功不是靠資源，也不是靠勤奮，主要靠全體職工善於思考。在 IBM 所有廠房和辦公室內部掛著寫有「思考」兩個字的牌子，以便隨時提醒人們思考是最重要的。

有位數學家說：「獨立思考能力是科學研究和創造發明的必備才能。在歷史上任何一個科學上重要的的創造和發明，都是和創造者獨立地深入地思考問題分不開。」

思考就是力量。人類若失去了思考便丟失了整個輝煌的歷史。

愛因斯坦在晚年透露了他成功的祕訣：「思考是一切成功的源頭。要想成為自己想成為的人，成為能把握自己命運的人，他需要邁出的第一步就是思考。我每一個渴望實現的目標絕不是來自空談，它需要一個偉大的力量 —— 思考能力，而正是它讓我出類拔萃。」

思考能力是我們人生能否成功的關鍵。沒有思考就不會有見地、見解和主見，就不會發現問題，提出問題，作出正確的判斷和決定，就不知道該如何去解決問題和怎樣做才能做得更好。有效的思考能力對一個人的成功和幸福至關重要。

【習慣處方】

世界上的成功者都是善於思考的人。他們的偉大成就無不是建立在他們出類拔萃的思考力之上的。思考能力決定著人的命運，只有善於思考，才能真正成為生活的強者。

第九章　思維習慣—良好的思維助你事半功倍

換位思考，化解矛盾

在人與人的交流中需要學會換位思考。現實生活中，大部分人總是希望得到別人的尊重、支持和理解，夫妻之間、朋友之間、同事之間要懂得換位思考。各執己見往往是人與人之間矛盾衝突的重要原因，而在產生矛盾後，如總是各持自己的觀點，互不相讓的話，就會造成雙方關係的破裂，人際關係的惡化。

在交往中，人與人之間需要坦誠相待，更需要懂得換位思考。只有不斷地換位思考，才會相互尊重；也只有不斷地換位思考，才會獲得更多的尊重。凡事如果都能做到換位思考，即使你心中有再大的怒氣與怨氣也會消除很多。

換位思考看似是一個非常簡單的道理，然而在實際生活中卻很難做到這一點。很多人會認為別人總是不理解自己，不體諒自己，而自己卻很少想到或者真正做到全面去理解別人，總是犯只知道一面鑼不知道兩面鼓的低級錯誤。

學會換位思考，不是讓你妄自菲薄，不是讓你不相信自己的能力，而是讓你對自己有一個正確客觀的認知；學會換位思考，學會從消極中尋找積極的一面，讓自己的心情快樂起來；學會換位思考，在與其他人的相處中，你會發現別人有很多優點，同時你也會包容別人更多缺點。換位思考的結果是雙贏。

著名人際關係學家卡內基租用紐約某家飯店的大舞廳，用來每季度舉辦一系列的課程。

有一次，在一個季度開始的時候，他突然接到通知，說他必須付出比以前高出 3 倍的租金。卡內基拿到這個通知的時候，入場券已經印好，並且發出去了，而且所有的通告都已經公布了。

卡內基不想付這筆增加的租金，可是跟飯店的基層職員談論是沒有用的。因此，幾天之後，他去見飯店的經理。

「收到你的信，我有點吃驚，」卡內基說，「但是我根本不怪你。如果我是你，我也可能發出一封類似的信。你身為飯店的經理，有責任盡可能地使收入增加。如果你不這樣做，你將會丟掉現在的職位。現在，我們拿出一張紙來，把你因此可能得到的利弊列出來。」

然後，卡內基取出一張紙，在中間畫了一條線，一邊寫上「利」，另一邊寫上「弊」。他在「利」這邊的下面寫下「舞廳空下來」，接著說：「你把舞廳租給別人開舞會或開大會是最划算的，因為像這類的活動，比租給人家當講課場所能增加不少的收入。如果我把你的舞廳占用二十個晚上來講課，你的收入當然就要少一些。」

「現在，我們來考慮壞的方面。第一，如果你堅持增加租金，你不但無法從我這增加收入，反而會減少自己的收入。事實上，你將一點收入也沒有，因為我無法支付你所要求的租金，我只好被逼到另外的地方去開這些課。

「你還有一個損失。這些課程吸引了不少受過教育、修養高的群眾到你的飯店來。這對你是一個很好的宣傳，不是嗎？事實上，如果你花費五千美元在報上登廣告的話，也無法像我的這些課程能吸引這麼多的人來你的飯店。這對一家飯店來講，不是價值很大嗎？」

卡內基一面說，一面把這兩項壞處寫在「弊」的下面，然後把紙遞給飯店的經理，說：「我希望你好好考慮你可能得到的利弊，然後告訴我你的最後決定。」

第二天，卡內基收到一封信，通知他租金只漲百分之五十，而不是百分之三百。

第九章　思維習慣—良好的思維助你事半功倍

從對方的立場出發，為他分析出事情的利弊，對方便會主動地按照你的思路走下去，從而達到你的目的。卡內基之所以成功，在於當他說「如果我是你，我也會這樣做」時，他已經完全站到了經理的角度。接著，他站在經理的角度上算了一筆帳，抓住經理的訴求：營利，使經理心甘情願地把天秤砝碼加到卡內基這邊。

不考慮對方，只單方面談論自己的事，不但無法打動對方，反會顯得疏遠。因為從感情與理性兩方面來說，強迫性的做法會使對方在感情上產生不悅；而脫離要點會使對方在理性上無法理解。

此時，首先需要訓練的是靜聽。任何人對自己所抱的觀點都認為是有道理的，都希望站在說服者的立場，而不喜歡被人說服，更有甚者認為被別人說服是恥辱。所以，與其自己先發言，不如先傾聽對方的理由，從談話內容中了解他。給對方發表意見的機會，這既可以緩和他的緊張情緒，還可使他進一步對你產生親切感；更重要的是，能根據對方談話找到說服的重點。

人的一生，就像個大舞臺。每個人在這個大舞臺上要充當很多個角色，也要去面對很多不同的角色。學會站在另外一個角色的位置上去思考問題，這樣人和人的相處才會更融洽，兩者之間的問題也會更容易解決。

當我們面對某一問題的時候，如果只是從自己的角度去考慮，而不顧他人的話，往往會失之偏頗，甚至會傷害他人的利益。理解並能夠從別人的立場設身處地地去為別人著想，重視不同個體之間的差異，以及不同人眼中看到的不同世界，這樣才能避免由於偏頗造成失敗，許多原本解絕不了的問題很可能也會迎刃而解。

> **【習慣處方】**
> 學會換位思考，以一顆平常心去面對生命中的一切變化，你便會有意外
> 的收穫。古人云：「君子坦蕩蕩，小人常戚戚。」其實只要我們心胸開闊
> 一點，襟懷坦蕩一點，就會覺得海闊天高，自然也就開朗樂觀了。

遠離慣性思維的陷阱

思維最大的敵人是慣性思維。固執於原有的思維，過分依靠原有的優
勢和經驗是成功的大忌。

法國著名科學家法布爾（Jean-Henri Casimir Fabre）發現了一種很有趣
的蟲子，這種蟲子都有一種「跟隨者」的習性。牠們外出覓食或者玩耍，
都會跟隨在另一隻同類的後面，從來不敢換一種思維方式，另尋出路。

發現這種蟲子後，法布爾做了一個實驗：他花費了很長時間捉了許多
這種蟲子，然後把牠們一隻隻首尾相連地放在了一個花盆周圍，在離花盆
不遠處放置了一些這種蟲子很愛吃的食物。一個小時之後，法布爾前去觀
察，發現蟲子們一隻緊接一隻、不知疲倦地圍繞著花盆轉圈。一天之後，
法布爾再去觀察，發現蟲子們仍然在一隻緊接一隻地圍繞著花盆疲於奔
命。7天之後，法布爾去看，發現所有的蟲子已經一隻隻首尾相連地累死
在了花盆周圍。

後來，法布爾在他的實驗筆記中寫道：「這些蟲子死不足惜，但如果
牠們中的一隻能夠越雷池半步，換一種思維方式，就能找到自己喜歡吃的
食物，命運也會迥然不同，最起碼不會餓死在離食物不遠的地方。」

其實，人與動物也是相似的，人的思維也是如此，總是喜歡沿著原有
的思維道路去思考問題。所以，我們會習慣性地犯錯，習慣性地迷惘。做
事不可墨守成規，因為條條道路通羅馬。有所成就的人常常都能突破人們

第九章　思維習慣—良好的思維助你事半功倍

的思維常規，反常用計，在「奇」字上下工夫，拿出出奇的經營招數，獲得出奇的效果。

有時，事情就是這麼簡單，只需要你能稍微動一下腦筋，對傳統的思維方式進行一番創新，那麼你要獲得成功也會變得很容易。

有位年輕人乘火車去某地。火車行駛在荒無人煙的山野之中，人們一個個百無聊賴地望著窗外。

這時，前面出現了一個轉彎，火車開始慢慢減速，一座簡陋的平房緩緩地進入了人們的視野。就在這時，幾乎所有乘客都睜大眼睛「欣賞」起寂寞旅途中這特別的風景，有的乘客開始竊竊私語起這座房子。

這時，一位年輕人的心為之一動。返回時，他在中途便下了車，不辭勞苦地找到了那座房子。主人告訴他，每天火車都要從門前「隆隆」駛過，噪音實在使他們受不了，房主很想以低價賣掉房屋，但多年來一直無人問津。

不久，年輕人用 3 萬元買下了那座平房。他覺得這座房子正好處在轉彎處，火車一經過這裡時都會減速，疲憊乘客一看到這座房子精神就會為之一振，用來做廣告是再好不過的了。很快，他開始和一些大公司聯繫，推薦房屋正面是一面極好的「廣告牆」。後來，可口可樂公司看中了這個廣告媒體，在 3 年租期內，支付年輕人 18 萬元租金。

一個人最危險的就是墨守成規、因循守舊。思維定式一旦形成，有時是很悲哀的，要想在新的環境下遊刃有餘地生存，就必須丟掉舊觀念、接受新事物、創造新生活。

有一位警察到森林打獵。他在野獸經常出沒的地方隱蔽起來。忽然，一隻鹿跑了出來，這位警察立即跳過灌木叢，朝天開了一槍，並大喊「站住，我是警察。」

　　這就是由習慣性思維造成的習慣性行為。習慣成自然，這話一點也不假。我們每天都在有意無意地做這做那，久而久之便養成了習慣，潛移默化就形成了習慣性思維、習慣性行為。

　　對於每一個人來說，我們的思維能力都是處於發展、變化中的，但有時人的思維也會存在相對穩定的狀態，這種狀態就是由一系列的習慣性行為所構成的思維方式。

　　習以為常、耳熟能詳、理所當然的事物充斥著我們的生活，使我們逐漸失去了對事物的熱情和新鮮感。經驗成了我們判斷事物的唯一標準，存在的也當然變成了合理的。而且，隨著知識的累積、經驗的豐富，我們也越來越變得循規蹈矩，越來越老成持重。於是，創造力喪失了，想像力萎縮了，習慣性思維成了我們超越自我的一大障礙。

　　一個人的思考方式與其生活習慣有著極大的關係。比如，人總是會到相同的場所去活動，吃東西時總喜歡吃相似的食物，在聊天時喜歡與自己性格相近的人交流。因而，人在不知不覺中便會形成了固定的習慣性的思維模式。

　　生活中，我們也常遇到一些困難的事情，但我們已習慣沿用前人的方法或經驗去解決。但前人的經驗和方法並不是在任何時候、任何事情上都會產生效果。這就需要我們善於打破常規、善於變通，才能靈活機智地處理事情。

【習慣處方】

不善改變自己的思維習慣，就找不到成功的路徑。一個不善於思維難題的人，會遇到許多取捨不定的問題；相反，正確的思考之所以能發生巨大作用，是因為可以決定一個人在面臨問題時應該採取什麼樣的行動。

第九章　思維習慣—良好的思維助你事半功倍

打破思維的僵局

　　做事具有四兩撥千斤思維的人，從繁雜的表現現象中，抓住事物的本質和核心，從而正確地預測事物的進程和未來，這樣的人想不成功都難。

　　有一個缺水的邊遠小鎮，居民要到數里外的地方去挑水使用。

　　在這個鎮上，有一個腦瓜比較靈活的村民甲，看到了其中的商機。於是，他挑起水桶，以挑水、賣水為業，每擔水賣 2 塊錢，雖然辛苦點，還算是一條不錯的路子。

　　村民乙看了，覺得錢為什麼只讓他一個人賺呢？於是，他也走上挑水、賣水之路，並且將兩個兒子也動員起來，當然錢包也鼓了。

　　村民甲想，你家勞動力多，我比不過，索性買來了 20 個水桶，請了 20 位工人，由他們挑水，自己坐鎮賣水，每擔水抽成 5 分錢。這樣既省了力氣，又多賺了錢。可時間一長，這些工人熟悉了門道，不可願意被抽成，紛紛自己接單。於是，村民甲一下子成了光桿司令。

　　村民甲思索之後，請人做了兩個大水櫃車，並租來兩頭牛，用牛拉車運水，每次 40 擔，效率又提高了，成本卻降低了，因此賺頭更大了。這讓其他人看得直眼紅。人們很快看到「規模經營」的優勢，於是紛紛聯合起來，或用牛拉車，或用馬拉車，參與到競爭中。

　　然而，正當競爭日益激烈時，人們突然發現，自己的水竟然賣不出去了。原來，村民甲買來水管，安裝了管道，讓水從水源直接流到村子裡，自己只要坐在家裡賣水就行了，且價格大幅度下降，一下子壟斷了全部市場。

　　想別人所不想，做別人所不做。這個世界上，創新就是成功之門。每個人在日常生活中都會形成某種程度上的思維定式，以後再改變這種思維定式就不是件容易事了。

人執迷不悟的原因有許多，一個最重要的原因就是習慣性思維，不懂得變化。每個人都會有了解事物的習慣，而從前的認知習慣往往會影響後來的認知方式，從而導致不能根據事件、地點、具體時間而進行適時地變換。

如果能夠靈活地調整目標，改變思路，使自己的思維活躍起來，你會發現事情很快就會出現「柳暗花明又一村」的景象，前途充滿無限光明。

追求成功，最重要的是要有良好的思考模式。哲學家亞倫曾說：「良好的思考與行動不會產生壞結果，糟糕的思考與行動不會產生好結果。」一切事物的起源都是從改變思維開始，改變命運就應該從改變思維做起。

社會就是這樣，善於動腦筋的人總是走在前頭，而其他人則只能在後面跟著走。

改變人生，從改變思維開始。在全球化的浪潮中，靈活變通是必須的。靈活多變能把你引向成功的坦途，也將成為你棋高一招的象徵。只有擁有一個會思考、懂得靈活變通的腦袋，並善於利用它，你才能得到你想擁有的一切。

自古房子出售，都是先蓋好房，再出售。對此，霍英東反覆問自己：「先出售，後建築不行嗎？」正是由於霍英東這一頓悟，使他擺脫了束縛，邁出了由一價平民變成億萬富豪的傳奇般的創業之路。

霍英東是香港立信建築置業公司的創辦人。在香港居民的眼中，他是個「奇特的發跡者」、「白手起家，短期發跡」、「無端發達」、「輕而易舉」、「一舉成功」等等，這些議論將霍英東的發跡蒙上了一層神祕的色彩。

霍英東的發跡真的神祕嗎？不，因為他運用了「先出售、後建築」的高招，而這一高招來自於他的思考和頓悟。

第九章　思維習慣—良好的思維助你事半功倍

當然，有一個會思考的頭腦，並不等於就有了一切。同時，還要具有冷靜思考、觸類旁通，借他山之石以攻玉，棄人之短，取人之長的眼光。永遠開創新的路子，永遠擁有獨到的智慧，最終將創新變成自己的日常習慣，使自己永遠立於競爭的潮頭。

一個非常著名的公司要應徵一名業務經理，豐厚的薪水和各項福利待遇吸引了數百名求職者前來應徵，經過一番初試和複試，剩下了 10 名求職者。

主考官對這 10 名求職者說：「你們回去好好準備一下，一個星期之後，本公司的總裁將親自面試你們。」

一個星期之後，10 名做好了準備的求職者如約而至。結果，一個其貌不揚的求職者被留用了。總裁問這名求職者：「知道你為什麼會被留用嗎？」

這名求職者老實地回答：「不清楚。」

總裁說：「其實，你不是這 10 名求職者中最優秀的。他們做了充分的準備，比如時髦的服裝、嫻熟的面試技巧，但都不像你所做的準備這樣務實。你用了非比尋常的方式，對本公司產品的市場情況及別家公司同類產品的情況，作了深入的調查與分析，並提交了一份市場調查報告。你被本公司聘用之前，就做了這麼多工作，不用你又用誰呢？」

在我們的生活中，我們總是習慣於遵循一貫的觀點和想法；總是習慣於按常規去做事，卻不知道機遇往往就蘊藏在我們的靈機一動之中。因此，平時我們不妨問一下自己：「為什麼我們總是習慣於做大家都會做的事情，為什麼不讓自己有機會突破呢？」

在人的思想裡面，有千萬個叫做靈感的精靈。它們隨時可能跳出來，但也有可能永遠躺在天堂裡睡覺，而這一切都取決於我們自己。改變思維

習慣就是要大膽地跳出傳統的思維，跳出習慣性的思維，跳出大多數人的思維。

很多的事情，在未成功時都是不可能的，在未成功時都會受到別人的嘲笑，會受到別人的千般阻撓，只有在成功時，人們才會意識到他們當初的錯誤及無知，才會來嘲笑他們當初的做法。所以，一個人想成功就必須能承受別人所無法承受，能海納百川，無所不包。

改變陳舊的思維習慣，培養有益的思維習慣，思考能力永遠超人一步，行動能力永遠高人一籌，這樣你才有可能穩健地走向成功之路。

【習慣處方】

要成功，就要打破傳統的、僵化的思維，學會轉化自己的思考方向，這樣你會發現眼前道路變得更明確、更寬廣了。

第九章　思維習慣—良好的思維助你事半功倍

第十章
學習習慣 —— 知識改變命運

　　人的一生就是不斷學習的一生。不學習就會落後，落後就會被社會驅逐出局，被時代淘汰。我們要想立於不敗之地，就要養成豐富自己，時刻學習的習慣。只有做到「活到老，學到老」，才能不斷收穫成功的果實。

第十章　學習習慣—知識改變命運

學習要堅持不懈

　　汽車大王福特（Henry Ford）年少時，曾在一家機械商店當店員，週薪只有 2.05 美元，但他卻每週都要花 2.03 美元錢來買機械方面的書。

　　當他結婚時，除了一大堆五花八門的機械雜誌、書籍，其他值錢的東西一無所有。就是這些書籍，使福特在他嚮往已久的機械世界邁進，開創出一番大事業。

　　功成名就之後，福特曾說道：「對年輕人而言，學得將來賺錢所必需的知識與技能，遠比蓄財來得重要。」

　　學習是每個人的必修課，是縮小自己與優秀者差距的最快最好的辦法，也是實現理想的最為行之有效的方法。

　　我們處於知識經濟時代。知識改變命運，知識創造財富的例子越來越多地呈現在我們的面前。每個人所要做就是快速地改變自己，不斷豐富自己的知識體系，改善知識結構。

　　有了工作的人，一天中除了工作的時間以外所剩的時間有限，學習需要擠出時間，見縫插針，點滴累積。

　　讀書就是一個很好的選擇。有針對性地選擇專業書籍或者管理書籍，在工作之餘閱讀，吸收最新最前沿的知識，補充知識養料，可以更好地服務於本職工作和自己的職業生涯設計。

　　當我們處於徘徊的痛苦之中，很難看出成功的契機，但時間是最好的理療師，只要你不失去信心，並且努力學習，最後一定會踏上成功之路。

　　學習實際包括了很多層面的內容：知識、資訊、技能、價值，還有領導能力。每個人可以有自己的著重點，而最應該著重的是那些內在的技能，這包括對自我和他人的了解，發現自己的渴望，以及意識到自己真正的潛能。選擇這些方面的學習，事實上意味著選擇了一種生活方式，我們

主動為自己的生活尋找變化，那些未知的領域不再讓我們感到害怕。

一旦我們踏上征程，開始關注、了解我們周圍的世界，我們很快就會得到回報。在這裡，學習就意味著發現、喚醒、思考，學習的過程就是不斷為我們帶來自信、果斷、歡樂和興奮的過程。

至於傳統意義上的知識和資訊的學習，你必須先問自己，要達到自己的目標，還需要哪些知識？答案出來以後，對於那些會有助於你實現目標的知識，不要忽略，仍然要投入時間、精力學習；而其他你認定對你並無多少幫助的知識渠道，要盡可能保持距離。這時候，你每天需要抽出一定時間，全身心地放在學習上，不要讓任何事情來打擾你，因為這樣學習的效率才會提高，你可以更快地學到你所需要的知識。

在我們邁步向前之前，我們先要退回到自己的內心深處，看看自己還有哪些需要提高、改進的方面。我們是否太過於謹小慎微，缺乏勇氣和膽量了？我們是否太缺乏對未來的勾畫，和對自己的信心了？我們是否注意力太分散，以至於妨礙了我們實現自己的目標？我們是否有意在迴避需要解決的問題？每個人都會遭遇各式各樣的問題，不要找藉口把它留到明天，現在就著手去解決它。

有時候，要獲得事業的成功還需要你能夠扮演領導者的角色。這時，你需要有明確的價值觀念、品性端正、為人表率，而且要時時注意關心他人。從而，你對你的下屬也會發揮積極健康的影響力。一個人一旦開始領導自己，同時也就開始領導別人了。

你可能會發現，有些活動你覺得非常有意義，那麼不要遲疑，去推動並實施，因為這也是你實現自我教育的有效方法。遇到了和你志同道合的人了嗎？那麼就主動去創立一個小組、或者協會吧；如果有自己看中的什麼委員會，就加入進去為它服務；或者，覺得有必要開辦什麼教育課程，

第十章　學習習慣—知識改變命運

　　就出來擔當責任；最後還有一點很重要，多交新的朋友。

　　很多人有不好的影響，他們太專注於自己的專業領域，對於周圍其他活動一概不感興趣。雖然，要在一個領域有所成就是需要花費大量時間的，但是我們因此就把自己隔絕起來是不對的，我們應該追求全面、綜合的發展。

　　事實上，多樣化的經歷可以幫助我們提高生活的辨別能力，明智的做法是在各種經歷之間保持一種平衡，而不是顧此失彼。因此，對於自己感興趣的業餘愛好，不要輕易丟掉。

　　總之，最重要的一點是不要放棄學習。不要迴避那些基本的問題，要盡力去尋找答案；要學會在暫時還無法找到答案的時候，如何去生活。讓自己面向未來、面向無限的可能性去生活，讓自己成為熱愛學習的人，你會發現你的生活從此有了徹底的改觀。

【習慣處方】

不學習的人是可憐的，而不求前進的人更是可怕的，學如逆水行舟，你不向前那就只有後退。對我們有價值的，並不是已獲得的知識，而是求學的態度。

謙虛地向別人學習

　　學習使人進步，任何人都不能夠否認它的正確性。做個虛心學習的人，才能使自己在社會上立穩腳跟。只要我們尋找，生活中到處都有學問，每個人都有值得學習的地方。

　　不管你有多能幹，你曾經把工作完成得多麼出色，如果你一味沉溺在對昔日表現的自滿當中，「學習」便會受到阻礙。要是沒有終生學習的心

態，不斷追尋各個領域的新知識以及不斷開發自己的創造力，你終將喪失自己的生存能力。因為，現在的社會對於缺乏學習意願的人很是無情。

有個年輕人在河邊釣魚，看很多人都在這裡釣，覺得這裡應該是有很多魚才對。在他旁邊坐著一位老人，也在釣魚，兩人相距並不遠。這個年輕人釣了半天，奇怪的是一條魚也沒有被釣上來。而那個老人卻不停地有魚上鉤。一天下來，年輕人都沒有收穫。

天黑了，那位老人要走了。這個年輕人終於沉不住氣，問他：「我們兩人的釣具是一樣的，釣餌也都是蚯蚓，選擇的地方比不遠，可為何你釣到了這麼多條魚，我卻一無所獲呢？」

老人笑笑：「年輕人，這你就要多學學了，我釣魚的時候，只知道有我，不知道有魚；我不但手不動，眼不眨，連心也靜得似乎沒有跳動，這樣魚就不會感到我的存在，所以，牠們咬我的鉤；而你在釣魚的時候，心浮氣躁，心裡只想著魚趕快吃你的餌，眼死盯著魚漂，稍有晃動，就起鉤。魚不讓你嚇走才怪。你又怎麼會釣到魚呢？」

這位年輕人知道了自己的不足，第二天釣魚的時候就盡力穩住自己的情緒，這樣果然大有收穫，雖然還是沒有那個老人的魚多，但比起第一天來實在可以說是大豐收了。

我們每個人都應該與這位年輕人一樣，虛心地向自己身邊的有才能之士學習，一個人知道了自己的短處，才能改進自己，才能勝券在握。每個人身上，都有值得你學習的地方。

一個人的力量總是渺小的，所能知道的也是很有限。你的身邊總會有比你在某些方面強的人，你總會遇到他們懂而你不懂的事，所以你就要向他們學習。

只有養成向他人學習、取長補短的好習慣，才能充分發揮自身優勢，

第十章　學習習慣—知識改變命運

利用他人的優勢來彌補自己的不足，才能在今天的社會中取得更多的成就。向別人學習，汲取別人的長處，來彌補自己的不足，這就是最直接、最容易地完善自身的方法。一個習慣了解、觀察他人的人，會比其他人學到更多的交際經驗，為自己的成功贏得更多的機會。

學習是多方面的，人們在學習社會經驗時，千萬不能小看了解與觀察的作用。無論是學習書本上的知識還是學習社會經驗，都要養成善於了解、精於觀察的好習慣，這樣才能更快、更好地學到知識，才能以最快的速度使自己成長起來。

松下幸之助是日本著名的企業家。他在剛剛做生意時，幾乎什麼都不懂。例如，開發了一件新產品，往往不知道該如何定價

他常常跑到零售商那裡去求教。他認為定價多少，去詢問常與消費者接觸的零售商是最好的辦法。

松下幸之助出示了新產品，問他們：「像這樣的產品可以賣多少錢？」他們會坦誠地告訴松下幸之助產品的價格，照著零售商的話去做都沒有出過錯。而且那樣做不必付學費、也不需傷腦筋，沒有比它更划算的了。

當然，不是什麼事情都這樣簡單，但這是最基本的原則。能虛心接受人家的意見，能虛心去求教他人，才能夠集思廣益，這比你獨自摸索要少出很多錯。如果你能培養這種「虛心」，能虛心接受他人的意見，虛心向他人學習，你就離成功不遠了。

在平時，我們所接觸的人最多的可能就是職場的同事了。雖然有的同事與自己所做的工作不同，但是總會與自己的工作有關，所以，你的同事所做的工作與你的本職工作基本上是大同小異。但是，不同的人在做同一件事的時候，也會有著不同的做事方法和風格。不論你做得有多好，總會有令他人或自己不滿意的地方，所以你要注意同事的工作方法與技巧，從

自己做得不好的地方出發去觀察、借鑑別人的優點。

如果整日與失敗者為伍，那麼原本一個對生活和前途充滿信心的人也會變得越來越悲觀失望。如果一個人總是與一些成功者接觸，那麼他一定會學習到成功者所必須具備的素質。

學習成功者優秀的生產和管理經驗，取他人之長來補己之短，最終自己也會從中找到取得成功的方法。所以，向身邊的成功者、優秀者靠攏，以成功者、優秀者為榜樣，向他們學習，那麼你也會變成一個成功者和優秀者。

有句話說，最了解你的人不是你自己，也不是你的朋友，而是你的對手。

一個人在奮鬥的過程中，總會遇到許多已知和未知的對手。正是因為這些對手的競爭，才使我們變得堅強、變得自信、變得充滿活力。

對手是一面鏡子。對手能照出自己，使人意識到自己的不足，能夠更加完善自己。所以我們要感謝對手。正是由於對手的存在，才讓我們看到了自己的不足，所以我們才有可能去彌補不足，挖掘自己的潛能。

擁有開放的心態，才能意識自己的不足，看到別人的長處。向他人學習和借鑑從而完善自我，這是每個人一生都應該做的事情，這樣自己才會更完美、更成功。

【習慣處方】

任何一個人都有自身的長處與不足。如果能取人之長，補己之短，並將這一行為當作習慣運用在日常生活中，必然會不斷地提升、完善自己，使自己變得強大起來。

第十章 學習習慣—知識改變命運

充分利用學習的時機

很久以前，有弟兄兩人，各購置了貨物，出門去做買賣。他們來到一個國家，這個國家的人都不穿衣服，稱作「裸人國」。

弟弟說：「這裡與我們的風俗習慣完全不同，要想在這做好買賣，實在不易啊！不過俗話說：入鄉隨俗。只要我們小心謹慎，講話謙虛，照著他們的風俗習慣辦事，想必問題不大。」

哥哥卻說：「無論到什麼地方，禮義不可不講，德行不可不求。難道我們也光著身子與他們往來嗎？這可太傷風敗俗了。」

弟弟說：「古代不少賢人，雖然形體上有變化，但行為卻十分正直。所謂『隱身不隱行』。這也是戒律所允許的。」

於是，弟弟先進入裸人國。過了十來天，弟弟派人來告訴哥哥，一定得按當地風俗習慣，才能辦得成事。哥哥生氣地回答：「不做人，要照著畜生的樣子行事，這難道是君子應該做的嗎？我絕不能像弟弟那樣做。」

裸人國的風俗，每月初一、十五的晚上，大家用麻油擦頭，用白土在身上畫上各種圖案，戴上各種裝飾品，敲擊著石頭，男男女女手拉著手，唱歌跳舞。弟弟也學著他們的樣子，與他們一起歡歌曼舞。裸人國的人們無論是國王，還是普通百姓都十分喜歡弟弟。國王把弟弟帶去的貨物全都買下來了，付給他十倍的價錢。

而哥哥來了之後，滿口仁義道德，指責裸人國的人這也不對，那也不好。引起國王及人民的憤怒，大家抓住了他，狠揍了一頓，全部財物都被搶走了。全虧了弟弟說情，才把他救了出來。

有什麼樣的環境，做出什麼樣的選擇，自然就會有不一樣的結果。學習也是一樣，只有因地制宜，你的學習才是最適合你自己的，也是最成功的。

不懂的就要學，只有學了才會懂，也只有懂了才會用，用過後，你才會適應。

世界建築大師格羅塔斯設計的迪士尼樂園馬上就要對外開放了，然而各景點之間的路該怎樣連接還沒有具體方案。格羅塔斯心裡十分焦躁。巴黎的慶典一結束，他就讓司機駕車帶他去地中海海濱。

汽車在法國南部的鄉間公路上奔馳，這裡漫山遍野到處都是當地農民的葡萄園。當車子拐入一個小山谷時，他發現那裡停著許多車子。原來這是一個無人看守的葡萄園。只要在路邊的箱子裡投入 5 法朗，就可以摘一籃葡萄上路。據說，這是當地一位老太太的葡萄園，她因無力處理而想出這個辦法。誰知，在這綿延上百里的葡萄產區，總是她的葡萄最先賣完。

這種讓人任其選擇的做法使大師深受啟發。回到住地，他發給施工部門一份電報：「搬上草種，提前開放。」

迪士尼樂園提前開放的半年裡，草地被踩出了許多條小道，這些踩出來的小道有寬有窄，優雅自然。第二年，格羅塔斯讓人按這些踩出來的痕跡鋪設了人行道。

1971 年在倫敦國際園林建築藝術研討會上，迪士尼樂園的路徑設計被評為世界最佳設計。

許多人終生處在平庸的職位上，抱怨薪水太低、運氣不好、懷才不遇，卻沒有意識到自己身處一所可以求得知識、累積經驗的社會大學裡。

之所以出現經常抱怨的現象，最直接的原因就是這樣的人不思進取、不重視學習，寧可把業餘時間消磨在娛樂場所或閒聊中，也不願意用在學習上。他們心甘情願陷於頹廢的境地，尚未作任何努力就承認了人生的失敗。

國際聯邦快遞公司 FedEx 的臺灣分部總經理陳信孝說：「在 FedEx，我

第十章　學習習慣─知識改變命運

們強調每一個人的學習與成長，所以每一位員工每年都有 2,500 美元的助學金，等於一位員工每一年都有 8 萬多元臺幣能自行運用，可以學電腦、英文、管理課程、日文等等，只要是主管認為對於職務或是未來職業生涯規劃有利的課，都可以去上。我們認為公司整體的競爭力來自於人，公司的員工如果可以不斷成長，那麼公司也能不斷成長。」

公司如此，個人也是如此。一個人如果想要不斷地進步，不在將來被淘汰，那麼就一定要養成將目光放長遠，為將來學習的好習慣。

學習從某種意義上來說就是不斷地累積、積少成多、集腋成裘的過程。學習機會是廣泛的，包括你在生活中的每一步都有可學的東西。所以一個人要想學有所成，就一定要抓緊一切可以利用的時間進行學習。

英國著名生物學家達爾文每次外出考察的時候總是將書的幾頁撕下來放在大衣口袋裡，即便是剛買來的新書也不例外。有人問他為什麼不愛惜書，他說：「我之所以撕下來放在口袋裡，是因為我在外考察的時候攜帶書籍不方便，但是又有空閒時間讓我隨時吸收新知。」

達爾文就是因為如此好學，能夠充分利用時間充實自己，才為日後取得巨大的成就奠定了基礎。

知識能使人富有。現代社會，每個人都面臨著不同的壓力，屬於自己的時間、空間被壓縮得很小。但時間是擠出來的，每天只拿出十分鐘的時間讀書，應該不是什麼難事。每天堅持做下去，你將會受益無窮。一個人儲蓄知識越多，人生才越充實。因此，零星的努力、細小的進步，日積月累，都是巨大的精神財富。

抓緊一切時間，利用每一分鐘，及時地學習是非常必要而且有效的。在我們的生活中，有太多的零碎時間被浪費了，如果一個人能夠每天都好好地利用自己的時間，那麼就一定會取得很好的成就。

【習慣處方】

人與人生俱來，哪怕最簡單的一個動作都得靠學，否則就會無法生存下去。因此，養成學習的習慣是適應這個社會的最基本的生存之道。

不斷學習才能成就輝煌

管理學之父彼得‧杜拉克（Peter Ferdinand Drucker）即使在晚年仍比許多 25 歲的年輕人活躍。作為世界 500 強的大企業，如 SONY、通用汽車公司、奇異電子總裁的特別顧問，他經常周遊世界。此外，他還寫書，而且大多數都是暢銷書。儘管很忙，他每天仍然擠出 3 ～ 5 個小時讀書，涉獵的領域極廣。這是他年輕時養成的習慣。杜拉克率直地說：「每隔幾年，我就選擇一個新的主攻課題，每日攻讀，連續 3 年。這樣雖無法使我成為專家，但足可以使我了解那個領域中最基本的部分。我這麼做已經 60 年了。」

追求成功的人都能持續學習，我們又為何不能呢？如果你認為自己已經學會了一切，可以放鬆了，那麼你在放鬆的那一刻也就是你的競爭對手開始超越你的時刻。並且，會將你現在所獲得的成果全部毀滅，砸碎你的牌子、占領你的陣地。

亞伯拉罕‧林肯出生在肯塔基州的一個鄉村小屋裡。他接受正式教育的時間加起來不足一年。他的母親會讀書但從來不曾寫過字，而他的父親也僅能寫他自己的名字。

可是，林肯卻被書籍強烈地吸引著。他 7 歲時開始上學，每星期只去學校 2 ～ 3 天。從那時起，他開始了自己的啟蒙教育。他把燃燒過的木頭當成「鉛筆」，在粗糙的木板上練習寫字母；夜晚，他向母親大聲朗誦《聖經》，還反覆閱讀《伊索寓言》，以致他能記住其中很多故事情節。

第十章　學習習慣—知識改變命運

十幾歲的時候，他從鄰居那裡尋找和借回很多書，包括《班傑明·富蘭克林自傳》、《華盛頓的一生》和《天路歷程》。林肯抓住一切機會認真閱讀。當其他小朋友在山上玩捉迷藏的時候，他卻手捧書本坐在樹下閱讀；吃完飯後，他又很快拿起書本；在其他人休息時，他都會抓住一切時間認真讀書。

21 歲時，林肯決定外出，最後在伊得諾依州的新薩洛蒙安頓下來，這是一個住有 100 多個新移民、位於西部邊境的小村莊。幸運的是，新薩洛蒙有 6 位接受過大學教育的人，其中包括兩位知識淵博的內科醫生。他們允許林肯隨時借閱他們的書籍。

此後的 7 年裡，林肯從事兩份工作，都是允許他可以長時間讀書而不受打擾的工作。第一份工作是商場店員，第二份工作是郵差。他在接待顧客空閒的時間裡，廣泛地閱讀哲學、科技、宗教、文學、法律和政治學方面的書籍。

1837 年，28 歲的林肯，雖然連小學一年級都沒畢業，卻已經是伊利諾依州的職業律師。

讀書能把那些出身卑微的人轉變成世界級的領導人。歷史上不乏這類的故事。現在，我們很多人無需像他們那樣，為了讀書而付出非凡的努力。我們只需利用好我們現在所擁有的良好條件，而不要對它視而不見就行了。

在工作和生活上，有些人自以為進入了無人之境，可以高枕無憂了，卻不知自己正在不知不覺中丟失陣地，所以你只有不斷地學習才能保持你的競爭優勢。每一個想成就一番事業的人，都應有一個良好的學習習慣，並用這個習慣督促自己不斷前進，從而實現目標。

　　人活著應該有個目標，沒有目標和方向的人就會迷茫，而這個目標和方向就是與文化知識聯繫在一起。每一個人都有思考盲點，但就是因為這些盲點讓你看不清目標和方向，這就需要別人來幫你看，而看書和學習就是突破這些盲點的最好方法，這就是為什麼你要看書、要學習的原因。

　　我們現在所做的一切都是為了將來能夠擁有成功的事業和美好的生活。而想要擁有成功的事業和美好的生活就得從現在開始不斷努力學習。不斷學習才能使我們各方面得到充實，使我們的事業與人生變得更好。

　　很多人總是感嘆「書到用時方恨少」。這就是因為在應該好好學習的時候沒有努力地進行學習，以至於現在捉襟見肘，難以應付所遭遇的情況。經常會看到，很多人只是盡情地享受現在，絲毫不為自己的將來作打算，當一天和尚撞一天鐘。這樣的思想是不正確的，不僅對他人無益，對自己也是有百害而無一利的。

　　成功是需要以學習做基礎的，但要學習有成效則需要把學習形成習慣，「三天打魚，兩天曬網式」的學習方法，終究難成大事。尤其是在資訊時代，每一個不甘淪為平庸的人都應該意識到學習將是成功的基礎。

　　人一旦放棄了學習，就等於把自己局限在舊知識的沼澤裡。一旦時代發生了變化，人就會溺死在沼澤裡，這麼做無形中是在擠壓自己的發展空間，把自己一步步逼上了絕路。

【習慣處方】

沒有學習力就沒有創造力，創造力的枯竭就意味生命力的枯竭。成功者不一定有文憑，但一定是善於學習的人，學習能力就是新一代成功人士的特質。

第十章　學習習慣─知識改變命運

學習新知識，認識新事物

　　人的天性是差不多的，但是在習慣方面卻各不同。習慣是慢慢養成的。一旦養成之後，要改過來就很不容易。因此，我們要養成學習的習慣，充實我們自己。

　　清晨早起讀書是一個好習慣。很多人貪睡懶覺，一遇假日便要睡到日上三竿還高臥不起，平時也是不肯早起，往往蓬首垢面的就往學校跑，結果還是遲到，這樣的人長大了之後也常是不知振作，多半無法有什麼成就。聞雞起舞，那才是志士奮勵的榜樣。

　　我們的生命是一分一秒地在消耗著，我們平常不大覺得，細想起來實在值得警惕。我們每天有許多的零碎時間在不知不覺中浪費掉了。我們若能養成利用閒暇學習的習慣，一遇空閒，無論其為多麼短暫，都利用之做一點有益身心之事，則積少成多，終必有成。

　　常聽人講起「消遣」兩字，好像是時間太多無法打發的樣子。其實人生短促極了，哪會有多餘的時間待人「消遣」？

　　好的習慣千頭萬緒。習慣養成之後，便毫無勉強，臨事心平氣和，順理成章。養成愛學習的習慣，是我們每一個人必須做到的。

　　學歷代表過去，只有學習能力才能代表將來。大多數人以為，學習只是青少年時代的事情。自己已經是成年人，並且早已走向社會了，因而再沒有必要進行學習，除非為了取得文憑。這種看法乍一看，似乎很有道理，其實是不對的。在學校裡自然要學習，難道走出校門就不必再學了嗎？工作和生活中所需要的相當多的知識和技能，完全要靠我們在實踐中邊學邊摸索。

　　可以說，如果我們不繼續學習，我們就無法取得生活和工作需要的知識；無法使自己適應急速變化的時代。我們不僅無法做好本職工作，反而

有被時代淘汰的危險。

在科技飛速發展的今天，我們只有以更大的熱忱，如饑似渴地學習、學習、再學習，才能使自己豐富和深刻起來，才能不斷地提高自己的整體素養，以便更好地投身到工作和事業中去。

一個人如果停止學習，各方面的能力就會退步。從自我發展角度來說，一旦停止學習，發展道路也就到了盡頭。通常情況下，人的潛能是很大的，成功沒有止境，學習也沒有止境。所以，要養成勤於學習的好習慣，並用知識不斷地提升自己，為自己充電。

知識可以豐富人的內涵，但這也要在不斷地學習新知識並將知識應用到實踐的前提下，才能出現的效果。生活的經驗越豐富，欣賞和理解能力也就越深廣，就越能領略生命的真諦。

看過《三國演義》的人都知道，東吳有位將軍名叫呂蒙，自小幫人家放牛，不通文字，因作戰勇猛而受到提拔，卻經常被同僚譏笑。後來，在孫權的勸說督促下，用心苦讀，終於成為了智慧雙全的一代名將，不再是當年的「吳下阿蒙」。

古今中外，知識改變命運的事例可謂不勝枚舉。當代社會是個不斷追求新知識的時代，聰明的人必須用新知識來豐富內涵，提高自身的心性修養。不斷用知識充實自己的好處很多，可以用數不勝數一詞來形容。勤於學習知識，把知識逐漸累積起來，就可以不斷提升自己的水準了。

在資訊時代，一個人不讀書、不學習，沒有一定的文化知識只會越來越窮。而相反的，那些取得一定成就的人無一不是有著相當的文化知識。一個沒有受多少教育的人可以透過自學成為一個知識豐富的人，從而取得事業的成功，但一個沒有多少教育程度的人是很難或者說是根本不可能取得成功的。

第十章　學習習慣—知識改變命運

很多人認為工作比學習更重要，或者是一邊工作一邊學習會更好。然而，更多的人卻常常在工作的時候忽視了學習，或者忘記了學習，甚至有的人會因為取得了一點小成績便以為自己已經是個成功人士了，無須再學。但是，實際上環境是在急速變化的。如果想獲得成功，勤奮和努力是唯一的途徑。努力是勝利的開始，奮鬥是成功的過程；而不斷地學習則是成功的前提，也是基礎。

好的習慣不是永恆的，是具有時代性的。所以隨著時代的發展，某些所謂良好的習慣，也有可能轉化為你發展的障礙，是你發揮潛能的大敵。因此，我們要不斷學習、不斷更新自己的觀念，培養新的好習慣，並要學會不良習慣的改變方法。

視野開闊與否，取決於對知識掌握的多少，取決於思想理論水準的高低。一個人只有在勤奮學習時，才能發現自己的不足，進而更加努力地去充實自己、提升自己，學到更多的東西；視野也會隨之越來越開闊，跟上時代前進的步伐。

> **【習慣處方】**
> 優秀的人應該勇於向新事物、新知識發起挑戰。因為在知識經濟時代，
> 如果你沒有進步，就代表你正在被淘汰。

學習要兼顧到博與專

希臘帕特農神廟上刻有一句話：「一個求知一生的人，能成為駕馭人生的宙斯。」從大的方面說，知識能夠改造世界，而從小的方面說，對於我們每個人而言，知識可以改變我們的人生。只有擁有了足夠豐富的知識，一個人才能更好地創造自己的未來。

　　廣博並不是說什麼都懂，但什麼又不通；而是要在專的基礎上有博，在博的基礎上有所專。

　　有個老人在河邊釣魚，一個小孩在邊上觀看。老人覺得這個小孩非常可愛，就把釣到的魚給他。這個小孩搖搖頭說不要魚，要他的釣竿。老人很驚訝地問小孩為什麼不要魚而要釣竿，小孩回答說：「魚很快就會吃完，而有了釣竿就會有吃不完的魚。」

　　也許會有很多人誇讚這個小孩聰明，但是轉念一想就會發現，這個小孩要的只是釣竿，而不是釣魚的技術。所以他一條魚也吃不到，因為釣魚最重要的不在釣竿，而在釣技。

　　其實對我們而言，學習也是如此。一個人學到了知識，只相當於擁有了釣竿，而只有學會了運用，才是擁有了釣技。尤其是在這個時代，擁有知識的人非常多，但是能夠真正將所學知識全部應用到日常工作中來的並不是很多。這就需要我們改變「紙上談兵」的壞習慣，養成「學以致用」的習慣。

　　一個人想要擁有相當的知識自然就需要不斷地進行學習，同樣的，想要在某個專業領域登峰造極，自然也得及時地充電，不斷地豐富自己。所以，要在某個領域取得相當的成就，只有擁有自己的強項才能更好地發展自己。

　　1921 年，普里高津（Ilya Romanovich Prigogine）一家剛移居到一片混亂的德國時，母親為了使孩子們不受外界環境的影響，決定教他們學習音樂。儘管音樂世界是美妙的，但一首曲子上百遍的練習對於生性好動的普里高津來說還是非常枯燥的，因此他常常在家裡惡作劇。

　　對於普里高津的這一天性，母親頭痛不已。她嚴肅地對他說：「在幾個孩子中，最有音樂天賦的就是你，而且你現在也是表現最好的。但你喜歡音樂嗎？想過要成為一個傑出的鋼琴家嗎？」

第十章　學習習慣—知識改變命運

普里高津聽完母親的教導，低下了頭。母親告誡他：「不論做什麼事都要專心致志，彈鋼琴尤其如此。」由此，母親便在嚴格的教育下使他專心於學習鋼琴，這不僅使他免受混亂生活的干擾，還使他獲得良好的修養。

1929年，舉家遷往布魯塞爾後，普里高津進入了雅典中學學習。這是一個以嚴格的古典課程著稱的學校，與浪漫的音樂世界毫不相同。在這裡他的興趣反而變得廣泛起來，他喜歡上了考古學、文學和哲學，眼界開闊了很多。母親看到他在其他方面都有突出的才能，就任其自由發展。

由於對化學格外感興趣，普里高津終於有一天來到母親房中，說出了自己想成為化學家的理想。母親微笑著說：「小時候讓你學習音樂是為了使你擺脫外界環境的干擾，培養你的情操，教你學會做事一定要專心。至於你長大選擇什麼目標，希望你自己把握，如今你已經作了決定。媽媽很高興，尊重並支持你。」

成功者和失敗者在人生中最主要的差別就是：成功者始終都在用最積極的態度去學習，以最樂觀的態度去思考，用思考和學習的經驗去控制和支配自己的人生。而失敗者則相反，他們並不把過去的失敗視為學習的過程，而是消極地怨天尤人、不思進取。因此，不善於學習的人是不會成為成功者的。

很多人有一種不好的傾向，他們太專注於自己的專業領域，對於周圍其他的活動一概不感興趣。雖然在一個領域有所成就也需要花費大量時間，但是由此我們就把自己與其他知識隔絕起來是不對的，我們應該追求全面、綜合發展。

事實上，多樣化的經歷可以幫助我們提高生活的辨別能力。明智的做法就是在各種經歷之間保持平衡，而不是顧此失彼，對於自己感興趣的業餘愛好不要輕易丟棄。時代的變化，知識之間的關聯也越來越緊密，甚至

有交叉學科相繼出現，這就需要一個人不斷地進行學習，要懂得比較廣博的知識。

培養學習的習慣，特別是有目的、有計畫的培養學習習慣，對每個人一生的發展和提高，對在事業、家庭、社會活動等各方面獲得成功，都具有重大意義。艾瑞·德·格斯（Arie De Geus）：「唯一持久的競爭優勢，或許是擁有比競爭對手更快的學習能力。」

【習慣處方】

知識其實是一塊蹺蹺板。它會讓你彈起來，使你產生力量。因此，每一種知識都是一塊蹺蹺板。它是機會的蹺蹺板，也是成功的推動力。

養成終身學習的習慣

人的一生是終生學習、不斷充實的一生。有了良好的學習習慣，才能不斷汲取知識、豐富體驗，使自己的生命更富有意義。

在忙碌而焦躁的生活裡，在寂寞的風雨的夜裡，書籍可以溫暖和充實我們的心靈。當你遇到煩惱、憂愁和不快的事時，應首先學會自我解脫，去讀一讀或翻一翻你喜歡的書籍和雜誌，分散心思、改變心態、冷靜情緒，從而減少精神痛苦。

書可以成為一個忠實的朋友、一個良好的導師、一個可愛的伴侶和一個委婉的安慰者。雨果曾經說過：「各種蠢事，在每天閱讀好書的情況下，會彷彿烤在火上一樣，漸漸熔化。」古人日：「腹有詩書氣自華。」知識真正成為心靈的一部分，可以顯現出內在的涵養。

心靈是智慧之根，要用知識去澆灌。只有這樣，才能在生活中運籌帷幄、決勝千里，才能有指揮若定的揮灑自如。

第十章 學習習慣—知識改變命運

香港首富李嘉誠，沒有高學歷，也沒受過正式教育，從小由於生活所迫，他很早就開始了自我謀生之路，那麼他的成功與知識就沒有關係嗎？讓我們聽聽李嘉誠自己是如何說的。

有一次，當記者問到他如何掌控和管理那麼巨大的集團，又怎樣推動這個王國長久前進時，他毫不猶豫地回答：「依靠知識。」

李嘉誠已是年逾古稀的老人，至今每天晚上睡覺前都要看書。當記者追問他前一天晚上看的是什麼書時，他說：「我昨天晚上看的是關於資訊科技前景研究的書。我相信這個行業發展會非常快。未來兩三年裡，電影、電視都可以在小小的手提電話中顯示出來。我比較喜歡科技、歷史和哲學方面的書籍，最近對網路資訊也比較感興趣。」

那麼，日理萬機的他又是如何安排自己的時間的呢？李嘉誠坦言：每天早上不到 6 點就起床了，打一個半小時的高爾夫球，白天工作、開會，晚上睡覺前有固定的看書時間。

在知識經濟時代，所有的經濟力量莫不依賴於知識，產生於知識。市場的競爭已經從產品的競爭發展到了知識的競爭，人才的競爭。

勞動生產率的說法已經日益過時，而「知識生產率」已經成為越來越多人的共識。

許多人都在抱怨沒有讀書的時間。然而如果你能把你的工作和生活安排得規律，必然可以得到不少的空閒時間。「秩序」、「系統」最能節省時間，所以我們做事，必須力求秩序化、系統化，以便留出一點時間，用之於「自我改進」與延長生命 —— 讀書。

大多數人都願意在自己心愛的事上，留出相當的時間來。假使你真是有求知之饑渴，讀書之熱望，你總會找出時間來的。

大多數人的缺點，就是一心希望在頃刻之間獲得淵博的學識。知識是

慢慢學來的，因此人們應不斷地努力讀書自修，不斷地充實自己的知識寶庫，本著「活到老學到老」的學習態度，漸漸地擴大知識範圍。只有這樣，知識才會越積越多，力量才會越來越大。

雖然一個人不斷地進行學習，也有時候會覺得知識還是不夠用。學習是永遠不夠、永遠無法停止的，正如有人所說：「學習就是一輩子的事。」

今天是一個靠學習力高低決定成敗的資訊經濟時代，每一個人都有機會勝出。現在的社會，要想永遠立於不敗之地，就必須擁有自己的核心競爭力。要想擁有超強的核心競爭力，就必須有超強的學習力。如果我們只是看到自己曾經取得的成就，認為自己已經掌握的知識足夠使用，那麼肯定會在某一天被時代拋棄。

真正有頭腦的人，往往不是走一步算一步，而是在考慮十步之後，再走一步。他們永遠著眼於未來，將眼光放到足夠遠的地方。某集團董事會主席曾說過這樣一句話：「不把過去的優勢當作現在的優勢，現在的優勢不等於將來的優勢。」換言之就是，現在擁有知識的人並不代表將來還會使用這些多年以前的知識，擁有了現在的知識並不代表已經擁有了將來的知識。所以，為了以後的發展，為了自己將來的個人事業，我們應該不僅要立足於現在，更要著眼於未來，未雨綢繆，為將來而學習。

為將來學習並不是說要拋棄現在。每個人都是生活在「今天」的，而明天永遠是未知的，所以我們為將來學習是有遠大目標的表現。人的一生是終身學習、不斷充實的一生。有了良好的學習習慣才能不斷汲取知識、豐富體驗，使自己的生命更富有意義。

一個人要在這個社會上生存，就一定要永不停息地進行學習，養成終身學習的好習慣。只有這樣才不會被時代拋棄，也不會成為一個思想陳舊、與新科學、新文化脫節的人。

第十章　學習習慣—知識改變命運

【習慣處方】

成功的路上，沒有止境，但永遠存在險境；沒有滿足，卻永遠存在不足；在成功路上立足的根本基礎就是：學習，學習，再學習。

惡習勒戒所：

拖拖拉拉、喜歡抱怨、好高騖遠⋯⋯這些壞習慣不會致命，不改掉卻是成功大忌！

編　　著：韓立儀，布德

封面設計：康學恩

發 行 人：黃振庭

出 版 者：崧燁文化事業有限公司

發 行 者：崧燁文化事業有限公司

E-mail：sonbookservice@gmail.com

粉 絲 頁：https://www.facebook.com/
　　　　　sonbookss/

網　　址：https://sonbook.net/

地　　址：台北市中正區重慶南路一段六十一號八
　　　　　樓 815 室

Rm. 815, 8F., No.61, Sec. 1, Chongqing S. Rd.,
Zhongzheng Dist., Taipei City 100, Taiwan

電　　話：(02)2370-3310

傳　　真：(02)2388-1990

印　　刷：京峯彩色印刷有限公司（京峰數位）

律師顧問：廣華律師事務所 張珮琦律師

定　　價：375 元

發行日期：2023 年 02 月第一版

◎本書以 POD 印製

國家圖書館出版品預行編目資料

惡習勒戒所：拖拖拉拉、喜歡抱
怨、好高騖遠……這些壞習慣不
會致命，不改掉卻是成功大忌！ /
韓立儀，布德編著 . -- 第一版 . --
臺北市：崧燁文化事業有限公司，
2023.02
面；　公分
POD 版
ISBN 978-626-332-912-6(平裝)
1.CST:　習　慣　2.CST:　生　活　指　導
3.CST:　成功法
176.74　　111018623

電子書購買

臉書